增值税应税行为
理论与立法研究

翁武耀 著

RESEARCH

ON

THEORY

AND

LEGISLATION

ABOUT

VAT

TAXABLE

EVENT

华中科技大学出版社
http://press.hust.edu.cn
中国·武汉

图书在版编目(CIP)数据

增值税应税行为理论与立法研究 / 翁武耀著. -- 武汉：华中科技大学出版社，2025. 5. -- ISBN 978-7-5772-1570-9

Ⅰ. D922.229.4

中国国家版本馆 CIP 数据核字第 2025476BL4 号

增值税应税行为理论与立法研究 　　　　　　　　　　　　翁武耀　著

Zengzhishui Yingshui Xingwei Lilun yu Lifa Yanjiu

策划编辑：李可昕

责任编辑：李可昕　田兆麟

封面设计：沈仙卫

责任校对：李　琴

责任监印：朱　玢

出版发行：华中科技大学出版社（中国·武汉）　　电话：(027) 81321913
　　　　　武汉市东湖新技术开发区华工科技园　　邮编：430223

录　　排：华中科技大学出版社美编室

印　　刷：湖北恒泰印务有限公司

开　　本：880mm×1230mm　1/32

印　　张：11. 5

字　　数：365 千字

版　　次：2025 年 5 月第 1 版第 1 次印刷

定　　价：89. 00 元

国家社会科学基金项目

"我国增值税构成要件的体系化构建与立法完善研究"（20BFX157）

最终研究成果

前 言

　　本书以增值税应税行为为研究对象，具体研究增值税应税行为的构成要件，即法律规定的关于增值税纳税义务产生所需满足的条件。为此，相比于涉及税基、税率等关于增值税纳税义务大小的定量规则，本书主要研究的内容为涉及增值税纳税义务产生与否以及产生怎样纳税义务的定性规则。

　　增值税从经济角度是对消费的课税，但消费并非是法律上的应税行为。我国自 1993 年《中华人民共和国增值税暂行条例》（简称《增值税暂行条例》）颁布以来，确立法律上增值税应税行为的指导理念一直不清，导致关于纳税义务成立条件的立法呈现模糊化、碎片化的特点。2016 年营改增以后，销售服务、无形资产、不动产全面纳入增值税的征收范围，加剧了上述立法上的问题，在个人偶尔转让不动产、金融商品交易、数字经济交易等领域也产生了增值税征收的难题。当前，我国已经完成增值税立法，2019 年 12 月公布《中华人民共和国增值税法（征求意见稿）》，2022 年 12 月公布《中华人民共和国增值税法（草案）》（一审稿），2023 年 9 月公布《中华人民共和国增值税法（草案）》（二审稿，简称《增值税法（草案）》），2024 年 12 月颁布《中华人民共和国增值税法》（简称《增值税法》），新法自 2026 年 1 月 1 日起施行。[①] 毫无疑问，《增值税法》的制定具有重要的意义。对此，正如全国人大常委会法工委经济法室主任杨合庆所指出的，"增值税法保持增值税税制基本稳定、税负水平总体不变，同时，总结实践经验、体现改革成果，对于健全有利于高质量发展的增值税制度，规范增值税的征收和缴纳，保护纳税人的合法权益，具有重要意义"。[②] 而上述意义也作为立法目的的内容写入了《增值税法》。事实上，新法在落实税收法定原则、引入立法目的条款、规范税收优惠政策和征收管理、完善抵扣制度、做好与有关法律的衔接等方面有着显著的进步，特别值得肯定。当然，《增值税法》对应税行为的规定也有所完善，但是基本上还是延续了现行增值税法（指《增值税暂行条例》和《营业税改征增值税试点实施办法》，下同）的规定，相关征收难题和争议依然存在。

总体而言，目前尚存在诸多有待从增值税应税行为构成要件体系化的角度研究的新旧立法问题：① 对应税行为主要采取列举立法，由于缺乏对纳税人、应税交易以及商品、服务的界定，应税行为的范围存在不明、偏大的问题；② 对销售货物、不动产、无形资产的界定，《增值税法》强调所有权、使用权转让，科学

---

① 《增值税暂行条例》2026 年 1 月 1 日以后才废止，而 2016 年《营业税改征增值税试点实施办法》以及其他三个《财政部、国家税务总局关于全面推开营业税改征增值税试点的通知》（财税〔2016〕36 号）附件规定并没有被《增值税法》废止。

② 参见李万祥："我国第一大税种增值税有了专门法律"，《经济日报》2024 年 12 月 26 日（3 版）。

性还有待进一步提高；③ 视同应税交易的范围需要重构，《增值税法》大大缩小了视同应税交易的范围，是否合理还可以商榷；④ 非应税交易的范围需要梳理，《增值税法》仅仅规定四类非应税交易，少于实践理解的不征税项目，有待回应；⑤ 对应税交易发生地的界定过于笼统和保守，消费地征税原则贯彻不足、国际双重征税等问题依然存在；⑥ 未对应税交易发生时间进行界定，使增值税法律适用的不明确性增加，包括影响销售货物发生地确定的精确性；⑦ 对金融商品交易、数字经济交易，在应税行为构成要件上的规定还存在争议，有待立法上特别界定；⑧ 偶尔销售商品或服务、虚开发票成为特殊的应税行为存在争议，税收征收存在过度的问题；⑨ 进口货物这一特殊的应税行为与销售商品应税行为存在怎样的关联，是否存在替换的空间，缺乏从应税行为构成要件的角度进行研究。

为解决上述立法上存在的问题，需要基于精细化、体系化的要求完善增值税应税行为立法，为此，首先需要从理论上建构起增值税应税行为构成要件体系。事实上，目前理论界对于税收构成要件体系已有充分研究，不过，存在分歧，例如，有三要件说、四要件说和五要件说等。① 不过，这些学说也存在一些共同

---

① 关于三要件说，参见陈少英：《税收债法制度专题研究》，北京大学出版社 2013 年版，第 5-15 页。关于四要件说，参见张守文：《税法原理》（第十版），北京大学出版社 2021 年版，第 49 页。关于五要件说，参见刘剑文主编：《税法学》，北京大学出版社 2017 年版，第 256 页；施正文：《税收债法论》，中国政法大学出版社 2008 年版，第 24 页。不过，前者将税收特别措施作为一项构成要件，后者将税收客体的归属作为一项构成要件，其他四项构成要件相同。

点，即都包括税收主体和客体两项要件，但不单独考虑空间和时间要件，同时要件内容也包括涉及定量规则的税基、税率，或以内容这一更宽泛的术语为主体、客体之外的第三项要件。当然，有学者已经区分定性和定量构成要素（要件）。①此外，关于增值税应税行为构成要件体系亦有初步研究，例如，有六要件说，包括在境内、应税行为、对价、应税行为与对价之间直接连接、营业活动、纳税义务人。② 据此，不难发现，主要问题表现为增值税应税行为构成要件体系如何在与税收构成要件体系相区分的基础上体现特殊性。为此，区别于包括税基、税率的税收构成要件，本书提出应税行为构成要件，并从主体、客体、空间和时间的角度提出四要件说，构建包括增值税在内的税收共同的构成要件体系。在确定四要件体系的基础上，对每一项要件具体内容进一步界分，也正是在这一层面，构建增值税应税行为的特殊构成要件。

为此，围绕经营者销售商品或服务这一增值税典型的应税行为，本书旨在探究增值税应税行为构成要件成立的一般规则及例外规则，在此基础上体系化构建构成要件并完善立法，也为实践中判断一项行为是否具有增值税纳税义务提供明晰标准。本书具体研究的内容共为九章，总体上可以体系化地分为三部分。第一部分为第一章，从整体上阐释增值税应税行为构成要件体系的界定以及不同应税行为的分类，为后面章的研究限定内容，并提供

---

① 参见叶金育："税收构成要件理论的反思与再造"，《法学研究》2018 年第 6 期，第 122 页。

② 参见刘剑文主编：《财税法学》，高等教育出版社 2021 年版，第 163 页。

研究框架和路径，以此奠定基础。第二部分为第二章到第七章，围绕经营者销售商品或服务这类应税行为，首先从正向分别研究四项构成要件，即作为主体要件的纳税人、作为客体要件的应税交易和视同应税交易、作为空间要件的应税交易发生地以及作为时间要件的应税交易发生时间；随后从反向研究四项构成要件，即非应税行为，从全局的角度解构增值税应税行为。第三部分为第八章和第九章，在第二部分研究的基础上，分别进一步解构关于金融商品交易和数字经济交易的应税行为构成要件，并全面探究这两类交易的征税规则完善。

本书关于构建增值税应税行为构成要件的指导理论，首先，遵循增值税属性：① 增值税是一般化的消费税，据此，普遍性课征理念与抵扣制度对增值税应税行为识别具有扩张性的影响；② 从法律的角度，增值税是销售税，奠定应税行为为销售行为；③ 增值税是对物税，使得客体要件是构成要件体系的核心；④ 增值税是瞬间税，纳税义务的成立无需考虑时间周期，成为时间要件的理论基础。其次，符合量能课税原则和税收法定原则：① 基于量能课税原则的要求，销售行为体现为经营活动的本质及负税能力的客体化，影响要件体系化构建；② 基于税收法定原则的要求，需要实现应税行为构成要件在法律层面的体系化。最后，考虑征管便利及增值税形式主义课税特征：① 征管便利的考虑对纳税人的类型和范围、应税交易发生地等要件的规定有着重要影响；② 纳税人的法律形式、视同销售的范围、虚开发票特殊应税行为的存废等规定受增值税形式主义课税特征的影响。

本书研究具有相关学术和实践价值。首先，在学术价值方面：① 助推税收构成要件理论和研究范式的发展。通过构建增值税应税行为构成要件体系，同时研究与其他税种相关构成要件体系的差异，可以丰富税收构成要件理论和研究范式应用。② 促进增值税纳税人权利保护研究。由于关系到增值税纳税义务产生以及产生怎样的纳税义务这一基本问题，涉及纳税义务范围大小以及抵扣权行使，研究应税行为理论和立法能使纳税人更加精准、明确地识别纳税义务。③ 影响税基、税率、抵扣、征管等其他增值税制度研究。一方面，对视同应税交易、偶尔销售以及金融商品交易、数字经济交易、虚开发票等行为在增值税应税行为及相关构成要件中进行解构，影响着不同行为间税基、税率以及抵扣制度、征纳税机制等其他增值税制度的差异性；另一方面，应税行为构成要件的完善可以降低相关征管程序规则的重要性。④ 加强增值税的法学研究。从法律的视角研究应税行为构成要件以及相关立法，并运用跨民商法等学科分析法。同时，增值税纳税义务定性规则解释也是典型的法律问题，研究运用法教义学的规范分析法。事实上，目前，为增值税法的良法善治计，我国对增值税基本法律制度的研究还有待进一步加强。其次，在实践价值方面：① 响应国家税制改革需求。增值税在我国是第一大税种，在2024 年占全部税收收入的 46% 左右，① 法学视角下体系化研究增值税应税行为构成要件是深化增值税改革研究的必要方式之一，例如，是否以及如何限缩增值税应税行为对以直接税为主的税制改革也有着重要意义。② 助力立法完善。构成要件体系化构建是

---

① 增值税收入由国内增值税和进口货物增值税两部分组成。参见财政部：《2024 年财政收支情况》，载中国政府网：https：//www. gov. cn/lianbo/bu-men/202501/content_7001088. htm，最后访问日期：2025 年 1 月 30 日。

增值税立法的核心问题,《增值税法》中的相关内容存在一定的争议,还有进一步完善的空间,研究立法完善,有助于保障科学立法。③ 服务法律适用。实践中往往出现增值税纳税义务有无难以判断的领域和活动,应税行为研究可服务于税收行政执法和司法裁判准确适用增值税法。④ 优化税法教学。增值税等税种的应税行为构成要件分析需要运用于税法教学中,为学生提供体系化的应税行为分析框架。

目　录

第一章

增值税应税行为与构成要件体系

增值税应税行为是增值税立法的基础问题和起点，并占据增值税法相当大的篇幅。对增值税应税行为进行科学立法，很大程度上决定了增值税良法善治的实现。不过，不管是《增值税暂行条例》《营业税改征增值税试点实施办法》①还是《增值税法》，对增值税应税行为的整体架构、分类以及基本定位还存在不清的问题，进而不利地影响了应税行为具体规则的构建。为此，有必要先剖析增值税的课征对象，在确定法律上应税行为的基本内容后，分解应税行为的构成要件体系，不仅包括横向的层面，也包括从抽象到具体的层面，根据要件内容的不同，分类增值税法中的应税行为，阐释其相互关系和存废缘由。

一、增值税课征对象与应税行为

增值税，从经济的角度，是对消费的课税，且是对消费的一般化课税，即对所有商品或服务的消费普遍征收的税，属于广义

① 参见《财政部、国家税务总局关于全面推开营业税改征增值税试点的通知》（财税〔2016〕36号）。

的消费税范畴。据此，增值税区别于狭义的消费税，后者是对特定的商品或服务的消费（额外）课税。不过，除了对任何人实施的进口货物亦征收增值税以外，从法律的角度，增值税是对交易的课税，通常表现为对商品或服务销售的课税，纳税人为销售方，销售税额是销售取得的对价乘以比例税率所得到的积。其中，法律的视角是指立法上对课征对象的规定，例如，我国《增值税暂行条例》第1条就规定为"销售货物或者加工、修理修配劳务，销售服务、无形资产、不动产以及进口货物"。与《增值税暂行条例》第1条对应的《增值税法》第3条亦作了相同规定。当然，作为一项立法进步，《增值税法》第3条将应税交易的概念引入法中，指代销售货物、服务、无形资产和不动产。其中，为便于本书论述，除非特别论及，货物、无形资产和不动产都被包含在商品一词之中。虽然，纳税人向税务机关缴纳税款，但是并不会实际承担税负，这是因为纳税人缴纳的税款包含在从购买方取得的款项之中，即税负通过转嫁由购买方承担。转嫁是一种经济现象，这也是为什么增值税从经济的角度是对消费课税的原因。

不过，对于因购买商品或服务所承担的增值税税负（进项税），购买方也不是最终的承担者，这是因为如果购买方是为自身的经营活动购买商品或服务，为此承担的增值税进项税可以从购买方缴纳的增值税税额（销项税，同样是被其顾客所承担）中被抵扣。最终，增值税税负由最终消费者承担，这也是增值税为什么被称为中性的课税的原因，即纳税人不承担税负。这样，增值税进一步体现为多阶段但非重复征收的税。多阶段征收是指在商品或服务生产、流通的每一个交易环节或每一个销售环节都征收。以商品为例，涉及从生产者到批发商，再到零售商，再到最终消费者。其中，生产环节还可以进一步分为原材料供应商到零件或半成品加工商，再到成品生产者。增值税的这一特征使之区别于单一环节征收的消费税，例如，海南将征收的零售销售税。非重复征收是指在每一个生产、流通环节，源于税的抵扣，税务机关实际征收的税仅仅是销项税和进项税的差额。增值税的这一特征使之区别于我国曾征收的营业税。此外，该差额意味着增值税仅仅是对每一环节下交易的增值课税，因此，增值税这个命名是正确的，符合对差额课税的特征。但是也有瑕疵，这是因为这样的命名不能指出增值税经济上本质的特征，即对消费的一般化课税，进一步而言，源于只有基于消费（不为经营活动）而购买商品或服务的人才承担税负，增值税不是部分价值课税，而是全价课税。[①]

综上，基于增值税特有的运行机制，增值税课征对象具有双重性，表现为既是对消费的课税，也是对销售的课税，当然，本质上是对消费的课税。不过，两者之间并不是分离的，即通过税负转嫁和抵扣机制，增值税从对销售的课税实现为对消费的课税，并最终演变为对最终消费的课税。当然，本书研究的增值税应税行为以法律上增值税对销售的课税为基础，并围绕对销售的课税展开，包括下文将阐释的应税行为构成要件体系和应税行为的分类。

二、应税行为构成要件体系

首先，需要明确的是，应税行为是指产生纳税义务的行为，

---

① Cfr. Gaspare Falsitta，*Manuale diritto tributario-parte speciale*，Cedam，2008，p. 676.

也有称为应税事实。不过,行为一词能表达受实施者思想支配之意,① 更符合增值税课征对象销售的特征,至少在增值税语境下采用应税行为一词更佳。事实上,应税行为不仅是一项学理概念,而且也已经成为一项实证法上的概念。例如,《最高人民法院、最高人民检察院关于办理危害税收征管刑事案件适用法律若干问题的解释》(法释〔2024〕4 号)第 4 条在界定应纳税额(针对所有税种)时使用了应税行为概念,即"是指应税行为发生年度内依照税收法律、行政法规规定应当缴纳的税额",据此,针对所得税等其他税种,也可以采用应税行为一词。根据行为的四项完整要素,即谁、在哪里、何时、实施了什么,应税行为完整的含义应当包括四个方面的内容,即应税主体、空间、时间和客体,也就分别代表了四项要件。其中,从不同税种的角度,应税主体也可以称为纳税主体,涉及纳税人、连带纳税义务人等内容,应税客体涉及取得所得、销售商品或服务、拥有财产、实施特定行为等内容,应税空间涉及所得来源地、交易发生地、财产所在地等内容,应税时间涉及所得取得或确认时间、交易发生时间、财产拥有时间等内容。显然,以增值税为例,只有同时满足了这四项要件,即纳税人在我国境内销售商品或服务并在销售完成的时刻才产生纳税义务。而我国《增值税暂行条例》第 1 条规定"在中华人民共和国境内销售货物或者加工、修理修配劳务、销售服务、无形资产、不动产以及进口货物的单位和个人,为增值税的纳税人,应当依照本条例缴纳增值税",就是关于应税行为的基本规则,除了时间要件,对其他三项要件进行了明确规

---

① 参见中国社会科学院语言研究所词典编辑室编:《现代汉语词典》,商务印书馆 2016 年版,第 1466 页。

定。当然，时间要件决定了纳税义务何时产生，也是决定纳税义务产生的必要内容，需要在专门的具体规则中规定。此外，需要补充的是，考虑到从法律上增值税是对交易的课税，为避免多个国家重复征税，增值税的管辖权归属于交易发生地的国家。空间要件的内容也就体现为交易在一国境内实施，用以决定一项交易是否在一国内产生纳税义务。

其次，基于上述，应税行为决定了纳税义务的产生与否，以及基于不同类型的应税行为还决定产生怎样的纳税义务，但并不决定纳税义务的大小。换言之，税法关于应税行为的规则属于定性规则，不同于税基、税率等关于纳税义务大小的定量规则。据此，应税行为构成要件不包含税基、税率，有别于包含税基、税率的税收构成要件。不过，税收构成要件除税收主体和客体外，还包括税收客体归属，即具体的税收客体归属于具体的税收主体，[①] 因此还有必要说明应税行为构成要件是否应当还包括归属。对此，不管是单列为一项要件，还是内含于纳税主体之中均可。而增值税作为间接税，纳税人理论上不承担税负，归属规则重要性较小且相对简单，更注重形式上的交易实施者。这不同于所得税和财产税等直接税，更注重应税客体实质上归属于哪个主体来确定应当承担税负的纳税人，归属的规则也就更重要且更为复杂。因此，从增值税应税行为构成要件的角度，不将归属单列为一项要件更适合。此外，还需要强调免税（豁免）也不属于应税行为的构成要件，这是因为免税行为首先是应税行为，免税是在纳税义务产生的基础上基于特定的政策目的给予不纳税的待遇。事实上，这一点与作为定量规则的零税率是一致的。

---

① 参见施正文：《税法要论》，中国税务出版社 2007 年版，第 180-207 页。

最后，存在一类研究，通过考察欧盟增值税指令和加拿大等国的商品与服务税（本质同增值税）法，以增值税构成要件的名义归纳了决定增值税纳税义务产生的六项因素，分别是有（商品或服务）给付（supply，也可以翻译为提供）、有对价、给付与对价之间有直接性连结、由登记的人实施、在营业中以及和一定的管辖权相连结。① 对此，需要肯定的是这些因素可归属于增值税应税行为构成要件的内容。不过，与主体、客体、空间和时间四要件不同的是，这些因素代表的内容更为具体。换言之，这些因素可以称为是四项要件相关内容的具体化，如果说四项要件是增值税应税行为的抽象要件的话，这些因素可以称为是抽象要件下的具体要件。例如，有给付、有对价以及给付与对价之间有直接性连结这三项因素可归属于应税客体要件的具体内容，由登记的人实施、在营业中这两项因素可归属于纳税主体要件的具体内容，② 和一定的管辖权相连结可归属于应税空间要件的具体内容。当然，不能将上述六项因素直接称为增值税应税行为的构成要件，还在于相关内容仅仅代表增值税普通应税行为中的典型应税行为构成要件的具体内容，增值税还存在一些非典型的应税行为或特殊的应税行为。这些增值税应税行为构成要件的具体内容会有所不同，例如，在纳税主体上，不要求构成经营者或不是销售方，再如，在应税客体上，不要求对价性（有偿），或者额外还要求抵扣要件，等。因此，将增值税应税行为构成要件界定为相对抽象的主体、客体、空间和时间四要件，既是合理的也是必要

---

①　参见刘剑文主编：《财税法学》，高等教育出版社 2021 年版，第 159页。

②　不过，从增值税纳税主体要件的角度，由登记的人实施并非是必要内容。

的。此外，正如下文将阐释的，不管是普通应税行为还是特殊应
税行为，还是典型应税行为和非典型应税行为，构成要件都可以
分为这四项要件。不过，应税主体、客体、空间和时间要件的表
述还是过于抽象，至少未反映增值税的特征，即对交易的课税。
为此，针对增值税普通的应税行为，作为本书研究的核心对象，
构成要件的界定需要进一步具体化，即应当表述为纳税人、应税
交易、交易发生地和交易发生时间，介于主体、客体、空间和时
间抽象要件和前文提到的六项因素（具体要件）之间。

三、应税行为的分类

根据四要件，围绕相关要件具体内容的差异，从法律的视角
以及基于增值税对销售课税的属性，增值税应税行为可以分为普
通应税行为和特殊应税行为两大类。其中，前者又可以进一步分
为典型和非典型两类应税行为。普通应税行为之所以称为普通，
是因为这类应税行为是围绕销售商品或服务建立起来的，而特殊
应税行为则不是。

（一）普通应税行为

1. 典型的应税行为

正如前文已经指出，增值税典型的应税行为是指经营者实施
的商品或服务销售行为。当然，在补充空间和时间要件的相关内
容后，完整的表述应当是经营者在一国境内发生商品或服务的销
售，这无疑可以视为是应税行为的基本规则。当然，鉴于本书后
面几章将深入研究这类应税行为的各项要件内容和相关具体规

则，这里仅对这一应税行为在立法上的基本规则架构进行阐释。具体而言，应税行为的基本规则是否应当包含所有要件以及包含的要件内容应当具体化到什么程度。对此，关于基本规则，我国《增值税暂行条例》第 1 条规定了除时间要件以外的三个要件，且每项要件都是最基本的规定，具体化程度，总体上与上述应税行为完整表述的相关内容一致。不同的是，关于客体要件，第 1 条的规定在税目上更为细化，即主要用货物、无形资产、不动产替换了商品，而关于主体要件，第 1 条的规定则更为模糊，仅规定为实施销售行为的单位和个人，没有指明关于经营者的进一步要求。《增值税法》第 3 条的规定同样如此。基于上述，关于我国增值税法应税行为基本规则的架构，需要重点说明以下两点。

首先，关于时间要件，事实上，只有少数国家增值税法在基本规则中会直接规定。例如，英国 1994 年《增值税法案》第 1 条第 1 项规定"根据本法案的规定，增值税应当征收于在英国的商品或服务提供（包括视为这样的提供）以及进入英国的商品进口"，第 2 项紧接着规定"征收于任何商品或服务提供上的增值税是提供主体的一项义务，同时，在提供时产生"。[1] 显然，上述英国增值税法原则性地规定了纳税义务的产生时间，尽管并没有具体规定提供发生的时间。相反，大多数国家的增值税法在基本规则中也不会规定时间要件，例如，意大利 1972 年《关于增值税开征和规范的共和国总统令》（简称《增值税总统令》）第 1 条规定"增值税征收于在企业经营中或在艺术和自由职业经营中在境内实施的商品转让和服务提供以及任何人实施的进口"。[2] 而时

---

[1]　See the art. 1 of Value Added Tax Act 1994 of United Kingdom.

[2]　Cfr. l'art. 1 del Decreto del Presidente della Repubblica 26 ottobre 1972, n. 633-Istituzione e disciplina dell'imposta sul valore aggiunto.

间要件规定在关于"交易的实施"第 6 条之中，该条分别就商品转让、服务提供等不同交易类型具体规定了交易发生的时间。这样，遵循大多数国家的立法，增值税应税行为基本规则可以不规定时间要件，相关内容在关于应税交易发生的条款中专门规定。这是因为相比于其他要件，时间要件相对简单，同时增值税作为瞬间税是一项普遍达成的共识，即每一项交易完成瞬间就产生纳税义务，不需要像所得税、财产税那样需要一个时间周期（通常是 1 年）的经过才产生纳税义务。此外，在企业所得税、契税、消费税等其他税种法律法规中，关于应税行为的基本规则通常也不规定时间要件。

其次，关于主体要件，也有其他国家增值税法未将纳税主体的核心特征（实施经营活动）规定在基本规则中，例如，英国《增值税法案》在关于"应税提供范围"的第 4 条之中规定了主体要件，表述为"增值税应当征收于任何在英国实施的商品或服务提供，如果提供是纳税人在其任何经营过程或推动中实施的一项应税提供"[1]。其中，应税提供是指非免税提供。不过，如果增值税应税行为基本规则仅针对典型应税行为而言，还是应当参考上述意大利《增值税总统令》第 1 条的规定，在基本规则中进一步指明纳税主体是经营者，以更好地彰显这一要求。这是因为主体要件非常重要，尤其是经营者是目前从法律上确定的增值税应税行为之所以合理的关键。同时，在我国，增值税的纳税人需为经营活动实施主体尚不明确，至少《增值税暂行条例》和《增值税法》都未规定这一点，而《营业税改征增值税试点实施办法》第 10 条也仅仅从反向规定一些非经营活动不构成销售服务、无形

---

[1]　See the art. 4 of Value Added Tax Act 1994.

资产或者不动产。当然，如果增值税应税行为基本规则针对全部的普通应税行为，即还包括非典型应税行为，在基本规则中则不用指明纳税主体是经营者。

2. 非典型的应税行为

相比于典型的应税行为，非典型的应税行为在构成要件上总体上是一致的，依然可以分为纳税人、应税交易、应税交易发生地和应税交易发生时间这四项要件，毕竟非典型的应税行为也是围绕销售商品或服务来构建的。不过，两者在构成要件上存在量上的差异，即上述一项或两项要件之下的具体要件存在差异。鉴于本书后面几章将深入研究典型应税行为，非典型应税行为的各项要件内容和相关具体规则也将一并深入研究，这里仅对这类应税行为的基本定位进行阐释。

（1）非经营者销售商品或服务

根据典型应税行为的主体要件，销售商品或服务的主体应当是经营者，即从事经营活动的主体。因此，如果非经营者销售商品或服务，例如自然人偶尔销售电脑或偶尔有偿提供电脑修理服务、借贷服务，不构成增值税的应税行为。不过，在我国增值税法中，存在例外的情形，即非经营者销售特定的商品或服务也构成应税行为，包括销售不动产和无形资产以及自己使用过的物品。关于不动产，根据 2016 年《营业税改征增值税试点过渡政策的规定》第 5 条的规定，自然人转让其购买的住房应当缴纳增值税（符合特定条件的免税），即使是基于改善住房目的的偶然实施的住房转让行为。关于无形资产，根据 2016 年《营业税改征增值税试点过渡政策的规定》第 1 条第 14 项的规定，个人转让著作权免征增值税。显然，免税行为以构成应税行为为前提。同理，关于自己使用过的物品，根据《增值税暂行条例》第 15 条第 7 项和《中华人民共和国增值税暂行条例实施细则》（简称《增值税暂行条例实施细则》）第 35 条第 3 项的规定，自然人销售自己使用过的物品享受免税待遇。《增值税法》第 24 条也规定了这一点。这样，在典型应税行为之外，产生了一类非典型应税行为，即非经营者销售特定的商品或服务。事实上，我国《增值税暂行条例》第 1 条在规定应税行为的基本规则时，未对主体要件进行限定，同时在客体要件中又单列不动产、无形资产，也间接地为这类非典型应税行为的存在提供了法律基础。

不过，非经营者销售特定的商品或服务相比于典型应税行为，差异仅仅在主体要件上，且主体要件为销售方（不是购买方）这点上又是一致的，因此，有必要对这类应税行为存在的缘由和限制进行专门阐释。总体上，从法律上，增值税法将经营者销售商品或服务确立为典型应税行为，作为非典型应税行为的非经营者销售特定的商品或服务，应当被视为是一项对前者的背离且作为例外存在于增值税应税行为的体系之中。显然，作为例外，这类应税行为是需要严格限制的，仅限于个别商品或服务的销售，并对其应用范围进行严格限定。不过，考虑到不动产、无形资产和使用过的物品存在一定的差异，还需要分开作进一步阐释。

首先，关于不动产，对自然人偶尔销售不动产行为征收增值税，虽然从经济的角度符合对消费的课税，且征管上可行，但是存在一些问题。一方面，同样符合对消费的课税，自然人偶尔销售其他商品（动产）或服务为何不纳入到这类应税行为的范围内或享受免税待遇。对此，主要原因在于对征管效率的考虑，不过，这也造成了课税不公平的问题。当然，对不动产征税，鉴于即使是二手房，转让通常也会产生增值，有助于增加税收收入。

不过，考虑到对自然人转让住房存在免税待遇，即销售购买 2 年以上（含 2 年）的住房免征增值税，[①] 这部分税收收入也有限。因此，应当认为确保公平课税更为重要，而征管上可行应当是次要问题。何况，除无形资产以外，肯定还存在其他特定的商品或服务，在征管上也可行，例如，车船、黄金、一些数字产品（财产）等。另一方面，相比于其他商品销售或服务，不动产销售本身还存在额外的税收负担，例如，契税、土地增值税的负担，围绕自然人不动产交易的税负本身已经很大，再征收增值税会使得税负过重。因此，适合将自然人偶尔销售不动产作为非应税行为来处理。事实上，在欧盟，基于对经营活动的征税，个人销售基于个人目的使用的不动产或私人住房，即使取得收入，也不属于增值税的应税行为。[②] 除此以外，在罗马尼亚，个人在一个公历年度，如果销售两次或两次以上不动产，才符合持续性的要求，构成经营活动，个人成为纳税人。[③] 当然，作为例外，基于税收利益的考量，如果需要保留非经营者销售商品或服务这类非典型应税行为，应当限于销售不动产。

其次，关于无形资产，情况相对复杂。一方面，并不是所有的无形资产都能被自然人拥有，能被自然人拥有并转让的仅仅是

[①] 其中，在北京市、上海市、广州市和深圳市，销售购买 2 年以上（含 2 年）的普通住房免征增值税。参见《营业税改征增值税试点过渡政策的规定》第 5 条。

[②] See Adrian-Milutin Truichici，Luiza Neagu，"Current VAT Policy Regarding the Sale of Immovable Property by Individuals"，Law Review，n. 2，2015，p. 45.

[③] See Adrian-Milutin Truichici，Luiza Neagu，"Current VAT Policy Regarding the Sale of Immovable Property by Individuals"，Law Review，n. 2，2015，p. 43.

专利、著作权等部分无形资产。另一方面，自然人发明、创造或取得像专利这样的无形资产，往往并不是为了个人使用，即基于经营目的，这一点不同于不动产和物品。例如，如同自然人出租房屋构成经营活动（销售租赁服务），自然人转让专利的使用权本身也可以构成经营活动，就是为获利，也容易产生增值，从而成为经营者。因此，尽管存在自然人偶尔转让著作权（例如，其中的发行权或出版权）这样的非经营者销售无形资产的情形，但是至少很大一部分自然人销售无形资产本身就可以构成典型应税行为。换言之，应税的少数非经营者销售无形资产的情形可以作为例外而存在，但未来立法规定为非应税行为更合适。

最后，关于自己使用过的物品，目前增值税法对自然人销售这类物品给予免税待遇，主要是出于征管效率的考虑，同时销售这类物品也是为改善品质或物尽其用，通常也不会产生增值。显然，在确立增值税典型的应税行为之后，对自然人销售自己使用过的物品也适合修改为非应税行为。当然，这里所说的销售是指偶尔销售，至少对同一类物品而言，否则就可能转变为经营者销售自己使用过的物品，成为典型应税行为。

（2）视同销售商品或服务

视同销售商品或服务是另外一项非典型应税行为，是关于增值税普通应税行为的法律拟制，即将一些性质上不同于销售商品或服务的行为在增值税法上拟制为销售商品或服务。例如，将货物用于职工福利、无偿转让货物或无偿提供服务、将货物交付他人代销等，[①] 从而导致普通应税行为的扩张，是增值税法中的一

_____

① 参见《增值税暂行条例实施细则》第4条和《营业税改征增值税试点实施办法》第14条。

项重要规则。当然，不仅在增值税法中，在其他税种法中，也存在相关应税行为的法律拟制，例如，在企业所得税法中也存在视同销售货物、转让财产或者提供劳务的规则。[①] 显然，相比于典型的应税行为，这一非典型应税行为的差异主要在于客体要件之应税交易的具体要件。进一步而言，虽然在税法上都属于销售商品或服务，但是在民商法等基础法律上，存在不同。例如，视同销售商品或服务不具有对价性（无偿），或者不是基于经营目的，或者并没有发生货物所有权转移。而非典型应税行为的纳税人、应税交易发生地和应税交易发生时间三项要件，由于本身就是视同销售商品或服务，基本上就是按照典型应税行为或第一项非典型应税行为的这三项要件来确定。当然，对于个别的视同销售商品或服务，个别要件的具体内容可能另行规定。最后，视同销售商品或服务毕竟属于法律拟制，并基于征税的特别目的，例如，平衡进项税的抵扣、完整抵扣链、公平课税或反逃避税、合理分配税源等。因此，为限定于这些特定目的的实现，视同销售商品或服务的构成要件需要限制，如需要增加额外要件。同时，这些特定目的有可能基于其他征税制度的完善得以实现。显然，视同销售商品或服务这一非典型应税行为的适用范围需要限缩。

（二）特殊应税行为

正如前文已经指出的，增值税除了经营者实施商品或服务销售行为以外，出于特定的目的考量，还存在其他一些应税行为，即这里所说的特殊应税行为。当然，相比于普通应税行为，这些

---

① 参见《中华人民共和国企业所得税法实施条例》（简称《企业所得税法实施条例》）第 25 条。

应税行为在构成要件上存在质的差异。换言之，特殊应税行为的构成要件无法分解为纳税人、应税交易、应税交易发生地和应税交易发生时间这四项要件，特殊应税行为由于不是围绕销售商品或服务来构建的，无法用应税交易来直接界定相关构成要件。为此，为确保增值税应税行为的体系性以及增值税中性的基本价值，需要分析在普通应税行为相关构成要件不满足的情况下这类应税行为存在的缘由及其限制，而本书后面几章将不再专门研究这类应税行为。

1. 进口商品

进口商品与出口商品事实上是对同一国际跨境商品交易基于收货方还是发货方不同视角的不同表述，如同对同一国内商品交易，销售商品与购买商品是基于销售方还是购买方不同视角的不同表述。不过，需要指出的是，对于跨境商品交易，出口商品实质上就是销售方向境外销售商品，因此，进口国对进口商品征收增值税需要建立在出口国对出口商品不征增值税的基础上，否则将产生国际重复征税。当然，目前各国为鼓励出口，对商品出口普遍采取不征税加退税的政策，[①] 包括我国在内，对进口商品征收增值税，除了取得财政收入，更为确保大部分进口的商品在境内销售、消费时保持增值税税负，使相关本国商品（负担增值税税负）处于公平的竞争条件之下，这也贯彻了中性要求。此外，正如前文指出的，进口商品增值税的征收也能有效实现，即使个人携带或者邮寄进境自用物品。

---

① 参见王婷婷：《中国离境退税法律制度完善研究》，厦门大学出版社2022年版，第44页。

基于上述，首先，关于客体要件，进口商品，尤其是携带或者邮寄进境自用物品，显然不同于普通应税行为的销售商品。同时，进口的商品限于有形动产，即我国增值税法所称的货物。这样，不动产因为不能移动被天然排除在外。而专利等无形财产因为无形性（非物理化），跨境购买不存在入境监管的情形，根据《中华人民共和国海关法》（简称《海关法》），接受海关监管的仅限于进口货物和物品。这样，即使将无形财产纳入商品范畴，从境外购买无形财产也不属于进口商品。事实上，无形财产跨境购买或消费，是符合典型应税行为的客体要件的，应按照销售商品或无形财产进行征税。例如，根据我国《营业税改征增值税试点实施办法》第12条第1项的规定，无形资产购买方在境内的也属于在境内销售无形资产，而根据《增值税法》第4条第4项的规定，无形资产在境内消费也属于在境内销售无形资产。此时，纳税人也还是销售方。其次，关于主体要件，进口商品的纳税人为收货方（购买方），并非发货方（销售方）。这样，进口商品的纳税人不要求是经营者，换言之，不在企业经营过程中实施的进口商品也要征税。例如，携带或者邮寄进境自用物品的个人也是纳税人。据此，正如意大利增值税法所规定的那样，进口商品的纳税人可以是任何主体。再次，关于空间要件，我国《增值税暂行条例》和《增值税法》目前缺乏明确的规定，但是根据进口商品的语义，应该是商品从境外进入境内，不是在境内销售。最后，关于时间要件，必然和入（关）境有关，不可能为交易发生的时刻，应当为商品入（关）境的时刻。这样，关于应税行为的四项要件，进口商品与普通应税行为都存在差异，进口商品无疑是一项独立的应税行为。因此，进口商品与普通应税行为之间，不仅在税收征管方面的规则存在差异，例如征管主体、缴纳期限等，在免税等相关实体规则上也存在差异或各自独立。例如，在境内销售残疾人专用品的免税范围，仅限于假肢、轮椅、矫型器。① 而进口残疾人专用品，能享受免税的专用品范围就大很多。② 再如，对用于科研、教学的图书等资料，进口存在免税待遇，③ 但在境内销售这些资料不存在免税。

不过，尽管从法律的角度，进口商品不同于普通的增值税应税行为，但是从经济的角度，进口商品应税行为的确立更突显出增值税是对消费的课税，④ 也就具有充足的正当性。基于这一点，从一定程度上，在增值税应税行为体系中，进口商品应税行为可以视为对普通应税行为的补充。换言之，针对跨境流动的商品，如果普通应税行为构成要件立法能够实现消费地征税或目的地征税，进口商品这一特殊应税行为将失去存在的必要性。据此，这一特殊应税行为也存在适用范围缩小的可能性。

2. 虚开发票行为

还存在一类特殊应税行为，其是否应当存在，争议也是最大的，这类行为就是虚开发票行为，即在未发生销售商品或服务的情况下开具发票的行为，包括发票上的金额大于发生的销售商品或服务的实际金额的情形。对此，我国《增值税暂行条例》《营业税改征增值税试点实施办法》以及《增值税法》都没有规定这

① 参见《财政部、国家税务总局关于增值税几个税收政策问题的通知》（财税字〔1994〕60号）第2条。

② 参见《残疾人专用品免征进口税收暂行规定》（1997年海关总署第61号）第2条和第3条。

③ 参见《海关总署关于中国图书进出口（集团）总公司等单位进口图书资料免征进口环节增值税有关执行问题的通知》（署税发〔2011〕297号）。

④ 在增值税征收的管辖地上，也就贯彻了目的地征税原则。

一应税行为，但是《国家税务总局关于纳税人虚开增值税专用发票征补税款问题的公告》（国家税务总局公告 2012 年第 33 号）规定了虚开发票行为产生纳税义务，即"纳税人虚开增值税专用发票，未就其虚开金额申报并缴纳增值税的，应按照其虚开金额补缴增值税"。不过，在实践中，还是有税务机关根据未真实发生销售商品或服务业务，本质上没有发生增值税普通应税行为，认为虚开发票行为不产生纳税义务。① 与我国不同的是，意大利《增值税总统令》第 21 条第 7 款明确规定了虚开发票行为产生纳税义务，即"如果转让人或提供者为不存在的交易开具发票，或者在发票中记载的交易对价或相关税额超过实际的金额，就应当基于发票记载的全部金额缴纳税额"。② 当然，根据意大利学者的观点，纳税义务的产生不是处罚，因为虚开发票的开票方缴纳税款后可以向受票方求偿（转嫁）。③ 增值税法如此规定与增值税的征收建立在文件、资料的基础上有关，在我国就是根据发票征收增值税，体现形式课税的特征。此外，增值税法如此规定是为了确保与抵扣之间的平衡，因为受票方会有抵扣权，而抵扣金额即为发票上所记载的全部金额所对应的税额。④ 这样，也就与纳税人抵扣权在意大利得到有效的保护存在紧密的关联。具体而言，不管是纳税人抵扣的实质条件还是形式条件，意大利增值税法上的限制都较少，例如，抵扣权产生的立刻性，抵扣范围的宽泛

---

① 参见《国家税务总局长沙市税务局第三稽查局税务处理决定书》（长税三稽处〔2022〕29 号）。

② Cfr. l'art. 21, comma 7, del Decreto del Presidente della Repubblica 26 ottobre 1972, n. 633.

③ Cfr. Giuseppe Franco, Giuda all'IVA, Giuffre, 2004, p. 1254.

④ Cfr. Enzo Musco, Francesco Ardito, Diritto penale tributario, Zanichelli, 2016, p. 254.

性，发票管理的相对宽松，尤其是善意取得虚开发票的纳税人也可以行使抵扣权。[1] 事实上，将虚开发票行为确立为一项应税行为，无疑与保护受票方纳税人对发票开具以及记载增值税的信任相关，这是因为取得发票的纳税人，在承担税负之后，不管开票方是否有权利开具发票，都有抵扣发票上记载增值税的权利。因此，即使开票方不构成经营者，也有义务纳税。[2] 这样，在意大利，虚开发票的主体是纳税人，需要同时缴纳税款与因虚开受到的罚款，甚至还可能受刑事处罚。当然，如果虚开发票的主体未缴纳税款，还可以构成意大利税收刑法中的增值税税款不缴纳罪。[3]

综上相关立法，不同于进口商品，虚开发票行为并不能作为一项独立的应税行为在增值税法中规定。这是因为虚开发票行为是违法行为，虽然违法行为也可以被征税，但是税法并不会明确将一类违法行为单独规定为一类应税行为，而是将其征税于普通的应税行为之中。换言之，对虚开发票行为，还是根据经营者销售商品或服务来征税，相当于视为发生销售商品或服务。据此，从征税上，虚开发票行为依存于普通的应税行为，尽管两者是不同的行为。不管怎样，相比于普通应税行为，虚开发票行为如果作为一项特殊应税行为，不管是在主体要件还是客体要件上，都

---

① 参见翁武耀："论增值税抵扣权的产生"，《税务研究》2014 年第 12 期，第 54-58 页；翁武耀："论增值税抵扣权的范围"，《北京工商大学学报（社会科学版）》2015 年第 3 期，第 58-66 页；翁武耀："论增值税抵扣权的行使——基于中欧增值税法的比较研究"，《国际商务》2015 年第 5 期，第 114-123 页。

② Cfr. Raffaele Perrone Capano，*L'imposta sul valore aggiunto*，Jovene，1977，pp. 527-528.

③ 参见翁武耀：《税收犯罪立法研究——以意大利税收刑法为视角》，法律出版社 2022 年版，第 125 页。

存在巨大差异。因此，围绕抵扣，虚开发票行为构成要件要严格限制，尤其是税收征管正从以票控税转向以数治税的背景下，更要缩小虚开发票行为这一特殊应税行为的适用范围，直至取消，以处罚或加重处罚替换之。首先，在客体要件上，需要区分不同的虚开发票行为。事实上，作为一项应税行为，虚开发票行为应当存在于受票方真实购买商品或服务的情形，此时，开票方不是实际的销售方。这是因为虽然此时从法律上不满足普通应税行为的构成要件，但是从经济上就能符合增值税对消费课税的属性。换言之，基于效率，虽然增值税的征收有时候需要遵循形式课税，但是也要以经济上符合增值税课征属性为前提，即满足对消费课税的属性是确立增值税应税行为的底线。同时，此时，受票方也才满足抵扣的条件，即购进商品或服务（用于应税交易），否则进项税即使承担并抵扣了，也应当做转出处理。这样，虚开发票行为也就失去了作为应税行为的基础。当然，为避免重复征税，此时真实的销售方就应当不再具有纳税义务。此外，在客体要件上，虚开用的发票必须是真实的，包括签章也是真实的，不是伪造的发票，否则就不构成虚开发票，而是伪造发票。这是因为伪造的发票，几乎不可能通过税务系统的认证从而作为抵扣凭证，也就无所谓确保与抵扣的平衡以及保护受票方抵扣权利与相关信任。其次，在主体要件上，至少在我国，开票方至少表面上或形式上应当是经营者，否则也没有权利开具发票，受票方对作为抵扣凭证的发票的信任也很难值得保护。最后，虽然上述客体、主体要件的限制已经涉及受票方的抵扣权，但还是要额外再增加抵扣要件，即受票方能够抵扣购进商品或服务相关的进项税。这样，也能够促进纳税人抵扣权的保护。换言之，虚开发票成为应税行为，要以纳税人抵扣权能得到有效的保护为前提。

第二章

纳税人

我国《增值税暂行条例》第 1 条规定，增值税的纳税人为销售货物、服务、无形资产、不动产以及进口货物的单位和个人。对此，除进口货物这一应税行为之外，就境内的商品或服务交易，我国增值税法对增值税纳税人的构成要件不再有进一步规定，进而存在一些问题和争议有待回应，主要包括如下几个方面：① 增值税也被认为是一种消费税，为何以商品或服务的销售方作为纳税人，而不是购买方（消费者）。② 是否只要发生商品或服务销售，销售方就是纳税人，从而需要缴纳增值税（包括享受免税待遇），如果是否定的，销售方还应当满足什么条件。③ 一些相关的实践问题和争议，例如，自然人销售自己使用过的物品以及事业单位为收取行政事业性收费而提供服务属于免税还是不构成纳税人进而不需要缴纳增值税；再如，自然人持有股票、债券（取得股息、利息）以及单位员工以自己的名义对外有偿提供咨询、审稿等服务是否需要缴纳增值税；又如，以资管产品项目确定为资管产品运营过程中金融商品转让的纳税人是否存在障碍，从事违法交易的主体能否成为纳税人。据此，有必要对增值税纳税人构成要件进行深入研究，进而探究相关立法的完善。

一、法律视角下增值税纳税人的识别

增值税的课征对象决定了增值税的应税行为。为此，需要首先说明的是，从法律的视角，为何没有选择消费作为增值税的课征对象，换言之，立法上为何没有将商品或服务的购买（消费）行为确定为增值税的应税行为，即购买方（消费者）作为法律上的纳税人。对此，不难发现，如果以购买方作为纳税人，虽然从理论上可以更好地贯彻增值税对消费的一般化课税的要求，但是实践上会产生大量、严重的逃漏税等不遵从行为，即课税不能在征管层面有效实现。这是因为面对数以亿计的购买方，其中大部分是自然人，同时，面对成倍的购买行为，其中大量购买涉及的是动产和服务，征管的成本很高，难度也很大，而征管资源是有限的。因此，出于征管效率的考量，为了使税的征收能够有效实现，立法上只能选择销售作为增值税的课征对象，进而选择销售方作为纳税人。[①] 增值税这一命名也印证这一点，这是因为增值是相对于销售方而言的。而销售方作为纳税人之所以能够保障税的征收的有效实现，与销售方特殊的特征有关。一方面，销售方通常为企业等组织、机构，不管是否具有法人资格，一般都会在工商行政管理等相关部门登记并接受管理，并且具有固定场所。另一方面，销售方数量远低于购买方数量，除了源于形式上组织、机构的限制，更源于实质上的限制，即销售方通常是持续、反复实施销售行为的主体，构成所谓的经营者。换言之，依然基

---

① Cfr. Silvia Mencarelli，Rosa Rita Scalesse，Giuseppe Tinelli，*Introduzione allo studio giuridico dell'imposta sul valore aggiunto*，G. Giappichelli，2018，p. 32.

于征管效率的考量，零星、偶尔实施销售行为的主体并不会被课征增值税，相关的销售也就不在增值税课征对象的范围内。这样，税务机关将有限的征管资源用于针对销售方的征管并打击地下（未登记的）经营者，就可以有效实现税的征收。事实上，不同于我国增值税法，许多国家增值税法都明确规定增值税是对经营者销售行为的课税。例如，意大利《增值税总统令》第1条规定：“增值税征收于在企业经营中或在艺术和自由职业经营中在境内实施的商品转让和服务提供以及任何人实施的进口。”再如，英国《增值税法案》第4条第1项规定：“增值税应当征收于任何在英国实施的商品或服务提供，如果提供是纳税人在其任何经营活动过程或推动经营活动中实施的一项应税提供。”[①]

确定以经营者实施的销售行为为增值税应税行为，还需要说明其是否符合量能课税这一现代国家中关于税负分摊的基本原则。对此，首先，基于增值税对消费课税的属性，负税能力无疑体现为商品或服务的消费，进而体现为最终消费者对商品或服务的消费，而对销售的课税通过税负转嫁和抵扣机制最终实现为对消费的课税，因此，也间接地实现了量能课税。其次，不能仅从上述经济的视角来理解增值税中的负税能力，这是因为实践中增值税税负的转嫁并不一定能完全实现，尤其是考虑到在我国购买方承担税负并没有被确定为一项法律义务，转嫁更多是基于商业惯例（即名义上的价格包含了税款）来实现的，同时抵扣也存在受限制的情况（例如实施免税交易），销售方承担税负的情况也并非不存在。[②]事实上，销售方实施增值税逃税行为、购买方因

---

① 　See the art. 4 of Value Added Tax Act 1994 of United Kingdom.

② 　参见王建平：“论增值税抵扣机制的强化”，《税务研究》2022年第1期，第33-34页。

无力偿还或破产而不能承担增值税税负、销售方实施无偿赠送商品等视同销售行为会承担增值税税负等事实也说明了这一点。为此，还需要说明，从法律的视角，经营者实施的销售行为也体现负税能力。对此，经营者从事销售商品或服务行为，特别利用了来自国家提供的相关公共服务，例如，环境或市场创造、保护等，使其经营活动的实施得以便利化。① 况且，经营活动实施本身就是为了取得收益、创造增值（财富）。其中，一项典型的例子是经营者在国家通过设立、管理证券交易所创建的证券市场中的从事证券交易经营活动。为此，并非所有的销售行为都构成增值税的应税行为，只有经营者实施的销售行为才构成，换言之，纳税人必须是实施经营活动的主体才体现负税能力。此外，即使经营者没有取得净收入，经营活动作为一种经济行为，在所得、消费、财产之外，也可以被认为是一种体现经济能力的因素，间接体现负税能力。

　　不过，选择将销售作为增值税的课征对象并据此确定经营者实施的销售行为为增值税应税行为，属于增值税立法原则上的选择，相关的应税行为构成增值税典型应税行为。但是，出于国库利益、国内产业保护等原因，在增值税立法明确规定的情况下，原则之外可以存在一些例外。例如，进口商品（包括个人携带物品入境）也是增值税法上的应税行为，属于特殊应税行为，并通常以购买方（收货人）为纳税人，这是因为这符合增值税本质上是对消费课征的属性。同时，因为商品入境需要经过海关查验并由海关负责征收税款，这样就解决了征管效率的问题。再如，自

---

　　① 根据意大利税法学者的研究，经营活动能够便利化地实施，本身就可以认为经营活动也体现负税能力。参见翁武耀：《意大利税法研究》，人民出版社 2024 年版，第 148 页。

然人偶尔销售不动产，即使不构成经营活动，也可以是增值税法上的应税行为，属于普通应税行为中的非典型应税行为，这是因为不动产转让需要在房管部门登记系统变更所有权，也不存在征管效率的问题。

二、纳税人核心构成要件的特征

作为纳税人的销售方应当是实施经营活动的主体，即应当是经营者，覆盖商品、服务的生产和流通环节，包括厂家和商家。换言之，产生增值税纳税义务的商品或服务销售，必须发生在销售方的经营活动过程之中。[①] 而有关商品或服务销售是否发生在企业经营过程中实施，也就属于纳税人构成要件需要审查的内容。[②] 因此，并非所有的商品或服务销售都构成增值税典型应税行为，是否构成取决于谁实施的销售，这也决定了界定纳税人的意义。不过，从上述基本内容不难得出，增值税纳税人构成要件的核心在于主体的经济实质，即实施经营活动，而非法律（存在）形式。对此，欧盟《2006年关于增值税共同制度的理事会指令》（简称《2006年增值税指令》）第9条规定："增值税纳税人是指任何独立地、在任何地点实施经济活动的主体，不管是基于何种目的或活动的结果如何。其中，经济活动是指生产者、贸易商或服务供应商的任何活动，包括矿业、农业活动以及（自由）职业活动。为了获取稳定性的收入而开发或利用有形或无形财产

---

① See Victor Thuronyi, Tax Law Design and Drafting（Volume 1），International Monetary Fund，1996，p. 36.

② Cfr. Gaspare Falsitta, Manuale diritto tributario-parte speciale，Cedam，2008，p. 689.

也是经济活动。"① 遵循该规定，法国《税法典》（第二编第一章"增值税"）第 256A 条第 1 款规定："独立从事经济活动的主体，不论其法律地位、其他税种缴纳情况以及介入形式或性质如何，均应缴纳增值税。"第 3 款紧接着规定："第 1 款规定的经济活动是指生产者、贸易商或服务供应商的所有活动，包括采矿、农业活动以及自由职业或类似职业的活动。经济活动还特别地表现一项为开发或利用有形或无形动产、以期从中获得持续性收入的交易。"② 显然，虽然法国增值税法使用的是经济活动一词，但是根据界定的内容，法国增值税法对纳税人的界定就是基于经营活动的界定来实现的，是纳税人构成的核心内容。当然，需要特别指出的是，根据词语通俗的含义，经济活动包括经营活动和其他经济活动，例如，自然人偶尔实施的商品销售行为也可以称为经济活动，在增值税法中使用经营活动一词更佳。以下就经营活动的积极特征和消极特征进行一一阐释。

（一）经营活动的积极特征

1. 经常性与职业的构成

商品或服务的生产、贸易活动能否构成一项经营活动首先取决于活动是否具有经常性的特征，这一特征属于经营活动的核心特征。显然，从法律上论证纳税人实施的经营活动体现其负税能力，经常性的特征有助于这一论证，毕竟，相比于偶尔的商品或

---

① See the art. 9 of Council Directive 2006/112/EC of 28 November 2006 on the common system of value added tax.

② Voir l'article 256 A du Code général des impôts（CGI 2024）.

服务销售，经常性地销售商品或服务无疑更需要环境或市场创造、保护等相关公共服务。而法国《税法典》（第二编第一章"增值税"）第 256A 条的规定，通过两个路径体现了对这一特征的要求。一方面，直接规定经常性实施生产、贸易活动的特定主体，即第 3 款明确规定"生产者、贸易商或服务供应商"的活动，显然，生产者、贸易商或服务供应商本身就蕴含实施生产、贸易活动的经常性。另一方面，第 3 款在界定特定的经营活动时，不限定是何特定主体实施的，而是规定其能够给该主体带来持续性收入，这也就蕴含该活动的经常性。这样，基于经常性这一特征，偶尔实施商品或服务销售的主体不能成为增值税的纳税人，除非作为例外，例如，偶尔转让不动产，由法律特别规定。事实上，偶尔性地实施一项交易，并不能构成实施主体的一项职业。值得一提的是，欧盟原本在《1977 年关于协调成员国流转税（增值税共同制度：统一的评估基础）法律的第六号理事会指令》（简称《增值税第六号指令》）第 4 条第 3 款中规定成员国可以将某一仅仅是偶尔实施了交易的主体视为增值税纳税人，[①] 但被重铸后的《增值税第六号指令》，即《2006 年增值税指令》删除了这一规定。

事实上，关于经营活动经常性的特征，意大利增值税法的规定更为明确。意大利《增值税总统令》第 4 条第 1 款规定："企业经营是指基于惯常职业（professione abituale）实施《民法典》第 2135 条和第 2195 条所规定的商业或农业活动，即使不是以企业的形式组织实施的，以及以企业形式组织实施的提供不属于《民法

---

① See the art. 4（paragraph 3）of Sixth Council Directive 77/388/EEC of 17 May 1977 on the harmonization of the laws of the Member States relating to turnover taxes-Common system of value added tax：uniform basis of assessment.

典》第 2195 条所规定的服务的活动。"① 同时，第 5 条第 1 款规定："艺术和自由职业的经营是指基于惯常职业，自然人、简化企业（società semplice）或没有法人资格的合伙组织实施任何独立劳务的活动。"② 虽然意大利增值税法根据不同的实施主体将经营活动分为两类，一类是企业等具有法人资格的组织实施的经营活动，一类是自然人或其他不具有法人资格的组织实施的经营活动，但是对经营活动的要求是一样的，即基于惯常职业，其中，惯常性（即经常性）无疑是核心特征，并且相关活动构成职业，本身也蕴含了实施的经常性。不过，对于经常性的理解，正如意大利增值税法没有进一步解释惯常，通常是根据现实生产、生活经验来理解的。对此，可以肯定的是，对于生产、贸易活动，经常性并不要求存在有一个最低限度的时长，但是要求稳定性或定期实施，因此活动实施中间出现中断，并不背离经常性，例如，有些农业或商业活动是季节性的，也符合经常性特征。③ 此外，需要强调的是，经常性不仅仅包括一项生产、贸易活动反复多次发生的情形，也包括一项活动发生一次、但长时间存续的情形，例如，提供不动产租赁服务。因为后一种情形也能成为一项惯常职业，给提供者带来持续的收入，属于为了获取持续性的收入而开发或利用有形财产。

---

① Cfr. l'art. 4, comma 1, del Decreto del Presidente della Repubblica 26 ottobre 1972，n. 633.

② Cfr. l'art. 5, comma 1, del Decreto del Presidente della Repubblica 26 ottobre 1972，n. 633. 在意大利，简化企业是一种人合企业，所有成员对企业债务承担连带责任，且是无限责任。

③ Cfr. Silvia Mencarelli, Rosa Rita Scalesse, Giuseppe Tinelli, *Introduzione allo studio giuridico dell'imposta sul valore aggiunto*，G. Giappichelli，2018，p. 33.

　　不过，考虑到上述对经常性的理解相对宽松，这里还是需要强调经常性的满足并不一定构成经营活动，尤其是对自然人而言。这是因为，不同于企业，自然人本身并不必然以从事经营活动为目的，此时，职业的要求就至关重要了，即以源于相关活动取得的收入作为主要的收入来源。具体而言，虽然自然人也可以独立地从事劳务等活动，且定期或持续性地取得收入，但不一定构成（自由）职业，这样就不一定构成经营活动。例如，大学老师可以和期刊签订长期合作合同，定期审稿并取得审稿费，此时，大学老师提供审稿服务并不构成一项经营活动。与此相对应，从所得税法的角度，大学老师取得的审稿费属于劳务报酬，而非经营所得。再如，自然人单纯持有股份（股票）或债券，不作为其他经营活动的手段或辅助活动，虽然能取得股息、红利或利息收入，但由于不旨在从事金融交易或不对被投资企业进行干预，也不构成一项职业。按照欧洲法院的观点，此时仅仅是财产权的行使，或管理个人自身的财产，不属于经营活动。[①] 同理，在银行的存款行为也是如此。相反，如果持有某一企业股份（股票）或债券，同时还利用股权或债权干预该企业的经营管理，获得的股息或利息也就与这种干预活动的成效相关或附属于这类活动，自然人就应当是增值税的纳税人，因为该活动就属于为了获取稳定或持续性的收入而开发或利用无形财产。

2. 营利性

　　经营活动接下来的特征是营利性，这一特征也是经营一词的自然之意，即经常性实施的活动能带来特定的经济利益，且通常

---

　　① See ECJ's Judgment of 20 June 1996 in Case C-155/94.

表现为盈利。这一点符合经营活动构成职业的特征，同时也符合从法律上增值税是对增值课征的属性，及其对纳税人负税能力的体现。反之，如果经常性实施的活动是免费的，或不带来盈利，该主体就不是实施经营活动的主体，例如，将出于个人原因（如爱好）制作的礼物赠与他人的自然人，提供公共服务的政府等公共机构，实施慈善等公益活动的非营利性组织。其中，虽然公共机构提供特定公共服务（如高等教育服务）会向相对人收取费用，即行政事业性收费，具有有偿性，但是考虑到这一收费本身就是一项政府收入，且根据法规是必须按照成本补偿、非盈利标准收取，[1] 因此，不具有营利性。显然，作为主体要件内容的经营活动的营利性，不能简单地等同于作为客体要件内容的商品转让或服务提供的有偿性，何况，虽然经营活动的营利性是通过商品或服务销售来实现，但是这并不意味着每一项商品或服务销售都会带来盈利。从中也不难得出，对活动经营性的判断，并不完全取决于实际盈利的结果，还需要查实主体实施活动基于营利性的目的。事实上，实施不具有营利性活动的主体，不能构成增值税纳税人，此时该主体如同最终消费者，因为到这一主体，商品或服务生产、贸易的经济链条已经终止了。[2]

3. 独立性

经营活动的第三项特征是独立性，即实施经营活动的主体应当以自己的名义对外从事经营活动，而法国《税法典》（第二编第一章"增值税"）第 256A 条第 1 款关于"独立从事经济活动

---

① 参见《行政事业性收费项目审批管理暂行办法》（财综〔2004〕100号）第 3 条。

② See ECJ's Judgment of 1 April 1982 in Case C-89/81.

的主体"的规定更是直接明确了这一点。基于这一特征，该主体对生产、贸易活动的开展应当具有自主性。具体而言，对生产、销售什么商品或服务，多少数量以及质量如何，对商品或服务如何定价，在哪里生产、销售，或其他经营活动的内容，该主体能够自己决定。为此，独立性也就意味着实施经营活动的主体自己享有相关权利并承担相关义务和责任，例如，享有收益，承担开具发票义务或赔偿责任。关于独立性的构成，除了公司等法人组织较为明显以外，[①] 需要特别说明两类主体。

首先，非法人组织，包括个体工商户、个人独资企业、合伙企业以及法人的分支机构等。由于缺乏独立的法人资格，这类组织的独立性相对是不足的，即收益的实际享有者和责任的最终承担者是背后的自然人或总公司。为此，从所得税的角度，源于所得税更注重实质课税，这类组织不构成所得税的纳税人，而是背后的自然人和总公司分别构成个人所得税的纳税人和企业所得税的纳税人。不过，从增值税的角度，非法人组织就能够满足独立性的要求，或者说，对主体的独立性要求较低。这是因为增值税从经济的角度是对消费的课税，承担者是购买方，从法律上确定销售方为纳税人更多是基于征税效率的考量，因此更注重形式课税，而从形式上，独立性也就能够满足。同时，更为重要的是，《中华人民共和国民法典》（简称《民法典》）也认可非法人组织是自然人、法人以外的第三类民事主体，该法第 102 条也明确规定非法人组织能够以自己的名义从事民事（经营）活动。这样，至少从形式上，非法人组织可以以自己的名义生产、销售商品或

---

① 我国《民法典》第 57 条特别规定："法人是具有民事权利能力和民事行为能力，依法独立享有民事权利和承担民事义务的组织。"

服务，同时取得收入，这也就给增值税在纳税主体确定上遵循形式课税奠定了必要的法律基础。事实上，对于分支机构，即使是非独立核算（收入、成本），也可以成为纳税人，并登记注册。[①]据此，也就不难理解，法国《税法典》（第二编第一章"增值税"）第256A条第1款特别强调某一主体缴纳其他税种的情况不影响其构成增值税纳税人。

其次，自然人。自然人基于职业经常性地实施一项活动，尤其是提供劳务，如果能够满足独立性的要求，自然可以成为增值税纳税人。对此，意大利《增值税总统令》第5条第1款规定的经营活动，就属于独立劳务型的经营活动。不过，也正是独立性的要求，受雇于他人的员工需要被排除成为增值税纳税人的可能性，即使其也是基于职业经常性地实施一项活动。此时，基于劳动合同关系，雇主确定员工提供劳务的内容和要求，同时，为员工提供劳务条件，并确定员工的劳动报酬。这样，员工提供的劳务是以雇主的名义生产以及对外销售，例如，大学老师在受雇大学内向学生授课，是基于大学向学生提供教育服务的名义开展的。这样，对外的义务和责任，也就由雇主来承担。显然，员工的独立人格被雇主所吸收，两者也就不是平等关系，而是从属关系，因此活动的实施也就缺乏独立性。对此，法国《税法典》（第二编第一章"增值税"）第256A条第2款明确规定不构成独立行事的主体包括"受劳动合同约束的员工或受其他任何在工作条件、薪酬安排和雇主责任方面确立了从属关系的法律关系约束

---

① 参见《国家税务总局关于完善税务登记管理若干问题的通知》（国税发〔2006〕37号）。

的其他人员"。我国《营业税改征增值税试点实施办法》第 10 条
也规定了这类主体不构成经营活动的实施主体，即为本单位或者
雇主提供取得工资的服务的员工。

（二）经营活动的消极特征

1. 活动合法与否的不相关性

活动合法与否的不相关性，是指主体从事的商品或服务交
易行为即使是违法的，也可以构成经营者。例如，未经授权、
许可的情况下销售需要授权、许可的商品或服务，销售假冒商
品，等。显然，违法交易可以构成经营活动，首先还是因为符
合量能课税原则，毕竟负税能力由经济能力构成，而经济能力
并不内涵合法与否的判断。具体而言，一方面，从经济的角度，
违法交易也伴随商品或服务的消费；另一方面，从法律的角度，
违法交易实施者也利用相关公共服务（例如国家创造的相关市
场）用于生产、销售商品、服务。其次，如果不对违法交易征
税，会对同一市场中的合法交易经营者造成不公平，也有违增
值税的中性特征。对此，需要特别指出的是，根据欧洲法院的
观点，如果基于某些违法交易的特殊性，并不存在一个与之竞
争的合法经济行业，比如毒品和伪币交易，就不在增值税的应
用范围之内。[①] 此种观点具有一定合理性，毕竟此时正当性仅在
于背后消费的课税，而从法律的角度，这类违法交易的实施主体
并不存在利用国家创造的相关市场的情况，因此，不体现负税
能力。

---

① See ECJ's Judgment of 28 May 1998 in Case C-3/97.

2. 活动实施主体法律形式和法律地位的不重要性

在确定主体实施的活动符合上述经营活动三个特征之后，增值税纳税人主体要件就已经满足了，至于主体采取何种法律形式以及具有何种法律地位，并不影响纳税人的构成。具体而言，一方面，正如上文已经指出的，不管是自然人、公司或其他法人组织，还是非法人组织，甚至信托等特殊法律形式，都可以成为纳税人。对此，关于欧盟《2006 增值税指令》第 9 条规定的财产开发或利用，欧洲法院就曾指出其包括任何一项旨在从一财产中获取收益的业务，而不管实施该业务的主体具有什么样的法律形式。① 另一方面，不管是企业（包括国有、集体和私人企业）、个体工商户等营利组织，还是行政单位、事业单位、军事单位、社会团体等非营利组织，也都可以成为纳税人。对于后者，我国《增值税暂行条例实施细则》第 9 条在解释纳税人的外延时进行了明确规定，这是因为虽然从法律地位而言，相关非经营组织属于公共机构，应当提供公共服务或实施公益活动，但是这并不意味着这些机构不能或不会实施经营活动。据此，不难得出增值税纳税人外延非常宽泛，其中，企业、个体工商户等营利组织作为纳税人自然没有争议。不过，对于自然人、公共机构和信托成为纳税人的情形，还存在一些方面需要进一步明确。

（1）自然人

对于自然人而言，关键是需要区分基于私人目的实施的商品或服务销售与属于惯常活动的商品或服务销售。换言之，不像企业受绝对推定，在自然人构成经营者的情况下，并不意味着自然

---

① See ECJ's Judgment of 4 December 1990 in Case C186/89.

人实施的任何商品或服务提供都一律需要征税，例如，自然人销售个人或家庭生活的财产（与惯常活动无关）就不征税。

（2）公共机构

如同自然人，公共机构成为纳税人的情形仅限于其在经营活动中实施商品或服务销售时，即需要具体分析公共机构实施的活动，确定相关的商品或服务销售与其作为非经营活动的职能活动是否相关。[①] 不过，公共机构作为纳税人，还存在两个复杂的方面。首先，公共机构基于职能提供的服务，如果在违法违规的情况下，收取未经审批的费用，此时服务提供的成本如同为零（因为由财政拨款承担），或者虽然费用收取经审批，但是超标收取费用，即超过服务提供所需要的成本，这两种情况下的服务提供由于能够满足上文阐释的关于经营活动的前三个特征，以及根据活动合法与否的非相关性，应当按照经营活动来征税。对此，我国《营业税改征增值税试点实施办法》第 10 条规定行政单位收取行政事业性收费构成非经营活动的条件就体现了这一点。[②] 这样，《营业税改征增值税试点过渡政策的规定》将行政单位以外的公共机构提供基于职能的服务而收取满足上述条件的费用，例如公办大学收取学费，纳入免税（经营活动）的范围，就需要修改。对此，《增值税法》第 6 条规定"收取行政事业性收费"不征收增值税，不再限定主体，已经解决了这一问题，值得肯定。其

---

① Cfr. Gaspare Falsitta，Manuale diritto tributario-parte speciale，Cedam，2008，p. 691.

② 相关条件包括：① 由国务院或者财政部批准设立的政府性基金，由国务院或者省级人民政府及其财政、价格主管部门批准设立的行政事业性收费；② 收取时开具省级以上（含省级）财政部门监（印）制的财政票据；③ 所收款项全额上缴财政。

次，公共机构实施基于职能以外的商品或服务销售现实中也是存在的，事实上就进入了市场提供商品或服务的范围，将与市场中的其他经营者在相关商品或服务领域产生竞争关系。此时，如果不对公共机构征税，无疑会造成竞争的扭曲，也不利于政府与市场的界分。这样，对公共机构实施这类活动，根据经营活动征收增值税就有了更大的正当性，增值税法予以明确规定更佳。关于这类活动，不管法国增值税法还是意大利增值税法，都明确进行了列举，并强调即使是公共机构实施的，也应当征税。例如，法国《税法典》（第二编第一章"增值税"）第256B条规定："受公法管辖的法人，如果对其不征税不会导致竞争条件的扭曲，则无需就其实施的关于行政、社会、教育、文化和体育服务的活动缴纳增值税。在任何情况下，这些法人如果实施以下交易，就应当缴纳增值税：销售为销售而制造的新商品、电能和热能的分配、货运和旅客运输、组织商业性质的展览、提供港口和机场服务、组织旅行和旅游住宿、提供电信服务……"①

（3）信托

增值税纳税人的构成关键在于实施的活动属于经营活动，即重心在于活动本身，而实施活动主体的法律形式并不重要。对此，不仅欧盟《2006年增值税指令》第9条关于纳税人主体的界定体现了这一点，法国《税法典》（第二编第一章"增值税"）第256A条第1款更是明确规定不论纳税人的法律地位、介入形式或性质如何。为此，一项有争议的问题是信托能否成为增值税纳税人。这一问题源于在一些国家，信托在民商法上不被认定为是民事主体，例如在意大利和我国，而仅仅是若干法律关系的集

合，即委托人将其财产交由受托人，该财产独立于委托人的财产，受托人为受益人的利益或者特定目的管理或者处分该财产。事实上，在意大利，所得税法已经明确规定信托可以成为所得税的纳税人。① 为此，有学者指出增值税法虽然没有明确规定信托也可以成为增值税的纳税人，但是基于欧盟增值税指令的规定，意大利增值税法也没有要求纳税人需要满足特定的法律形式，因此，只要基于信托名义执行的活动是经营活动，信托就可以成为增值税纳税人。② 此外，以信托作为纳税人，也源自委托人或受托人等其他主体作为纳税人的困难和障碍。③ 综上，鉴于主体的法律形式对增值税纳税人的构成并不重要，同时，信托管理过程中的经营活动可以以信托的名义实施，信托财产又具有独立性，信托可以被认定为增值税的纳税人。当然，在增值税法对纳税人的法律形式有要求的情况下，例如，我国《增值税暂行条例》第1条和《增值税法》第3条限定为单位和个人，信托成为纳税人还是存在障碍。毕竟单位是指机关、团体或属于一个机关、团体的各个部门，④ 信托很难被归入单位的范畴，同时也不可能是个人，何况《中华人民共和国信托法》第2条甚至将信托界定为一种行为。

---

① Cfr. l'art. 73 del Decreto del Presidente della Repubblica 22 dicembre 1986，n. 917-Approvazione del Testo Unico delle imposte sui redditi.

② Cfr. Maddalena Cecci，*Profili di rilevanza del trust in ambito IVA*，in Trusts，2022，p. 150.

③ 参见汤洁茵："资管产品增值税的纳税人之辨——兼论增值税的形式主义"，《法学》2018年第4期，第147页。

④ 参见中国社会科学院语言研究所词典编辑室编：《现代汉语词典》，商务印书馆2016年版，第254页。

三、增值税法纳税人条款的完善

增值税是消费税，但在立法上，增值税是对商品或服务的销售进行课税。销售方作为纳税人，虽然法律形式和地位不限，但应当满足实施经营活动的实质要件，这不仅符合征管效率，同时符合量能课税原则。意大利、英国、法国等域外增值税法对此也予以了明确。为此，在我国《增值税法》未来完善中有必要设置纳税人专门条款，引入经营活动这一核心概念，并通过经常性、营利性、独立性三项积极特征对其进行界定。同时，对纳税人的外延，删除"单位和个人"的表述，明确规定"不管何种法律形式和地位"，覆盖信托等特殊组织。作为例外，对于特定交易，在立法明确规定的情况下，纳税人可以不满足实施经营活动的实质要件。

（一）应税行为基本规则的修改

关于应税行为基本规则，《增值税法》第 3 条第 1 款规定："在中华人民共和国境内（以下简称境内）销售货物、服务、无形资产、不动产（以下称应税交易），以及进口货物的单位和个人（包括个体工商户），为增值税的纳税人，应当依照本法规定缴纳增值税。"该规定延续了《增值税暂行条例》第 1 条的规定，需要修改的内容不多。其中，《增值税法》将原本在《增值税暂行条例实施细则》第 9 条规定的关于个人包括个体工商户的界定直接在本条中规定，贯彻了税收法定原则，提高了法律的明确性。关于纳税人的基本规则，该条核心目的是确定商品或服务的销售方为纳税人，而为了能够覆盖非经营者销售商品或服务这类非典型应税行为，不规定关于经营者的要求。但是，在主体外延上，建议删除"单位和个人"的表述，改为更为抽象、外延更宽的"主体"。至于"主体"的具体外延，则由接下来的纳税人专门条款来规定。同时，删除"为增值税的纳税人"的表述，这是因为纳税人的构成要件还有待接下来的条款明确，单纯地在境内销售商品或服务的主体还不一定是纳税人，即还需要依照本法（其他条款）规定来确定是否缴纳增值税。最后，进口货物这一特殊应税行为的基本规则（包括纳税人）依然需要单独规定。此外，对于销售客体或税目，货物、不动产和无形资产需要合并为商品，参见本书第三章分析。

综上，应税行为基本规则条款可作如下规定：

> 在中华人民共和国境内（以下简称境内）销售商品、服务（以下称应税交易），以及进口货物的主体，应当依照本法规定缴纳增值税。

（二）纳税人条款完善的核心

在我国，增值税纳税人需为经营活动实施主体的规定尚不明确，至少《增值税暂行条例》中并未规定这一点。而《营业税改征增值税试点实施办法》第10条也仅仅从反向规定一些非经营活动不构成销售服务、无形资产或者不动产，本身并没有界定何为经营活动。此外，令人遗憾的是，《增值税法》第6条在规定非应税交易（即"不属于应税交易"的情形）时，没有保留上述第10条"属于非经营活动"的表述。这样，虽然《增值税法》第6条主要是规定不构成经营活动的非应税行为，但是由于《增值税法》没有规定仅对经营活动课税，同时，将自然人销售自己使用过的物品（享受免税待遇）纳入应税行为范围，第 6 条规定以外的其他非经营活动是否构成应税行为也并不明确。不过，可以合理判断的是，仅仅不具备经常性这一积极特征的非经营活动目前在增值税的征收范围内，不具备其他任一一项积极特征的非经营活动通常被排除在征收范围之外。为此，作为完善的核心，建议未来《增值税法》完善在关于纳税人的条款中从正向规定实施经营活动这一纳税人构成的核心要件，引入经营活动这一核心概念，并对其特征进行界定。

（三）纳税人条款的设计

关于纳税人条款，延续现行增值税法，《增值税法》没有专门规定，主要是源于未确立经营者销售商品或服务这一典型应税行为。为此，未来《增值税法》完善需要引入关于纳税人的专门条款，其核心目的在于确立这一点，同时对经营活动进行界定，明确相关核心特征，并列举纳税人的外延。此外，纳税人专门条款还需要对非经营者销售商品或服务、进口货物这两类非典型/特殊应税行为的纳税人进行规定。

综上，纳税人条款可作如下规定：

> 销售货物、服务、无形资产、金融商品的主体，当销售货物、服务、无形资产、金融商品是在其经营活动中实施的，为增值税的纳税人，不管何种法律形式和地位，包括自然人以及个体工商户、企业、公共机构、社会团体、信托等法人、非法人组织或其他特殊组织。
>
> 第一款规定的经营活动是指自然人、法人、非法人组织或其他特殊组织为取得收入而独立、经常实施的任

何活动，包括商业、农业、采矿、自由职业等活动。为取得持续性收入而开发、利用特定财产也属于经营活动。

销售不动产的主体，为增值税的纳税人，不管何种法律形式和地位。

进口货物的主体，为增值税的纳税人，不管何种法律形式和地位。

第三章

应税交易

　　在确定增值税是对交易的课税之后，不难发现，关于增值税应税行为的构成（决定纳税义务的产生或产生基础），中心内容在于客体要件。对此，延续《增值税暂行条例》第1条，《增值税法》第3条第1款规定："在中华人民共和国境内（以下简称境内）销售货物、服务、无形资产、不动产（以下称应税交易），以及进口货物的单位和个人（包括个体工商户），为增值税的纳税人，应当依照本法规定缴纳增值税。"除了进口货物以外，这一关于增值税应税行为的基本规则规定了应税行为的三项基本要件，包括主体（纳税人）、客体（应税交易）和空间（在境内销售）要件，客体要件内容明显处于中心地位。应税行为的第四项基本要件即时间要件（应税交易的发生时间）则规定在有关纳税义务产生时间的具体规则中。事实上，关于增值税应税行为的客体要件，也就是《增值税法》所称的应税交易，我国现行相关立法虽然已较为完善，但还存在进一步优化的空间。具体而言，不管是应税交易（即正常的销售商品或服务），还是视同应税交易（即视同销售商品或服务），有关构成要件的规则还存在一定的界定不明、不周延、不科学等问题。当然，检视视同应税交易的构成要件以明确应税交易的构成要件为前提，为此，有必要先对应税交易的构成要件进行体系化研究并完善相关立法。

应税交易的基本内容为销售商品或服务。除非法律有特别规定，满足这一要件内容的基本要求是经营者在经营活动中实施的取得他人对价给付的转让商品或提供服务。[①] 由于"经营者在经营活动中实施的"内容属于增值税应税行为的主体要件，本书第二章已经专门研究，这里不再赘述。当然，销售商品或服务，除了构成经营活动本身的销售典型商品或服务外，如电脑企业生产、销售电脑，还包括销售在经营活动中被使用的财产或利用从事经营活动的结构的销售商品或服务，如转让为经营而被使用的固定资产、利用企业结构或形式而销售商品或服务。[②] 据此，下文将分别就销售商品和销售服务的构成要件作全面研究。

一、销售商品的构成要件

关于销售商品的构成要件，总体上可以从三个方面进行分解。首先，是商品的特征和外延；其次，是商品转让；最后，是有偿性，即商品转让的有偿性。关于前面两项要件，基于征税的需要，其中相关概念的理解比民商法上的理解更为宽泛。关于有偿性，这不仅是销售商品的构成要件，也是销售服务的构成要件。

[①]　See Victor Thuronyi（ed.），*Tax Law Design and Drafting*（volume 1），International Monetary Fund，1996，p. 33.

[②]　Cfr. Silvia Mencarelli，Rosa Rita Scalesse，Giuseppe Tinelli，*Introduzione allo studio giuridico dell'imposta sul valore aggiunto*，G. Giappichelli，2018，p. 32.

（一）商品的特征和外延

1. 商品的特征

商品的基本含义是为交换而生产出的物品。这样，商品就对应着一个交易市场，并且在该市场中具有流通性，即快速买卖这种物品不会导致价格大幅波动。换言之，这个物品在市场中的供给量和需求量通常都较大。正因为商品具有这样的特征，有关商品的生产、销售活动才能构成经营活动。换言之，实施主体正是通过利用国家创造、维护的相关市场从事生产、销售活动，具备了负税能力。正因为如此，相关财产仅被强调能够转让，即所有人可以转让该财产的所有权或处分权（为此不能归入为提供服务），也不一定能够构成商品。例如，有限责任公司的股权、普通的债权、企业或企业部门等，虽然都可以转让，但是缺乏足够的供给量和需求量，就很难具备市场流通性，通常也无法被经常性地交易，相关交易也就无法在税法上被认定为经营活动。当然，如果股权、债权以股票、债券的形式存在，由于股票、债券具有市场流通性，因而可以成为商品。此外，如果相关财产本身就被禁止买卖，且不存在交易市场，自然不能成为商品，例如，在我国作为现行货币的人民币。[①] 值得特别一提的是，虽然民法对数据权益已经确权，[②] 但是数据是否构成商品还存在争议。具体而言，当前已经广泛出现的数据交易，包括企业或个人间自主

---

① 参见《中华人民共和国人民币管理条例》第 25 条第 1 款："禁止非法买卖流通人民币。"

② 参见王利明："数据的民法保护"，《数字法治》2023 年第 1 期，第 43 页。

产生的数据交易和通过数据交易所实施的数据交易，是否属于商品交易，就取决于数据能否构成商品。考虑到数据的多样化和复杂性，数据能否构成商品，也需要区分不同的情况，能够构成商品的数据应当是有限的。例如，关系国家安全、重大公共利益等的数据以及企业、个人敏感数据因为被禁止或严格限制进入市场流通，[①] 自然不构成商品。公共数据因为公共性，自然也不构成商品。事实上，能成为商品的数据应限于经企业加工且被法律允许交易的衍生数据。当然，在数据不构成商品的情况下，数据交易还可以构成销售服务，例如销售信息服务。

2. 商品的外延

基于增值税是对一般化的消费课税，商品和服务的外延应当是非常宽泛的，只要能够用来从事经营活动，都应当纳入进来。例如，意大利《增值税总统令》第1条对应税交易就规定为商品转让和服务提供，商品的外延应当尽可能宽泛。事实上，在商品与服务二分法下，意大利增值税法上的商品一词原文为"beni"，直译为"财产"，而根据意大利《民法典》第810条对财产的界定（"可以构成权利客体的物"），财产当然也包括无形财产。[②] 换言之，商品不限于形式，即不管是有形还是无形的财产，如果具有流通性，有交易市场的存在，就应当都作为商品来征税。这样，除了常见的有形动产（货物）和不动产外，各类无形财产也应当作为商品。例如，电力、燃气、热力、股票、债券以及比特币、

[①]　参见刘颖、郝晓慧："个人数据交易的法律基础"，《学术研究》2022年第11期，第94页。

[②]　Cfr. Giuseppe Melis, *Economia digitale e imposizione indiretta*, in Innovazione e Diritto, n. 1, 2015, p. 109.

网络游戏中的武器装备等虚拟财产，等。不过，我国《增值税暂行条例》未采取商品与服务二分法，其第 1 条规定的销售对象，除服务以外，没有规定商品，而是规定了货物、无形资产和不动产。显然，货物主要是作为构成经营活动本身的典型商品销售的对象，但也包括为经营而被使用的财产，例如，作为固定资产的机器设备。而无形资产、不动产主要是作为为经营而被使用的财产，但可以构成上述典型商品销售的对象，例如，房地产企业销售的不动产。不过，如果仅规定货物、无形资产和不动产三个税目，商品的外延并不完整。例如，外汇、股票、债券等金融商品就无法被上述任何一项税目涵盖。金融商品是作为构成经营活动本身的典型商品销售的对象，而金融商品本质是无形的，股票、债券等有价证券代表的也是一种权益，可又不适合归属于无形资产。这也是为何我国《营业税改征增值税试点实施办法》将其归入金融服务的原因，但这又造成了归属不准确的问题。[①] 而《增值税法》又延续了这一归类。[②] 虚拟财产也面临同样的问题，尤其是我国《民法典》已经将虚拟财产作为民事权利的客体。此外，对于电力、燃气、热力，我国《增值税暂行条例实施细则》第 2 条只能以视同的方式将其拟制为有形动产，从而适用针对货物的空间要件等规则。最后，需要强调的是，商品不限于体现为所有权的财产，也包括体现为用益物权的财产。例如，对于土地使用权以及其他自然资源使用权等，只要权利所有人能够处分，也被视为商品。我国增值税法目前将这些财产划归为无形资产，

---

① 详见本书第八章。

② 这是因为《增值税法》第 5 条将金融商品和无形资产、不动产并列，规定了一类视同应税交易，而第 3 条规定的应税交易客体只有货物、服务、无形资产和不动产。据此，可以推断金融商品属于服务的一类。

而欧盟《2006年增值税指令》第15条则允许成员国将建立在不动产上的用益物权视为有形财产。[①] 意大利《增值税总统令》第2条第1款规定的商品转让就包括转移用益物权的行为。[②] 当然，基于商品的特征，并不是所有的用益物权都要纳入征税的范围。同时，用益物权还可以继续归入无形资产之中，即使为方便将用益物权与不动产归为一类，规定同样的征税规则。例如，关于空间要件的规则，都以不动产、自然资源的所在地来确定相关交易是否在境内发生。

（二）商品转让

对商品转让进行界定，主要是为了区分销售商品和销售服务。例如，我国《增值税暂行条例实施细则》第3条规定销售货物是指有偿转让货物的所有权，这样，销售货物的使用权就属于销售租赁服务。考虑到商品的外延不仅包括货物，还包括不动产以及无形财产，同时，不仅涉及所有权，还涉及用益物权，因此，关于商品转让的统一界定需要综合考虑不同商品的属性。对此，意大利《增值税总统令》第2条第1款规定商品转让是指有偿移转所有权或者用益物权的行为。第2条第2款紧接着规定商品转让还包括保留所有权的销售、具有对双方当事人都有约束力的所有权移转条款的租赁等。[③] 法国《税法典》（第二编第一章"增值税"）第256条第2款第1项直接规定商品转让是指商品所

---

① See the art. 15 of Council Directive 2006/112/EC.

② Cfr. l'art. 2, comma 1, del Decreto del Presidente della Repubblica 26 ottobre 1972, n. 633.

③ Cfr. l'art. 2, comma 2, del Decreto del Presidente della Repubblica 26 ottobre 1972, n. 633.

有人对处分权的转移，第 256 条第 3 款第 3 项也规定了上述意大利《增值税总统令》第 2 条第 2 款规定的两类商品转让情形。[1]

据此，不难得出，两国增值税法总体上对商品转让的界定是较宽的，并不严格局限于民商法下的所有权转移。换言之，如果法律上的所有权没有转移，但是商品核心的物理和经济价值转移或商品处分权转移，也可以构成商品转让。增值税法如此规定，有诸多考虑。首先，可以避免因民商法上交易的复杂性导致征税的复杂性，从而影响征税效率。[2] 例如，所有权保留的销售，就属于商品处分权的转移，构成商品转让。再如，销售不动产，购买方已收房后，但是尚未登记所有权转移，这是因为买卖合同中约定购买方要将不动产再销售给第三方（由购买方来确定），才完成登记，此时购买方取得的仅仅是经济上的"所有权"，还未在法律上取得所有权，属于不动产处分权的转移，也构成商品转让。这也是欧洲法院的观点。[3] 如此，增值税法上商品转让的构成在欧盟层面就能够得到统一，有助于避免征税的复杂性，毕竟各成员国民商法上关于商品所有权转移条件的规定差异是较大的。[4] 其次，以处分权转移界定商品转让，不仅可以适用于体现为所有权的商品，也可以适用于体现为用益物权等权利的商品，从而无需像意大利《增值税总统令》第 2 条第 1 款那样对不同类型商品分别界定转让。再次，商品转让的构成要求处分权转移即

---

[1]　Voir l'article 256 du Code général des impôts（CGI 2024）.

[2]　See Victor Thuronyi（ed.），*Tax Law Design and Drafting*（volume *1*），International Monetary Fund，1996，p. 22.

[3]　See ECJ'Judgment of 8 february 1990 in Case C-320/88.

[4]　Cfr. Cristina Trenta，Barbara Pizzoni，*La cessione di beni*，in AA. VV.，*Lo stato della fiscalità dell'Unione europea*，a cura di Adriano Di Pietro，Ministero Delle Finanze，2003，I，p. 134.

可，有助于对商品用于个人消费和职工福利作视同销售处理。这是因为商品用于个人消费和职工福利，至少在一部分情形是属于处分权转移而所有权不转移的情形，这样就有了视同销售商品的基础，即视同处理是建立在商品转让的基础上，只不过因为缺乏有偿性而视同销售。最后，根据商品转让的界定，商品转让不仅发生于私法交易之中，即源于销售方处分的意愿，也存在于产生处分权转移效果的公法行为之中，例如，强制执行下的商品转让，行政机关征用下的商品转让，等。此时通常也具有有偿性。[①]

（三）有偿性

销售商品除了发生商品转让外，还需要满足有偿性的要求，即销售方取得他人给付。学界对此并无争议。不过，对于何为有偿性以及取得给付与商品转让需要存在什么关联，仍需进一步明确。

1. 有偿性的构成

转让商品的主体能够取得一项与商品转让相对应的经济利益或经济上可评估的给付，这是有偿性的基本内容。那么，何为经济利益或给付由什么构成？对此，我国《增值税暂行条例实施细则》第3条规定表现为货币、货物或者其他经济利益。显然，给付不限于货币，货物和其他商品以及服务等都可以构成给付，而其他经济利益的规定更是具有兜底性。理论上，只要经济上可估值，给付可以表现为任何形式，包括股权、债务豁免等。此外，

---

① Cfr. Gaspare Falsitta，*Manuale di diritto tributario-parte speciale*，Cedam，2008，p. 681.

需要特别注意的是，对于有偿性的构成，给付的名义也并不限于对价，也可以包括以补偿名义支付的金额，或者以保证金名义支付的金额。例如，一项商品转让，所有权的转移在购买方对商品使用完全满意前是中止的，此时，购买方向销售方支付的金额是保证金，还不具有对价的性质，但是已经构成有偿性。[1]

2. 商品转让与取得给付之间的关联

对于有偿性的构成，不仅要求商品转让者取得给付，这个给付的取得与商品转让之间还需要存在直接的关联，如果缺乏直接的关联，有偿性也不构成。[2] 通常情况下，在一项交易中，直接关联性体现为交易双方之间因为存在一项法律关系，需要相互给付，其中，购买方支付的给付构成了销售方给付（商品）的有效对应值。[3] 不过，基于上述关于有偿性理解的宽泛性，存在直接的关联也并不意味着给付必须是购买方支付的。即使是来自公共机构或第三方给付，也能满足直接关联性。为此，对有偿的界定，《营业税改征增值税试点实施办法》第 11 条没有像《增值税暂行条例实施细则》第 3 条那样要求"从购买方"取得，而只是规定为"取得货币、货物或者其他经济利益"，是合理的。例如，国家对企业生产、销售某种特殊商品的财政补贴，如果补贴金额

---

[1]　Cfr. Silvia Mencarelli，Rosa Rita Scalesse，Giuseppe Tinelli，*Introduzione allo studio giuridico dell'imposta sul valore aggiunto*，G. Giappichelli Editore，2018，p. 24.

[2]　Cfr. Cristina Trenta，Barbara Pizzoni，*La cessione di beni*，in AA. VV.，*Lo stato della fiscalità dell'Unione europea*，a cura di Adriano Di Pietro，Ministero Delle Finanze，2003，I，p. 146.

[3]　Cfr. Gaspare Falsitta，*Manuale di diritto tributario-parte speciale*，Cedam，2008，p. 687.

是与销售收入或数量挂钩，就可以构成取得的给付的一部分。《国家税务总局关于取消增值税扣税凭证认证确认期限等增值税征管问题的公告》（国家税务总局公告 2019 年第 45 号）第 7 条就规定，纳税人取得的财政补贴收入，与其销售货物等商品或服务的收入或者数量直接挂钩的，应按规定计算缴纳增值税，否则不属于增值税应税收入。又如，B 企业向 C 销售商品，但对 B 的给付，是由 A 企业支付的，此时，关于商品是销售给谁（A 企业或 C 企业）可能存在争议，但是 A 支付的给付构成增值税法上的对价（满足直接关联性）并没有问题，即使 A 企业和 B 企业之间没有合同。[①]

二、销售服务的构成要件

关于销售服务的构成要件，除了有偿性以外，也需要从两个方面进行分解，分别是服务的特征和外延以及服务提供，这与销售商品的构成要件是一致的。同样，基于征税的需要，其中相关概念的理解也比民商法上的理解要宽。在商品、服务二分法下，因为销售商品和销售服务在应税行为空间、时间具体要件内容以及税率等增值税规则方面存在差异，区分商品转让和服务提供有着重要意义。

（一）服务的特征和外延

如果说商品是经营者基于履行给予（所有权或处分权）义务

[①]　See Victor Thuronyi（ed.），*Tax Law Design and Drafting*（volume *1*），International Monetary Fund，1996，p. 36.

的销售对象，那么服务就是经营者基于履行作为、不作为或许可义务的销售对象。[①] 换言之，在服务提供的过程中，尽管也会利用经营者的财产，但不会发生财产所有权或处分权的转移，或者转移不是主要方面。具体而言，服务往往基于交易双方的意思自治所确定，表现为以下能带来利益（满足特定需求）的活动：销售方向购买方实施一项行为或不实施一项行为，或允许购买方实施一项行为。因此，服务的基本特征是无形的，无法进行仓储，且不伴随所有权或处分权的转移或者转移是次要的。例如，在餐饮服务中，会伴随食品、饮料等商品转让（供应），但是这种转让是次要的，不需要再单独征税。除了餐饮以外，典型的服务包括通讯、运输、装修、修理、娱乐、中介、贷款等，这些服务都是经营者履行的作为义务。此外，典型的服务还包括租赁，即转移商品的使用权，这类服务就是经营者履行的许可义务。不过，经营活动中还存在一些非典型的服务是以不作为的方式提供的。考虑到交易自治，交易双方可以约定履行的义务五花八门，包括不作为义务。例如，学校和工程企业约定，后者的大型工程车不走学校门口的道路（为避免产生影响学校教学工作的巨大噪音），但学校需要给后者支付对价，金额也超过工程车因绕道而产生的成本。显然，至少从理论上，这些不作为义务也可以构成经营活动的内容，如果存在交换，且有偿。不过，根据欧洲法院的判决，[②] 农业经营者降低牛奶产量，即放弃生产、销售一部分牛奶，

---

① 在澳大利亚，《商品与服务税法案》规定的应税给付类型也包括承担或免除一项义务，例如，从事某种行为、禁止某种行为和容忍某一行为或情况。参见［美］艾伦·申克、维克多·瑟仁伊、崔威：《增值税比较研究》，熊伟、任宛立译，商务印书馆 2018 年版，第 113 页。

② See ECJ' Judgment of 20 february 1990 in Case C-215/94.

从而取得来自地方政府的补偿，并不构成履行不作为义务的服务
提供。理由是除了不符合有偿性以外，这个放弃并不伴随消费，
即地方政府没有消费，也没有交换。① 事实上，在二分法下，相
比于商品，服务的外延应当更加宽泛，并需要发挥兜底的功能，
确保应税行为范围的周延，以应对经营活动的多样性、复杂性以
及不断变化、创新的特征。对此，除了上述例子外，在线期刊、
电子书籍、在线电影和音乐等数字化产品，也应纳入服务的范畴
（如命名为电子化服务）。② 此外，我国增值税法目前将金融商品
归入服务的范畴，也反映了服务在外延上的兜底功能。

（二）服务提供

为避免将特定的经营活动排除在增值税应税行为之外，除了
对服务要宽泛界定外，对提供宜不再进行限定。③ 经营者基于对
价履行了相关义务，服务就提供了。所以，对提供本身并不需要
单独界定。事实上，基于上述对服务特征和外延的阐述，服务提
供需要界定的内容就已经完成了。这样，服务提供的界定也体现
出宽泛性的特点。甚至，在需要对服务提供的界定与商品转让的
界定进行协调时，立法上往往明确，一部分无形财产（商品）的
转让可以归入服务提供的范畴，以适用关于服务提供的应税行为
空间和时间要件等规则。例如，法国《税法典》（第二编第一章

---

① Cfr. Francesca Stradini, *Le prestazioni di servizi*, in AA. VV., *Lo stato della fiscalità dell'Unione europea*, a cura di Adriano Di Pietro, Roma, 2003, I, p. 153.

② 电子化服务属于数字经济交易的客体，详见本书第九章。

③ See Victor Thuronyi (ed.), *Tax Law Design and Drafting* (volume *1*), International Monetary Fund, 1996, p. 25.

"增值税"）第 256 条第 4 款第 1 项规定："服务提供是指第 2 款界定的交易以外的交易，特别包括无形财产的转让或许可、不作为或容忍一项行为或情势的事实、独立劳务、房地产工作和受托人履行职责。"第 2 项则又补充规定有价证券交易也是服务提供。① 意大利《增值税总统令》第 3 条第 1 款规定："服务提供是指为取得报酬而履行工程、承包、运输、委托、邮寄、代理、中介、存储合同，以及一般而言，为取得报酬而履行作为、不作为和允许义务，不管义务的来源是什么。"第 2 款又补充规定一些特殊交易也纳入服务提供的范围，包括财产租赁，著作权（关于发明、模型、图纸、过程、公式以及品牌和标志）以及类似的权利或财产的转让、许可，货币或证券出借，食品和饮料供应，以及合同转让。② 显然，不同于我国增值税法仅仅是列举服务的外延，上述两国增值税法都对服务提供的内涵进行了界定，并体现出兜底性，同时进行列举。其中，法国增值税法采取直接、消极性的兜底界定，即商品转让以外的交易都是服务提供，列举的则是特殊或非典型的服务提供。意大利增值税法则采取对服务提供一般、积极性的抽象界定，间接地也体现兜底性，并列举典型和非典型（特殊）的服务提供。其中，列举的一些特殊服务提供，尽管伴随有形、无形财产或权益的转移，但不归属于商品转让，也体现了兜底性。对此，不难发现，在法国、意大利，一些无形财产所有权或处分权的转让也被归入服务提供的范畴，与统一适用同样的空间要件等规则有关。不过，我国的做法不尽一致，采取的是单列销售无形资产并规定适用与销售服务一样的规则，似

---

① Voir l'article 256 du Code général des impôts（CGI 2024）.

② Cfr. l'art. 3 del Decreto del Presidente della Repubblica 26 ottobre 1972, n. 633.

乎更可取。当然，销售无形财产，其中一部分销售的是无形财产
的使用权，例如，专利、商标许可，应归入服务提供。还需要指
出的是，基于界定的宽泛性，正如意大利增值税法明确规定"不
管义务的来源是什么"，服务提供也存在于公法行为之中，即相
关履行义务的来源不一定是合同，还可以是一项行政或司法行
为。① 例如，根据《中华人民共和国个人所得税法》（简称《个人
所得税法》）第9条的规定，所得支付者需要扣款税款，就是一
项来自公法的义务，也能构成一项服务。不过，也正是因为要求
义务来源的存在，某主体实施一项行为或不实施一项行为，或允
许购买方实施一项行为，如果并非源于存在一项义务，例如，完
全出于自身爱好在公园跳舞，也就不能构成一项服务提供。据
此，服务提供的构成也并非是无限制的。

（三）有偿性

销售服务除了发生服务提供外，也要求具有有偿性。与销售
商品一样，也需要明确何为有偿性以及取得给付与服务提供需要
存在什么关联。对此，销售服务中的有偿性与销售商品中的有偿
性是一致的，这里结合销售服务再简要说明一下。

1. 有偿性的构成

提供服务的主体能够取得一项与服务提供相对应的经济利
益或经济上可评估的给付，这是有偿性的基本内容。那么，何
为经济利益或给付由什么构成？对此，我国《营业税改征增值

---

① 　Cfr. Gaspare Falsitta，Manuale di diritto tributario-parte speciale，Ce-
dam，2008，p. 686.

税试点实施办法》第 11 条也规定表现为货币、货物或者其他经济利益。

2. 服务提供与取得给付之间的关联

对于有偿性的构成，不仅要求服务提供者取得给付，该给付的取得与服务提供之间还需要存在直接的关联，如果缺乏直接的关联，有偿性也不构成。通常情况下，在一项交易中，直接关联性体现为交易双方之间因为存在一项法律关系，需要相互给付。其中，购买方支付的给付构成了销售方给付（服务）的有效对应值。不过，基于上述关于有偿性理解的宽泛性，存在直接的关联，也并不意味着给付必须是购买方支付的。正如在前文销售商品中所述的，对于销售服务中有偿性的构成，即使是来自公共机构或第三方给付，也能满足直接关联性。基于上述关于有偿性构成的要求，街边艺人实施唱歌、弹奏等纯表演，因为不具有有偿性，即使个别路人会给予钱财，也不构成销售服务。事实上，钱财的给予并不是购买表演服务的给付，这是因为路人是否给予以及给予多少与服务接受与否以及表演水平高低并不存在直接关联。此时，街边艺人即使取得个别路人给予的钱财，也并非是基于对价而取得的，换言之，该艺人实施的表演行为并非出于对价给付义务或某种义务，甚至可以推出该艺人并未实施服务提供的结论。这也反映了服务提供和有偿性两项具体要件在一定范围内具有一体性。据此，目前实践中较有争议的行为，即自然人在微信（通过发布自己创作的文章等）取得的打赏收入或主播在其他网络平台表演取得的打赏收入，是否应当征收增值税也需要基于上述来判断，不能一概而论。具体而言，一方面，需要判断打赏收入是否是自然人服务提供所取得的对价给付，两者是否存在直接的关联。另一方面，需要判断自然人创作文章在微信发布或在网络平台表演是否出于某种义务，是否构成一项服务提供。当然，平台作为管理、组织者，从打赏中取得的收入，例如，从主播中获得分成或通过销售打赏物，需要缴纳增值税。此外，根据《个人所得税法》第 17 条的规定，所得支付者扣缴税款可以获得所扣税款 2% 的手续费收入，使得所得支付者提供的扣缴税款服务也具有了有偿性，不管是从取得给付还是与服务提供存在关联的角度。当然，所得支付者提供这一服务是否构成一项应税行为，还取决于是否具有营利性。即使具有营利性，为支持扣缴税款工作以及简化征管，增值税法可以给予免税待遇。

三、增值税法应税交易条款的完善

基于前文阐释，不管是立法形式还是内容，或者从提高增值税法抽象性、明确性和科学性的角度，我国现行增值税法中有关增值税应税交易构成要件的规定还有诸多需要完善的地方。

（一）应税交易条款完善的思路

《增值税法》第 3 条规定了应税交易。其中，第 3 条第 1 款规定的是应税行为的基本规则，引入了应税交易概念，而对应税交易的界定则规定在第 3 条第 2 款中，内容为："销售货物、服务、无形资产、不动产，是指有偿转让货物、不动产的所有权，有偿提供服务，有偿转让无形资产的所有权或者使用权。"相比于现行增值税法，《增值税法》关于应税交易的规定虽然有所变化，但是集中于立法形式方面，即提高了法的明确性。例如，将《增值税暂行条例实施细则》中从解释的角度界定的内容（应税交易的界定）直接规定到了法律中，不再留到实施条例或其他法源中界定。而在立法内容上基本上延续了现行规定，没有实质性的修改。考虑到增值税应税交易构成要件的立法完善主要体现在内容本身，未来《增值税法》相关条款需要进行进一步的完善。

　　增值税应税行为构成要件属于增值税基本法律制度，其中，又以应税交易这一客体要件最为基础，并处于中心地位。为此，未来《增值税法》需要重视应税交易条款的完善，从法律的抽象性、明确性和科学性的角度，对现行增值税法进行全面检视，厘清应税交易的构成要件，进而体系化地完善相关立法。首先，应当将应税交易分为应税交易和视同应税交易两大类，立法只有在对前者构成要件界定清楚的基础上才可以界定后者。其次，应税交易再具体分为销售商品和销售服务，前者重点界定商品及其转让，后者重点界定服务提供，而对有偿性这一二者之共同要件应统一界定。同样，立法只有在对销售商品构成要件界定清楚的基础上才可以界定销售服务，尤其是对后者界定应采取兜底的方式。最后，在条款的具体内容上，重点需要完善以下几点：① 在确立商品、服务二分的基本税目下，应将销售商品宽泛地界定为有偿转让商品的所有权或者处分权，强调其流通性特征，再对商品的外延进行列举；② 应将销售服务的内涵界定为履行一项作为、不作为或许可义务，并突出其兜底性，再对服务的外延进行列举；③ 对有偿的界定应突出其经济利益的取得与转让商品、提供服务相关的直接关联性。

（二）应税交易条款的设计

　　不同于《增值税法》将应税交易的界定并入应税行为的基本规则（条款）之中，考虑到需要规定的内容较多，有关应税交易应当单独制定一条，并分成三款。前两款分别界定销售商品和销售服务，其中，销售商品条款和销售服务条款需要分别重点界定商品转让（包括商品的特征和外延）和服务提供（包括服务的特征和外延），同时在第 3 款界定有偿性。

首先，关于第 1 款销售商品的界定，有以下四个方面需要完善：① 实行基本税目的二分法，即在服务之外，引入商品概念。《增值税法》仅规定货物、无形资产和不动产三个税目，缺乏一个共属的抽象概念，引入商品概念在增加法律规则抽象性的同时，能更好地确保征税对象的完整性。② 在引入商品概念之后，需要界定出商品的核心特征，即市场流通性，为判断一项交易的客体是否属于商品以及交易是否需要征收增值税提供标准，从而提高法律适用的确定性。③ 需要列举商品的外延，这也有助于提高法律适用的确定性。对此，需要根据基本的差异来区分不同的商品并进行列举，同时还要保持相关概念的抽象性，不能列举太细。其中，除继续列举货物和不动产这两项典型的有形财产以外，还保留无形资产，并增加金融商品。用益物权继续包含在无形资产之中，在一些增值税处理上（如交易发生地的判断）如果与不动产相同，可直接规定相关用益物权，如自然资源使用权。而金融商品是从目前规定的金融服务中分离出来的，特殊性也显著。④ 商品转让的界定关键在于明确商品的什么权利（属性）发生了转让就表明商品发生了转让。对此，《增值税法》区分货物、不动产和无形资产，前两者是所有权，无形资产是所有权或使用权。不过，引入商品这一共属的抽象概念后，由于直接界定商品转让，权利（属性）的明确就应当体现宽泛性。这样，除了所有权以外，还应当包括处分权（毕竟用益物权不涉及所有权），如此，也能更好地确保征税是基于实质的经济效果。当然，使用权不应再保留，毕竟商品使用权的转让应当归属于服务提供。

　　其次，关于第 2 款销售服务的界定，《增值税法》仅仅界定为"有偿提供服务"，对于何为服务或服务提供，立法上需要补充，以提高法律适用的确定性。对此，界定服务提供即可，具体从以下三个方面作进一步界定：① 在商品、服务二分法下，为确保增值税应税行为范围的周延，服务提供的界定应当发挥对应税交易界定兜底的功能，体现宽泛性的特征。为此，在能够构成经营活动的前提下，服务提供是除商品转让以外的所有交易，即不归属商品转让的交易就按照服务提供来征税。其中，关于经营活动的要求，在应税行为主体要件的条款中进行规定。② 如果仅仅以上述排除法的方式来界定服务提供，还不够明确，为此，仍需要从正向来界定服务提供的内涵。当然，这一内涵的界定也应当是宽泛性的，能够包含商品转让内涵以外的所有行为。因此，除了规定表现为履行一项作为、不作为或许可义务外，还应当强调不管何种义务来源。③ 服务的外延仍有必要列举，这也有助于提高法律适用的确定性。对此，应采取不完全列举的方式规定主要的典型服务，同时，为覆盖更多类型的服务，列举的服务以大类的服务类型为宜，尤其是相关大类的服务类型在税率等增值税有关规则上存在区别对待。例如，《增值税法》第 10 条特别就加工修理修配服务、有形动产及不动产租赁服务、交通运输服务、邮政服务、基础电信服务、建筑服务等规定了区别于其他相关服务的税率。

　　最后，《增值税法》没有对有偿性进行界定，但考虑到有偿性是应税交易必要的构成要件，应当在第 3 款进行补充。值得注意的是，《增值税法》第 17 条对销售额进行了界定，即"是指纳税人发生应税交易取得的与之相关的价款，包括货币和非货币形式的经济利益对应的全部价款"。相比于有偿性的界定，两者在内容上已经有着很大趋同性，对此应当肯定。事实上，有偿性的界定决定了销售额的界定或销售额的构成，两者是质和量的关系。有偿性的界定包括两个方面：① 明确经济利益（或给付）的形式包括货币和非货币经济利益，从而使得各种类型的经济利益都能被包括，确保宽范围的应税交易和宽税基。② 强调经济利益的取得与转让商品、提供服务有关，否则即使销售主体取得经济利益，转让商品和提供服务也不构成销售商品、服务，这一点至关重要。

综上，应税交易条款可作如下规定：

销售商品是指有偿转让商品的所有权或者处分权。其中，商品是指在市场中具有流通性的财产，包括货物、不动产、无形资产、金融商品。

销售服务是指有偿提供服务。其中，提供服务是指除第一款规定的转让商品以外的交易，表现为履行一项作为、不作为或许可义务，不管何种义务来源，包括提供加工修理修配服务、交通运输服务、邮政服务、电信服务、建筑服务、金融服务、租赁及其他现代服务、教育医疗及其他生活服务等。

有偿是指取得与转让商品、提供服务相关的货币或非货币形式的经济利益。

第四章

视同应税交易

　　增值税视同应税交易是指将一些性质上不同于增值税应税交易的行为在增值税法上拟制为应税交易，从而对其进行课税，即产生销项增值税。目前我国增值税视同应税交易见于《增值税暂行条例实施细则》第 4 条和《营业税改征增值税试点实施办法》第 14 条分别规定的视同销售货物和视同销售服务、无形资产或者不动产。具体而言，《增值税暂行条例实施细则》第 4 条规定的视同销售货物包括：① 将货物交付其他单位或者个人代销；② 销售代销货物；③ 设有两个以上机构并实行统一核算的纳税人，将货物从一个机构移送其他机构用于销售，但相关机构设在同一县（市）的除外；④ 将自产或者委托加工的货物用于非增值税应税项目；⑤ 将自产、委托加工的货物用于集体福利或者个人消费；⑥ 将自产、委托加工或者购进的货物作为投资，提供给其他单位或者个体工商户；⑦ 将自产、委托加工或者购进的货物分配给股东或者投资者；⑧ 将自产、委托加工或者购进的货物无偿赠送其他单位或者个人。《营业税改征增值税试点实施办法》第 14 条规定的视同销售服务、无形资产或者不动产行为包括：① 单位或者个体工商户向其他单位或者个人无偿提供服务，但用于公益事业或者以社会公众为对象的除外；② 单位或者个人向其他单位或者个人无偿转让无形资产或者不动产，但用于公益事业或者以社会公众为对象的除外；③ 财政部和国家税务总局规定的其他情形。其中，视同销售货物规则从 1993 年《增值税暂行条例实施细则》颁布以来，除了文字上进行了一些改动之外，实质内容尚未修改过。然而，视同应税交易构成要件规则还存在一定的界定不明、不周延、不科学等问题，从某种角度看，在增值税法上视同应税交易比应税交易更为复杂。在刚完成的增值税立法中，围绕现代增值税原理，视同应税交易规则第一次得到了修改。《增值税法》第 5 条对增值税视同应税交易规则进行了大刀阔斧的改动，主要是针对视同销售货物规则，也引起了各界人士的广泛关注。具体而言，《增值税法》第 5 条压缩了视同应税交易类型，将《增值税暂行条例实施细则》和《营业税改征增值税试点实施办法》分别规定的相关视同销售商品、服务类型进行了合并和删减，规定的视同应税交易包括：① 单位和个体工商户将自产或者委托加工的货物用于集体福利或者个人消费；② 单位和个体工商户无偿转让货物；③ 单位和个人无偿转让无形资产、不动产或者金融商品。同时，该条也没有再规定"国务院规定的其他情形"这一授权条款，符合税收法定原则。为此，急需研究的是《增值税法》所作的修改是否必要、合理，我国增值税视同应税交易规则如此重构基于什么缘由，即应当基于哪些正当理由来规范视同应税交易构成要件。对此，下文将分别就国际通行和未通行的两类视同应税交易的构成要件作全面研究。

一、国际通行视同应税交易的构成要件

经营者在从事经营活动的过程中，如果并不将相关商品（包

括经营者的资本性资产）或服务用于销售，而是直接用于经营者
个人或其家庭使用（消费），或用于职工福利，或被无偿转让或
提供给他人，增值税法应当如何处理？对此，如果根据应税交易
的构成要件，由于都不属于销售，上述行为本应都不构成应税交
易，同时，相关商品或服务上的进项增值税如果已经抵扣，就应
当转出。对此，除了我国增值税法外，其他大部分国家的增值税
法也采取了视同的处理，即将商品或服务用于非经营活动的行为
在增值税法上拟制为销售商品或服务，产生增值税的纳税义务，
同时，允许抵扣相关商品或服务上的进项增值税。例如，欧盟
《2006 年增值税指令》、加拿大 1985 年《消费税法案》（第九章
"商品与服务税"）① 以及新加坡 1993 年《商品与服务税法案》②
都对上述行为作了视同处理，同时特别规定视同以相关商品或服
务上的进项增值税抵扣为条件。为此，将商品或服务用于非经营
活动的行为也就成为主要的一类国际通行的视同应税交易。他山
之石，可以攻玉。关于国际通行的视同应税交易立法的完善，显
然有必要对其他国家增值税法的规定进行分析，探究相关视同应
税交易的构成要件及其背后的正当理由。对此，以下将分别研究
欧盟增值税法和加拿大等国家商品与服务税法中的国际通行视同
应税交易。

（一）欧盟增值税"非经营目的"视同应税交易

1. 视同应税交易规则

欧盟《2006 年增值税指令》第 16 条和第 26 条分别规定了非

---

① See Excise Tax Act（R. S. C.，1985，c. E-15）of Canada.
② See Goods and Services Tax Act 1993 of Singapore.

经营目的使用商品视同应税交易和非经营目的无偿提供服务视同应税交易（以下统称为"非经营目的"视同应税交易）。首先，《2006 年增值税指令》第 16 条第 1 款规定："纳税人将构成其部分营业资产的商品供其个人使用或供其员工使用，或者无偿处置这些商品，或者，一般而言，基于经营目的以外的目的使用这些商品，如果这些商品或商品组成部分上的增值税曾是全部或部分可抵扣的，应当视为基于对价的商品销售（supply of goods for consideration）。"① 显然，上述视同销售商品的情形属于纳税人将商品基于非经营目的的使用，包括供纳税人个人或其员工使用和无偿处置两类特别的情形。② 同时，《2006 年增值税指令》第 16 条第 2 款明确将两种通常基于经营目的使用的商品无偿赠送行为规定为非视同应税交易，即"基于经营用途将商品用作样品或小额赠品，不应当视为基于对价的商品销售"。③

从历史发展来看，《1967 年关于协调成员国流转税（增值税共同制度的结构和实施程序）立法的第二号理事会指令》（简称《增值税第二号指令》）首次引入了本项视同应税交易规则，根据该指令第 5 条第 3 (a) 项的规定，"纳税人将其来自企业的商品供其个人使用或无偿处置的，应当被视为基于对价的销售"。④ 对此，当时的欧共体委员会在对《增值税第六号指令》内容的建议中指出，本项视同规则的目标在于防止对商品享有抵扣权的纳

---

① See the art. 16, para. 1, of Council Directive 2006/112/EC.

② See Ben J. M. Terra, Peter J. Wattel, *European Tax Law*, Kluwer Law International, 2008, p. 276.

③ See the art. 16, para. 2, of Council Directive 2006/112/EC.

④ See the art. 5 of Second Council Directive 67/228/EEC of 11 April 1967 on the harmonisation of legislation of Member States concerning turnover taxes-Structure and procedures for application of the common system of value added tax.

税人行使抵扣权后又将商品基于私人目的使用，却没有为此缴纳增值税，从而与不享有抵扣权的消费者之间形成不平等的地位。[①] 根据欧共体委员会的建议，于 1977 年生效的《增值税第六号指令》中的第 5 条第 6 项取代了《增值税第二号指令》中的第 5 条第 3（a）项，并增加了商品用作样品或小额赠品不视为应税交易的规定，而《2006 年增值税指令》第 16 条的内容与《增值税第六号指令》的第 5 条第 6 项基本一致，只是在表述上经过了细微的调整以更好地表达该规定的目的。这样，可以说从 1967 年开始非经营目的使用商品视同应税交易规则一直适用至今。事实上，这项视同应税交易范围相对最大，也最具有典型的意义，对我国的借鉴意义很大，关于其构成要件，下文将继续阐释。

其次，《2006 年增值税指令》第 26 条第 1 款（a）项规定："纳税人将构成其部分营业资产的商品供其个人使用或供其员工使用，或者，一般而言，基于经营目的以外的目的使用这些商品，如果这些商品的增值税曾是全部或部分可抵扣的，应当视为基于对价的服务销售（supply of services for consideration）。"[②] 与上述第 16 条第 1 款的规定基本一致。不过，商品供个人或员工使用是构成视同销售商品还是视同销售服务，取决于商品的使用是最终的还是临时的，如果是临时的，就构成视同销售服务。[③] 接

[①]　See Commission of the European Communities: Proposal for a Sixth Council Directive on the harmonization of legislation of Member States concerning turnover taxes-Common system of value added tax: uniform basis of assessment（OJ C 80, 5 October 1973）.

[②]　See the art. 26, para. 1（a）, of Council Directive 2006/112/EC.

[③]　See European Commission, "Taxable transactions", in website of European Union, available at the following link: https://taxation-customs.ec.europa.eu/taxable-transactions_en.

下来，该指令第 26 条第 1 款（b）项规定："纳税人为其个人使用或供其员工使用而无偿提供服务，或者，一般而言，基于经营目的以外的目的无偿提供服务，应当视为基于对价的服务销售。"①显然，上述两类视同销售服务属于非经营目的无偿提供服务视同应税交易，而《2006 年增值税指令》第 26 条没有规定除外的情形。但是，《2006 年增值税指令》第 26 条第 2 款规定了在竞争不扭曲的情况下欧盟成员国可以对一些服务的无偿提供不实施视同应税交易规则，尤其是为了简化增值税征收的行政程序。②显然，欧盟增值税服务视同销售的规则与我国现有规则及立法趋势有一定的相似性。

最后，在执行欧盟增值税指令的成员国增值税法层面，以意大利和法国增值税法上的"非经营目的"视同应税交易规则予以举例说明。意大利《增值税总统令》第 2 条第 2 款规定："构成商品（有偿）转让的还包括：……（d）商品的无偿转让，但以下商品的无偿转让除外，该商品的生产或流通不属于企业自身的经营活动，如果单位成本（单价）不超过 50 欧元，或者就该商品，在购买或进口之时没有根据第 19 条实施税的抵扣；（e）商品被用于企业主或实施艺术或自由职业主体的个人或其家庭消费，或被用于企业经营或艺术或自由职业经营以外目的，即使是经营活动终止所导致的，但在购买之时没有根据第 19 条实施税的抵扣的商品除外；……"③意大利《增值税总统令》第 3 条第 3 款规定："第 1 款和第 2 款规定的服务，对于其中每一项价值超过 50 欧元

---

① See the art. 26, para. 1（b）, of Council Directive 2006/112/EC.

② See the art. 26, para. 2, of Council Directive 2006/112/EC.

③ Cfr. l'art. 2, comma 2, del Decreto del Presidente della Repubblica 26 ottobre 1972, n. 633.

的业务，且与在实施过程中购买商品和服务相关的税是可以抵扣的，即使是为企业主个人或其家庭使用而实施的，或者是为企业经营以外目的无偿实施的，也构成服务提供。不过，以下服务除外：为员工提供的企业食堂餐饮服务、运输、培训、教育、娱乐服务和帮扶、健康服务，为非商业机构的组织活动进行的广告、宣传业务，以及国家或公共机构要求或支持的基于公共利益进行的信息、表演、图像或通信传播业务。"[1] 法国《税法典》（第二编第一章"增值税"）第 257 条第 2 款第 1 项规定："下列应视为有偿实施的商品转让：纳税人为其私人使用或为其工作人员的私人使用而收领其企业的商品，或纳税人无偿转让商品，或更一般地说，为与其企业经营无关的目的而使用商品，当该商品或其组成部分已经产生抵扣全部或部分增值税的权利。但是，为商业目的，提供低价值的礼物和样品不包括在内。"第 2 项规定："下列应视为有偿实施的服务提供：为纳税人或其工作人员的私人需要，或更一般地说，为与其企业经营无关的目的，使用分配给企业使用的商品，当该商品已经产生抵扣全部或部分增值税的权利；纳税人为其私人使用或其工作人员的私人使用，或更一般地说，为与其企业经营无关的目的，无偿提供服务。"[2]

2. 视同应税交易的构成要件

根据上述《2006年增值税指令》和意大利、法国增值税法的相关规定，"非经营目的"视同应税交易的构成要件可以从以下

---

[1]　Cfr. l'art. 3，comma 3，del Decreto del Presidente della Repubblica 26 ottobre 1972，n. 633.

[2]　Voir l'article 257 A du Code général des impôts（CGI 2024）.

四个方面进行阐释。当然，对于非经营目的无偿提供服务视同应税交易，后两项构成要件并不适用。

（1）进项税的可抵扣性

进项税的可抵扣性是"非经营目的"视同应税交易最核心的构成要件，该要件与欧盟增值税抵扣立即性的特征密切相关。所谓抵扣的立即性，是指纳税人无需等到其所购买的相关商品（包括用于自产商品的相关原材料等）被实际使用，而是在购买商品行为完成时或者说在进项税纳税义务产生时即可享有抵扣权。[1]同时，根据抵扣的相关性原则，只要商品在购进时经过合理评估被认为将基于经营目的而使用，例如，商品基于应税交易而购买，相应的进项税就可以被抵扣了。[2]这样，《2006年增值税指令》第16条所指的增值税可抵扣性是在相关货物尚未实际基于非经营目的而使用时的判断。

欧洲法院明确指出，根据引入增值税制度的目的，即中性原则，进项税的抵扣与销项税的征收相关联，纳税人用于应税交易的商品的进项税可以抵扣，以避免重复征税，但是如果纳税人将商品用于免税交易或不属于增值税范围的活动，则纳税人无需缴纳销项税，也就不能抵扣进项税。[3]因此，如果没有"非经营目的"视同应税交易规则，在实践中，源于上述抵扣的立即性，纳税人可能最终将商品用于不属于增值税范围的活动，例如基于非

---

① 参见翁武耀："论增值税抵扣权的产生"，《税务研究》2014年第12期，第54-58页。

② 参见翁武耀："论增值税抵扣权的范围"，《北京工商大学学报（社会科学版）》2015年第5期，第59-60页。

③ See ECJ's Judgment of 14 September 2006 in Case C-72/05 and Judgment of 30 March 2006 in Case C-184/04.

经营目的的使用或用于无偿提供服务，同时却已经抵扣了相关的进项税，这将违背增值税的抵扣机制，使相关使用行为单纯地让纳税人取得一项税收债权，使纳税人得以逃避增值税负担。相反，如果纳税人承担的商品或商品组成部分上的增值税不可抵扣，按照视同应税交易处理的话，会导致重复课税，除非对商品进行加工，加工部分的增值税可以抵扣。例如，经营者购买了私人用的汽车，无权抵扣汽车的进项增值税，但随后对汽车进行了一些加工并抵扣了加工部件上的增值税，并将汽车分配给自然人经营者个人使用。那么，根据"非经营目的"视同应税交易规则，纳税人对汽车是否有纳税义务以及对汽车的哪些部分有纳税义务？欧洲法院首先认为，为了确保中性原则的实现，该视同应税交易规则应无差别地适用于商品被获取时已存在的商品部分和获取后才加入的商品部分。[①] 其次，欧洲法院强调，如果纳税人购进商品时不可抵扣进项税，即使在获取商品后发生了与该货物有关、可抵扣的支出，仍不可对商品本身征收增值税。[②] 据此，在视同应税交易下，纳税人只需为可抵扣的汽车加工部件缴纳增值税。

　　显然，不管是单纯地取得一项税收债权，还是重复课税，都有违增值税的中性原则。此外，为避免纳税人单纯地取得一项税收债权，视同应税交易的规定有助于保证享有抵扣权却将商品用于最终消费的纳税人与不享有抵扣权、购买相同商品的普通消费者之间的平等，避免商品进入了最终消费环节却没有被征收或负

---

　　① See ECJ's Judgment of 8 March 2001 in Case C-415/98.

　　② See ECJ's Judgment of 17 May 2001 in Joined Cases C-322/99 and C-323/99.

担增值税，这也确保了增值税的中性。[1]

（2）无偿性

《2006年增值税指令》规定的"非经营目的"视同应税交易本身不具有对价性，即不具有有偿性。换言之，相关非经营目的的行为原本不构成增值税的应税交易，这是因为应税交易应当具有有偿性。事实上，只有在不满足销售货物或销售服务的构成要件时，才可为了防止没有缴纳或负担增值税的最终消费发生而适用视同应税交易规则。[2] 如果相关商品使用的行为或服务提供本身具有对价性，则无需再按照视同来征税。对此，有偿性或对价界定范围的大小就决定了视同应税交易的适用范围。例如，消费者从纳税人处购买商品，基于购买商品的价款大小，纳税人向消费者赠送价值不等的礼品，虽然形式上可以构成无偿处置货物，但是实质上有可能属于消费者在与纳税人的相关应税交易中支付价款所换取的对价的一部分。在后者的情况下，纳税人提供礼品的行为不构成视同应税交易中的无偿处置货物，不应当再对该礼品（货物）征收增值税。再如，纳税人为自己员工提供实物福利，规定为了换取面值10英镑的礼品券，员工必须放弃9.25英镑至9.55英镑的工资，根据欧洲法院的判决，该实物福利属于对价，按照销售商品征收增值税，无需再另行按照视同征收增值税。[3]

（3）对商品的处置

只有当纳税人实际处置了商品，该商品才可能从经营领域到

---

[1]　See ECJ's Judgment of 6 May 1992 in Case C-20/91.

[2]　See W. J. Blokland，"Taxing Employee Benefits in Kind under EU VAT"，International VAT Monitor，n. 2，2005，p. 1.

[3]　See ECJ's Judgment of 29 July 2010 in Case C-40/09.

最终消费领域，否则纳税人营业资产的性质仍未改变。对此，欧洲法院曾在 BCR 租赁案判决中给予了解释。[①] BCR 是一家租赁公司，购买汽车时全额扣除了增值税，后将汽车出租，但仍然保持所有人的身份。不过，汽车出租后，出现了承租人违约导致合同终止的情况，但该出租汽车并未被归还。对此，税务机关认为，此种商品丢失情况根据《2006 年增值税指令》第 16 条的规定应当视为应税交易，征收增值税。不过，欧洲法院并不认同，虽然 BCR 租赁公司采取了积极手段也没有从承租人处取回汽车，但并不符合第 16 条的适用条件，理由如下：第一，商品并非由纳税人及其员工占有；第二，出租人并没有将商品无偿处置给承租人；第三，商品可以认为仍然在被用于经营目的。因此，如果纳税人仅仅是丢失商品，并不属于实际处置商品的行为，不应被视为应税交易。当然，此时有可能需要对丢失的商品上的增值税作进项税转出处理。

(4) 视同除外：样品或小额赠品

纳税人将商品作为样品或小额礼品无偿赠送，往往出于经营活动的需要，如为了更好地促销，属于基于经营目的的使用，因此不构成《2006 年增值税指令》第 16 条规定的非经营目的使用商品视同应税交易，除非赠送行为实质上具有有偿性，就应按照应税交易征税。事实上，为了促销和营销，即使纳税人抵扣了样品或礼品上的增值税，也不构成视同应税交易，同时根据《2006 年增值税指令》第 185 条第 2 款的规定，[②] 也无需进行抵扣的调整。换言之，欧盟立法者容忍在此种情形下货物进入最终消费却

①　See ECJ's Judgment of 17 July 2014 in Case C-438/13.

②　See the art. 185, para. 2, of Council Directive 2006/112/EC.

没有缴纳或负担增值税，即原本构成视同应税交易，但予以除外。为此，也就需要限制《2006 年增值税指令》第 16 条第 2 款的适用范围。一方面，礼品限于小额价值的商品；另一方面，正如欧洲法院所指出的，样品概念需要按照以下内容被严格限定：样品是产品的样本，功能在于促进销售、以便评估产品的特征和品质，且不会导致最终消费的发生，除非该消费是促销活动内在固有的。[①] 此外，鉴于现代税收征管手段，欧盟增值税反逃税、避税措施较完备，包括权利滥用禁止一般原则在增值税反避税领域的应用，[②]《2006 年增值税指令》第 16 条第 2 款规则被纳税人滥用的风险也是可控的。

（二）商品与服务税"非经营目的"视同应税交易

1. 加拿大立法中的视同应税交易规则

首先，商品或服务用于员工福利，即纳税人将商品或服务用于员工的附加福利，例如，提供汽车上下班接送或将房屋用于住宿。对此，加拿大《消费税法案》（第九章"商品与服务税"）第 173 条规定，纳税人以非销售方式向个人或与该个人有关的人提供商品或服务，视为纳税人为了经营活动而实施。[③] 对此，加拿大税务机关在《纳税人指南》中明确，纳税人向其雇员提供福

[①]　See ECJ's Judgment of 30 September 2010 in Case C-581/08.

[②]　参见翁武耀：《欧盟增值税反避税法律问题研究》，中国政法大学出版社 2015 年版，第 150-183 页。

[③]　See the art. 173 of Excise Tax Act (R. S. C. , 1985，c. E-15) of Canada.

利的费用或非金钱形式的补偿可能在商品与服务税的应税范围
内。^① 在大多数情形下，基于商品与服务税的目的对于这些福利
的处理取决于加拿大《所得税法案》^②对其的处理，即如果一项
福利在所得税上属于该员工的收入，那么就视为纳税人向其雇员
实施了商品与服务税法意义上的货物或服务给付，如果不存在例
外情形，纳税人就应当纳税。所得税上某一福利是否可税取决于
是否某一雇员获得了可用金钱衡量的经济上的利益以及是否该雇
员是该福利的首要受益人。其中，例外情形包括：① 产生福利的
商品或服务适用免税或零税率；② 该福利属于特定津贴^③；③ 无
法抵扣相关商品或服务的进项税；④ 该商品或服务提供发生在加
拿大境外。^④ 据此，考虑到商品或服务提供适用免税或零税率本
身就属于构成视同应税交易，而发生于加拿大境外属于在商品与
服务税应税行为构成要件层面的空间要件不满足，纳税人将商品
或服务用于员工福利，构成视同应税交易需要满足的具体要件包
括商品或服务对应的福利属于所得税法上可税的员工收入以及该
类商品或服务上的商品与服务税能够抵扣。

---

① See Canada Revenue Agency, "Employers' Guide: Taxable Benefits and Allowances", in Canada. ca, on November 2 of 2020, available at the following link: https://www. canada. ca/en/revenue-agency/services/forms-publications/publications/t4130.

② See Income Tax Act (R. S. C., 1985, c. 1) of Canada.

③ 这些津贴包括金钱形式和非金钱形式的津贴，概括来说，就是雇主为了雇员能够为其提供劳务从而促进经营活动而提供的不超过合理价值的财产或服务提供。

④ See Canada Revenue Agency, "Employers' Guide: Taxable Benefits and Allowances", in Canada. ca, on November 2 of 2020.

其次，资本性财产改为用于非经营目的，即纳税人改变资本性动产、不动产的用途。对此，加拿大《消费税法案》（第九章"商品与服务税"）特别规定为自我提供型的视同应税交易。根据该法案第 200 条的规定，对于之前购入或进口时被当作主要用于经营活动的资本性动产，如果纳税人在某一时刻开始主要为了非经营目的（指用于经营活动的使用比例低于 50% [①]）使用该动产，该纳税人被视为在紧接着该时点对该动产实施了销售对象为自己的商品（动产）销售。[②] 对于之前购入时被当作用于经营活动的资本性不动产来说，根据加拿大《消费税法案》（第九章"商品与服务税"）第 206 条的规定，如果纳税人在某一时刻开始专门为了非经营目的使用该不动产，该纳税人被视为在紧接着该时点对该不动产实施了销售对象为自己的商品（不动产）销售。

2. 新加坡立法中的视同应税交易规则

新加坡《商品与服务税法案》附录二第 5 条规定了视同应税交易。[③] 首先，根据第 5 条第 1 款的规定，如果构成经营资产一部分的商品被经营者转让或处分，从而不再构成资产的一部分，无论是否基于对价，这项转让或处分行为都属于经营者的应税的商品给付。不过，根据第 5 条第 2 款的规定，赠与价值低于 200 新元的商品或赠与为了经营活动而给予客户的不对外销售的样品

---

① See Canada Revenue Agency, "Calculate Input Tax Credits-Percentage of Use in Commercial Activities", in Canada. ca, on July 6 of 2020, available at the following link：https://www. canada. ca/en/revenue-agency/services/tax/businesses/topics/gst-hst-businesses/complete-file-input-tax-credit/calculate-percentage-use-commercial-activities. html.

② See the art. 200 of Excise Tax Act (R. S. C. , 1985, c. E-15) of Canada.

③ See the second schedule "Matters to be treated as supply of goods or services" of Goods and Services Tax Act 1993 of Singapore.

除外。显然，基于上述第 2 款的规定，如果不是基于对价，例如赠与，就构成视同应税交易。其次，根据第 5 条第 3 款的规定，在经营者的指示下为了经营活动而持有或使用的商品，但最后经营者却将该商品供私人使用或基于非经营用途让任何他人使用，无论是否基于对价，都属于应税的服务销售。同样，基于这一规定，如果不是基于对价，就构成视同应税交易。上述三类视同应税交易，根据第 5 条第 5 款的规定，不管何种情形，都被认为是在经营活动中或为了促进经营活动而实施的交易。此外，新加坡《商品与服务税法案》第 5 条第 4 款规定，在非基于对价的情形构成视同应税交易的一项要件是经营者已经被允许完全或部分抵扣所涉商品或商品包含的物品上的进项税。根据上述《商品与服务税法案》附录二的基本规定，在新加坡，具体的视同应税交易包括纳税人向员工提供福利、向客户提供礼物和无偿处分资产。对此，新加坡税务机关发布的《商品与服务税一般指南》第 4.5 节明确指出，作为纳税人资产的商品有时被永久抛弃、转让或基于非经营用途使用，尽管此行为没有获取商品与服务税意义上的对价，但这些行为仍然构成"视同的提供（deemed supplies）"，[①]其背后的合理性在于，如果不将这些行为视同给付，那么货物会获得进项税抵扣的优惠，违背购入货物进项税应当基于经营目的使用方可获得抵扣的立法目的。

首先，向员工提供福利。纳税人向其员工提供的福利包括商品和服务两个形式。根据《商品与服务税一般指南》第 4.5 节的

① See Inland Revenue Authority of Singapore，"GST：General Guide for Businesses（Ninth Edition）"，in Iras. gov. sg，on February 10 of 2021，available at the following link：https://www. iras. sg/irashome/uploadedFiles/IRASHome/e-Tax _ Guides/etaxguide_ GST_ GST% 20General% 20Guide% 20for% 20Businesses（1）. pdf.

规定，就商品（包括资产）而言，通常情形下，纳税人需要就赠与员工（构成视同销售商品）或免费提供给其暂时使用的商品（构成视同销售服务）申报缴纳商品与服务税，除非赠与的商品价值不超过 200 新元或未抵扣商品上的进项税。为此，如果纳税人选择不抵扣这些货物上的进项税，后续就无须按照视同应税给付作销项税处理。这意味着纳税人可以根据自身税务筹划需要，决定涉及的商品提供是否按照视同应税交易处理。[①] 不过，就特定的服务而言，纳税人免费向其员工提供服务并不在商品与服务税应税范围内，不构成视同应税交易。例如，一个地毯清洁公司向其员工的家中提供免费地毯清洁服务，这项服务就不属于商品与服务税应税范围。此外，纳税人提供给员工免费食物或饮料或免费住宿也不构成视同应税交易，这是因为《商品与服务税法案》规定此种情形下给付的价值为零。[②]

其次，向客户提供礼物和无偿处分资产。根据《商品与服务税一般指南》第 4.5 节的规定，纳税人向客户赠与商品以及抛弃或无偿转让仍然具有市场价值的资产，基于视同应税交易，申报缴纳销项税，除非赠与的商品价值不超过 200 新元或未抵扣商品上的进项税。换言之，如果纳税人从非商品与服务税注册经营者处购入商品（未承担进项税）或者选择不抵扣商品上的进项税，

①　See Inland Revenue Authority of Singapore，"GST：General Guide for Businesses（Ninth Edition）"，in Iras. gov. sg，on February 10 of 2021，p. 11.

②　See Inland Revenue Authority of Singapore，"GST：Fringe Benefit（Fifth Edition）"，in Iras. gov. sg，on February 10 of 2021，available at the following link：https：//www. iras. gov. sg/irashome/uploadedFiles/IRASHome/e-Tax ＿Guides/GST ％20Fringe％ 20Benefits％ 20（Fifth％ 20Edition）. pdf.

就无需基于视同应税交易申报缴纳商品与服务税。[①]

3. 视同应税交易的构成要件

同欧盟增值税制度中的"非经营目的"视同应税交易，根据上述加拿大、新加坡商品与服务税法的相关规定，商品与服务税制度中的"非经营目的"视同应税交易构成要件也可以分为进项税的可抵扣性、交易的无偿性、对商品的处置（限于视同销售商品）和视同除外四个方面，要求也基本一致。为此，以下仅就相关内容作补充。首先，进项税抵扣是确保商品与服务税课征中性的关键，尤其是避免重复课税，也是进而确保纳税人尽可能不承担税负的关键。事实上，在加拿大商品与服务税下，针对资本性财产改为用于非经营目的，视同（自我）销售的处理也是建立在进项税抵扣的基础上，这是因为资本性财产可以长期使用，但是纳税人可以先行一次抵扣全部进项税。其次，商品与服务税制度中的视同应税交易较少与应税交易覆盖范围较大有关，其中，有偿性中对价的构成范围较宽是重要原因。对价不仅包括货币对价，还包括行为、权利或义务。[②] 例如，根据澳大利亚《商品与服务税法案》第 9-15 节的规定，对价既包括与某项给付相关联的任何支付、任何行为或任何宽容[③]（forbearance），也包括基于对某项给付的回应或受某项给付的诱导而作出的任何支付、任何行

---

① See Inland Revenue Authority of Singapore，"GST：General Guide for Businesses（Ninth Edition）"，in Iras. gov. sg，on February 10 of 2021，p. 13.

② 参见刘剑文主编：《财税法学》，高等教育出版社 2021 年版，第 161 页。

③ 例如，债权人暂缓债务人偿还贷款。

为或任何宽容。^①再次，如果纳税人没有处置商品，则不构成视同销售商品，但还是有可能构成视同销售服务，例如，允许他人暂时使用商品，就是提供租赁服务。最后，除了样品或小额赠品，视同应税交易的除外还包括向员工无偿提供食品、饮料和住宿服务。换言之，基于征税以外的利益考量，例如，保障员工的基本生活，就不构成视同应税交易。而在我国，在视同应税交易中，基于征税以外的利益考量，增值税法仅对无偿转让无形资产或者不动产规定了除外，即用于公益事业或者以社会公众为对象。

二、其他视同应税交易的构成要件

相比于我国增值税法中的视同应税交易，欧盟增值税法和加拿大、新加坡商品与服务税法中的视同应税交易类型相对较少。毕竟视同应税交易的处理会给纳税人带来税负，具体而言，即使存在进项税的抵扣，通常情况下纳税人也会因为数额更大的销项税以及无法转嫁而承担额外的税负。为此，欧盟国家和加拿大、新加坡对视同应税交易的处理采取谨慎的立场。当然，不按照视同处理，进项税就不得抵扣或已经抵扣的进项税将被作转出处理，税收利益也是得到维护的。此外，我国《增值税暂行条例实施细则》第 4 条规定的关于货物用于投资和分配两类视同应税交易，在欧盟国家和加拿大、新加坡，即使不按照视同处理，也并不意味着就不构成应税行为。换言之，基于扩大有偿性的界定，

---

① See the Subdivision 9-15 of A New Tax System (Goods and Services Tax) Act 1999 of Australia.

纳税人将货物用于投资和分配可以以应税交易的名义构成应税行为。为此，在我国，除了前文提到的国际通行的视同应税交易外，还有两类视同应税交易需要分析，分别是货物委托代销和货物在机构间转移。事实上，在欧盟增值税法中也存在与之类似的视同应税交易，但是适用范围存在不小差异。

（一）委托代销

1. 商品委托代销

根据我国《增值税暂行条例实施细则》第 4 条第 1 项和第 2 项的规定，货物委托代销分为将货物交付其他单位或者个人代销和销售代销货物两类关联行为。对此，意大利《增值税总统令》第 2 条第 2 款也作了规定，即商品转让也包括"在执行委托合同中，销售或购买的财产从委托方移转到受托方或从受托方移转到委托方"。① 显然，这种视同销售存在于一类特殊的委托关系之中，即受托人以自己名义，但是为了委托人的利益销售商品。这在我国被理解为间接代理下的受托人销售，在意大利则被称为非代表销售。如果受托人以委托人名义销售，当然在委托人和受托人之间就不存在视同销售，就是委托人向第三方销售商品，受托人向委托人提供代理服务。而在非代表销售下，增值税法假定存在两个买卖商品交易，一个是委托人和受托人之间，另一个是受托人与第三方之间。不过，商品所有权在委托人和受托人之间并不发生转移，只有在受托人向第三方实施完成商品的转让时，才

---

① Cfr. l'art. 2，comma 2，del Decreto del Presidente della Repubblica 26 ottobre 1972，n. 633.

发生从委托方到第三方的转移。因此，在委托人和受托人之间，
增值税法才视同处理，构成一项真正的法律拟制。① 而在受托人
与第三方之间，受托人是名义的销售方，可直接根据销售商品征
税。当然，对非代表销售视同销售商品之后，根据意大利《增值
税总统令》第 3 条第 4 款的规定，受托人提供的代理服务就被排
除，不再构成服务提供。② 至于视同处理的缘由，则是为避免征
管上将受托人与第三方之间的交易归属到委托人头上这一难题；
同时，视同销售后，委托人、受托人和第三方之间的增值税抵
扣、转嫁也可正常、方便地开展。③ 总之，非代表销售视同应税
交易体现的是形式课税、便利征管。特别值得一提的是，对于欧
盟内跨境远程销售商品、由非欧盟的纳税人销售起运地（或发送
地）和送达地都在同一成员国的商品以及从第三国进口到欧盟某
成员国的远程销售商品（如果价值不超过 150 欧元），且购买方都
为非纳税人，意大利《增值税总统令》第 2 条附加第 1 条（在
2021 年新增④，第 2 条附加第 1 条在我国法律中表述为"第二条
之一"）将通过使用电子界面（如虚拟市场、平台、门户或类似
工具）为上述销售商品提供便利的纳税人视为实施了销售商品，

---

① Cfr. Najdat Al Najjari, *Le operazioni tra committente e commissionario*, in Anasped. *it*, il 5 novembre 2014, disponibile nel seguente sito: http://www. anasped. it/le-operazioni-tra-committente-e-commissionario.

② Cfr. l'art. 3, comma 4, del Decreto del Presidente della Repubblica 26 ottobre 1972, n. 633.

③ Cfr. Raffaele Perrone Capano, *L'imposta sul valore aggiunto*, Jovene, 1977, p. 308.

④ Cfr. l'art. 1, comma 1, del Decreto Legislativo 25 maggio 2021, n. 83.

即从实际销售方购买相关商品并再销售给实际购买方。^① 当然，《2006 年增值税指令》第 14 条附加第 1 条也有相关规定。^② 其中，上述提供便利的纳税人就是指相关交易平台，平台提供的便利包括提供交易平台、通过信息技术、大数据等手段撮合交易形成以及有效开展等。显然，这一平台视同销售的规定更是体现了形式课税和便利征管原则，例如，适用于征管更难的跨境交易或境外主体销售商品以及购买方是非纳税人（也就无法适用逆向征收），再如，虽然与意大利《增值税总统令》第 2 条第 2 款规定的视同销售（委托人也是利用受托人的相关优势/提供的便利）存在相通之处，但视同的条件更加宽松，即后者限于存在委托销售的关系，而平台视同的销售仅仅要求提供便利即可。事实上，通过法律推定的规定，平台视同销售商品可以建立在视同平台代销的基础上，这样也就可以按照非代表销售作视同销售处理。不过，需要注意的是，不同于我国增值税法，意大利增值税法规定的非代表销售中的视同销售，不仅包括代销，还包括代购下的反向视同销售。这样，受托人从第三方购买，再转移至委托人，也是构成视同销售，无疑这更为完整。当然，对代销不作视同销售处理亦可。此时，税务机关如果能确定间接代理关系，就根据实质课税直接按照委托人向第三方销售征税。

　　显然，针对间接代理关系，我国增值税法规定的货物委托代销视同应税交易，也是建立在形式课税和便利征管的基础上。此外，受托人买进卖出货物，先作为购买方，再作为销售方，就货

---

　　① Cfr. l'art. 2-bis del Decreto del Presidente della Repubblica 26 ottobre 1972，n. 633.

　　② See the art. 14a of Council Directive 2006/112/EC.

物转移产生的增值税，因为可以抵扣，也不会导致税负的增加。不过，我国增值税法并没有规定代购下的反向视同销售，同时，也没有排除受托人提供的代理服务。对此，基于逻辑的自洽或征税的一致性（tax cohension），反向视同销售也应该被规定，同时，在增值税法上既然已经将委托人和受托人之间的关系视为买卖关系，两者的代理关系自然要排除。换言之，对于发生在委托人和受托人之间的同一经济行为，税务机关不能同时基于买卖关系和代理关系征收增值税。至于代理费用原本要征收的增值税，可以通过将代理费用纳入（也是视为）受托人的销售利润中予以征收。此外，为加强平台经济的增值税征管，尤其是面对境外纳税人通过各类建立在互联网等电子媒介上的平台向非纳税人远程销售在境内的货物，借鉴意大利增值税法关于平台视同销售商品的规定，基于货物委托代销的逻辑，我国增值税法有必要也规定通过电子界面提供交易便利的平台视为相关货物的购买方和销售方。这样，针对实际购买方，平台就是销售方，并作为增值税纳税人缴纳税款和开具发票。换言之，为加强平台在平台经济中的税收征管作用，并非仅仅可以通过增加其程序上的协助义务来实现，例如，作为代扣或代征税款人，还可以从实体上通过增加其纳税义务来实现，即将其拟制为实施应税交易的纳税人。通过后者，税收征管的效果无疑更佳。当然，平台视同销售商品的构成需要严格限定条件，即仅适用于以下情形：实际销售方为境外纳税人，实际购买方是非纳税人，且商品转让不涉及进出口。[①] 至于境内纳税人通过平台向非纳税人远程销售在境内的商品且不出

---

① 因为商品一旦涉及进出口环节，基于商品进出口监管，相关增值税自然可以有效征收。

境，如果符合货物委托代销的，平台自然可以根据实施委托代销
视同应税交易缴纳增值税，否则还是以实际销售方为纳税人。毕
竟对境内纳税人的征管难度相对较小，且总体上对视同应税交易
这类非典型应税行为的构成要限制。此时，平台应当承担起程序
上的协助义务，包括第三方涉税信息提供义务，代扣或代征税款
义务也可以考虑。不过，上述处理也说明了货物委托代销视同应
税交易还是有保留的意义。

2. 服务委托代销

在意大利，除了非代表销售视同销售商品外，增值税法还规
定了非代表销售视同销售服务。意大利《增值税总统令》第 3 条
第 3 款规定："非代表受托人销售或购买的服务提供，视为也是
委托人和受托人间的服务提供。"① 在欧盟增值税指令层面，与此
规定相关的规定是《2006 年增值税指令》第 28 条的规定，该条
规定："当纳税人以自己的名义但是代表他人参与一项服务提供，
该纳税人应当被视为自己接受并提供这一服务。"② 上述两条规定
实质内容是一致的，都规定服务提供分别存在于受托人和第三人
之间以及受托人和委托人之间，只不过意大利的规定强调后者，
欧盟的规定强调前者。当然，服务委托代销和商品委托代销征收增
值税的机理是一致的，不再赘述。不过，在应对平台经济时，相关
规则还是存在差异，换言之，平台为销售服务提供便利并不足以认
定为平台实施了销售服务，依然需要根据《2006 年增值税指令》第
28 条的规定，构成非代表销售时才视为平台实施了销售服务。

---

　　① 　Cfr. l'art. 3，comma 3，del Decreto del Presidente della Repubblica 26 ottobre 1972，n. 633.

　　② 　See the art. 28 of Council Directive 2006/112/EC.

对此，关于平台是否是以自己名义销售电子化服务，可以参考欧洲法院在 2023 年的一项判决中的认定，[①] 这是因为作为中介方，平台通常不会直接表明是自己销售电子化服务。在该判决涉及的案情中，一家英国公司在互联网上运营着一个社交网络平台，向世界各地的用户提供服务，这些用户分为创作者和粉丝。每个创作者都有一个"个人资料"空间，创作者在该空间上上传和发布内容，如照片、视频和消息等。粉丝可以通过临时付款或按月订阅来访问他们想要关注或与之互动的创作者上传的内容，粉丝还可以向创作者提供小费或礼物，但不会带来任何内容作为回报。每个创作者都可以确定每月的订阅费，但这家英国公司对订阅费和小费都设定了最低应付金额。这样，这家英国公司不仅向用户提供平台（设定了一般使用条件），还提供了允许款项交易的设备，并负责通过第三方支付服务的供应商来获取和分配粉丝支付给创作者的款项。不过，作为回报，这家英国公司收取支付给创作者的每笔款项的 20%，并向创作者开具了相应金额的发票。争议在于，税务机关认为这家公司应当被视为以自己的名义向粉丝提供了服务，公司应该就从粉丝处收到的全部金额缴纳增值税，而不仅仅是该金额的 20%。税务机关的依据是解释欧盟《2006 年增值税指令》的《2011 年理事会执行条例》（简称《2011 年执行条例》）第 9 条附加第 1 条。该条第 1 款规定："为适用《2006 年增值税指令》第 28 条的规定，如果以电子方式提供的服务是通过电信网络、界面或门户（如应用程序市场）提供的，则参与该提供的纳税人应被推定为以自己的名义、但代表这些服务的提供者行事，除非该纳税人明确表示该提供者为供应商，并且

---

① See ECJ's Judgment of 28 February 2023 in Case C-695/20.

这反映在双方之间的合同安排中。"该款接着规定："关于纳税人明确表示电子化服务的提供商为该服务供应商（的认定），应满足以下条件：（a）参与提供电子化服务的每个纳税人开具或提供的发票必须注明该服务及其供应商；（b）向客户发出或提供的账单或收据必须注明电子化服务及其供应商。"不过，该款最后规定："就本款而言，针对电子化服务，授权向客户收费或提供服务或设定服务提供的一般条款和条件的纳税人，不被允许明确表明他人为这些服务的供应商。"[①] 正如欧洲法院所指出的是，正是因为该款最后的规定，只要出现授权向客户收费或提供服务或设定服务提供的一般条款和条件，平台或营运平台的公司以自己名义销售电子化服务的推定就无法被推翻了。在上述案情中，英国公司就属于这种情况。当然，如果纳税人就电子化服务仅仅帮助交易双方收取、支付款项，就不适用非代表销售的推定。事实上，该款最后的规定客观上也实现了与意大利《增值税总统令》第2条附加第1条关于平台视同销售商品认定（没有要求非代表销售/仅仅要求提供便利）的规定一样的效果。反过来，意大利平台视同销售商品中提供便利的认定需要参考《2011年执行条例》第9条附加第1条第1款最后的规定所列举的情形。事实上，欧洲法院在上述判决中最后指出，如果通过电子工具（如使用在线社交网络平台）参与（介入）服务提供的纳税人，可以授权提供该服务，或为该服务开具发票，或规定该服务提供的一般条件，就意味着该纳税人可以单方面地设定或决定与服务提供相关的基本要素，包括服务的实现和提供的发生时间，或对价支付的条

---

① See the art. 9a of Council Implementing Regulation（EU）No 282/2011 of 15 March 2011 laying down implementing measures for Directive 2006/112/EC.

件，或构成该服务提供一般架构的规则，此时，该纳税人就应当被视为《2006 年增值税指令》第 28 条所指的服务提供者。[①] 换言之，此时，该纳税人就属于非代表销售服务的纳税人。当然，同样根据第 28 条的规定，该纳税人被视为从实际销售方购买了同一服务，结合上述案情，相当于英国公司从创作者处以全部金额的 80% 的价格购买了相关服务。据此，不难发现，服务委托代销视同应税交易的规定对于加强平台在平台经济以及数字经济中的税收征管作用也有特殊的重要性。

（二）商品在机构间转移

我国《增值税暂行条例实施细则》第 4 条第 3 项还规定了一类视同销售商品，即纳税人将货物从统一核算下的一个机构移送至其他地区的受货机构用于销售。与无代表权销售中的视同销售类似，也存在处分权的转移，但所有权不转移。这是因为虽然两个机构同属一个企业，但是从增值税法的角度，两个机构之间也可以相互独立。具体而言，分支机构可以成为增值税纳税人，同时根据关于上述第 4 条第 3 项规定的用于销售的解释，受货机构需要以自己名义开具发票和/或收取货款，[②] 并在当地登记注册。因此，考虑到两个机构之间转移是无偿的，此类视同销售也就如

---

① Cfr. Giovambattista Palumbo，La tassazione IVA delle piattaforme online，in Informazione Fiscale，il 15 maggio 2023，disponibile nel seguente sito：https：//www. informazionefiscale. it/tassazione-iva-piattaforma-online.

② 参见国家税务总局《关于企业所属机构间移送货物征收增值税问题的通知》（国税发〔1998〕137 号）、上海市国家税务局《关于转发国家税务总局〈关于企业所属机构间转送货物征收增值税问题的通知〉的通知》（沪国税流〔1998〕198 号）。

同经营者无偿赠送商品给其他纳税人。此种视同销售处理也有助于地区间税源的平衡分配，特别是生产地与销售地之间的分配。具体而言，由于我国目前增值税的征收实行属地管理，如果不对移出机构移送货物的行为视同销售，仅在受货机构最终销售时才征税，就会使得货物移出地政府无法取得增值税收入，而货物移入销售地政府会多得增值税收入。事实上，在欧盟，存在一类类似的视同应税交易，即商品的跨境转移视同应税交易。根据《2006年增值税指令》第17条的规定，当某一欧盟成员国纳税人为了经营目的将构成其部分营业资产的商品转移（发送或运输）到另一成员国，该行为被视为基于对价的销售商品，[①] 并根据目的地原则，在消费地国被征税。为此，纳税人就需要在另一成员国也登记为纳税人。与我国货物在两个不同县（市）的机构间转移不同，欧盟内商品跨境转移是在两个不同欧盟国家之间转移，且未限于在纳税人的两个机构之间转移，视同应税交易的处理则是为了打击逃税行为。[②] 不过，还是存在可借鉴的规则。例如，《2006年增值税指令》第17条还规定如果商品的转移只是暂时的，就不作为视同应税交易处理。

---

① See the art. 17 of Council Directive 2006/112/EC.

② See Ben J. M. Terra，Peter J. Wattel，European Tax Law，Kluwer Law International，2008，p. 278. 欧盟内商品跨境转移，在正常销售的情况下，作为欧盟内跨境采购商品，基于目的地原则来征税，来源地国不征税。为此，欧盟内商品跨境转移视同销售（对应虚拟的跨境采购）是为了确保上述征税规则，这是因为纳税人有可能否认欧盟内跨境采购商品的存在，以欺诈的方式实现商品消费的不征税。

三、增值税法视同应税交易条款的完善

视同应税交易是应税交易的拟制，作为非典型的增值税应税行为，是增值税应税行为的扩张，涉及纳税人基本权益和国库利益，相关规则的构建将对增值税立法起到举足轻重的作用。对此，《增值税法》第5条直接规定视同应税交易，落实了税收法定原则，同时，将视同应税交易明确限定为货物等用于集体福利或者个人消费和无偿转让两大类型，相比于欧盟增值税视同应税交易规则和加拿大、新加坡商品与服务税视同交易规则，体现出较大的趋同性。视同应税交易规则的建构，核心在于贯彻增值税中性原则，包括保护纳税人抵扣权、促进课税待遇平等以及避免同时取得进项税抵扣和销项税不缴双重利益，对视同应税交易范围进行限缩，符合我国当前的实际情况和需要。此外，针对《增值税暂行条例实施细则》第4条规定的无偿赠送货物，《增值税法》第5条修改为无偿转让货物，用词不仅更加精炼，即赠送就指无偿转让，而且更加科学，即无偿转让不仅限于赠送一种方式。不过，借鉴欧盟增值税以及同样发源于欧盟增值税的商品与服务税域外立法，我国增值税法视同应税交易条款还可以作进一步优化。

（一）限缩视同应税交易的类型

首先，视同应税交易制度属于法律拟制，虽然法律拟制的价值不可否认，但其毕竟属于法律的特别例外规定，会对纳税人权益造成较大影响。因此，根据比例原则，应当限缩视同交易的类型，这样也有助于突显应税交易界定的一般规则属性。相比于现

行增值税法，《增值税法》第 5 条限缩了视同应税交易的类型，仅仅保留了货物用于集体福利或个人消费和货物、无形资产、不动产或者金融商品无偿转让两大类（以下分别简称用于福利、消费和无偿转让），也就是国际通行的"非经营目的"视同应税交易，总体上是非常值得肯定的。其中，由于非增值税应税项目原指营业税征收项目，《增值税暂行条例实施细则》第 4 条第 4 项规定的货物用于非增值税应税项目，营改增后自然失去实际意义。需要强调的是，将用于福利、消费和无偿转让规定为视同应税交易，主要的立法目的在于纠正税的偏差，避免进项税被抵扣的情况下没有产生销售税，否则将违背进项税应当在商品被基于经营目的的使用方可获得抵扣的中性原则。反过来，如果不作视同应税交易处理，进项税就得转出。我国将外购货物用于福利、消费也未作视同应税交易，都按照进项税转出处理，这与视同处理的出发点是一致的。显然，基于抵扣与否这一点，对一些非应税交易视同为应税交易可以被理解为一种征税中性的处理，视同与否都是可以接受的。事实上，如果相关商品或服务被私人需要使用，就相当于这些商品或服务基于最终消费目的被使用了，不再进入流通链条之中。此时，如果按照进项税转出处理，也是可行的。当经营者将外购的商品用于非经营活动，按照视同销售处理征收增值税，因为按照市场价值来确定销售额，与外购商品的价格通常是一样的，不产生增值，国家也不会取得税收收入。因此，对这种情况不按照视同销售处理，更是可行。例如，《增值税暂行条例实施细则》第 4 条第 5 项规定的视同销售货物（用于集体福利或者个人消费），仅包括企业自产、委托加工的货物，不包括外购的货物。可以看出，视同销售处理还与国家取得税收收入有关，否则将抵扣的进项税转出即可。此外，如果相关商品被无偿赠送其他企业，后者可能会基于经营目的使用这些商品，即商品还在经济链条之中流通。这样，视同销售处理可以确保抵扣链的完整，即其他企业可以凭借视同销售而取得的发票主张进项税抵扣。例如，我国《增值税暂行条例实施细则》第 4 条第 8 项规定的视同销售货物（无偿赠送其他单位或者个人），不仅包括企业自产、委托加工的货物，还包括外购的货物。不可否认，用于福利、消费和无偿转让作视同应税交易处理，能够发挥反逃避的功能，但它不是主要的立法目的，尤其是在税收征管不断现代化、反避税立法不断完善的情况下，其反逃避的功能会进一步降低。

其次，除了国际通行的"非经营目的"视同应税交易应当保留外，货物委托代销和货物在机构间转移也可以保留下来，这主要取决于形式课税、便利征管以及税源分配等背后的视同缘由，何况欧盟增值税法也规定了类似的视同应税交易。不过，之所以是可以保留而不是应当保留，是考虑到这些缘由存在变数，不同于纠正税的偏差、完整抵扣链等这样基于增值税抵扣制度的根本性缘由。为此，《增值税法》没有再保留上述两类视同应税交易也是可以理解的，这是因为在税务机关能通过多渠道掌握充足涉税信息的情况下，代销可以通过实质课税直接对委托方征税，而不同地区间的税源分配问题可以通过财政转移支付制度予以解决。

（二）优化保留的视同应税交易构成要件

对于应当保留的"非经营目的"视同应税交易，相关构成要件还有待优化，包括从限制和扩张两个方面，而核心是构成要件的限制。至于可以保留的两类视同应税交易，货物委托代销和货物在机构之间转移，相关构成要件也可以进一步优化。不过，鉴于《增值税法》并没有规定这两类视同应税交易，同时，相关优化也在前文有所提及，这里不再赘述。

1. 增加抵扣要件

要求相关商品或服务的进项增值税可以抵扣，因为这是视同销售处理的基础缘由，否则，将产生重复课税，背离增值税的中性。这一点，不管是欧盟增值税法还是加拿大、新加坡商品与服务税法都作了不同方式的规定。事实上，增值税法之所以将相关商品或服务用于非经营活动或无偿赠送、提供行为视同销售商品或服务，主要原因在于纠正税的偏差（salti di imposta），即避免在进项税抵扣的情况下没有销项税产生。[①] 事实上，考虑到我国增值税法规定一些特定的商品或服务上的进项税以及取得普通发票而购进的一般货物或服务上的进项是不得抵扣的，同时小规模纳税人没有抵扣权，增加抵扣条件可以限制视同应税交易的适用范围，同时，也有助于推动抵扣制度的完善。未来，参考新加坡商品与服务税法，甚至可以赋予纳税人抵扣与否的选择权来决定商品用于非经营目的是否按照视同应税交易来处理。

2. 明确视同销售商品与销售商品的相同点

相比于普通应税交易，视同销售商品或服务的差异主要体现在销售与非销售行为的差异。不过，这种差异也是有限的，即视同销售的非销售行为与销售行为存在特定的相同点，这一点对商品视同销售尤为重要。对于商品而言，视同销售应当限于商品所

---

① Cfr. Gaspare Falsitta，*Manuale di diritto tributario-parte speciale*，Cedam，2008，pp. 687-688.

有权或实际处分权发生转移的情形，即从经营者（企业）被有意转移到（企业）控制人个人或其家庭、员工以及其他主体，在这一点与销售行为相同。如果未发生这样的转移，则可能构成视同销售服务，例如，经营者将车辆借于员工使用，也就是员工暂时使用经营者的商品。事实上，基于欧盟《2006 年增值税指令》第16 条和第 26 条的规定，法国《税法典》（第二编第一章"增值税"）第 257 条第 2 款第 1 项（视同销售商品）和第 2 项（视同销售服务）作了分别规定，即前者规定为收领（含转移之意）企业的商品，后者规定为使用（不含转移之意）分配给企业使用的商品。

3. 正确理解有偿性

鉴于销售与非销售行为的差异体现在是否具有有偿性上，基于对有偿性（对价性）这一销售本质特征的理解，将一部分具有有偿性特征的非销售行为纳入普通应税交易之中。根据我国《营业税改征增值税试点实施办法》第 10 条和第 11 条的规定，销售是指有偿转让或提供，而有偿是指取得货币、货物或者其他经济利益。显然，其他经济利益的外延，可以宽泛地进行理解，一部分发生上述转移效果的非销售行为可以根据取得其他经济利益而纳入销售行为之中。例如，基于分配股息的需要，经营者将商品分配给股东，与经营者先将商品销售给股东，股东产生支付价款的债务，与经营者对其支付（现金）股息的义务抵销，经济效果是一样的。换言之，将商品分配给股东，经营者也取得了某种形式的经济利益。再如，经营者将商品用于投资（出资），换取被投资企业的股份或经营份额，也取得了某种形式的经济利益。对此，意大利《增值税总统令》第 2 条第 2 款规定企业或其他组织对股东或成员实施的商品分配行为，不管是以何种名义，均构成商品的有偿转让。同时，在意大利，商品用于投资（出资）行为也属于增值税法第 2 条第 1 款规定的有偿移转所有权或者用益物权的行为，即根据普通应税交易征收增值税。[①] 不过，上述两类非销售行为，涉及货物的，在我国《增值税暂行条例实施细则》第 4 条第 6 项和第 7 项中依然是作为视同销售货物行为。据此，我国增值税法对货物销售采取了形式上的意义，而非本质上的意义，这并非不可以接受。与此不同的是，将不动产和无形资产分配给股东和用于投资，《营业税改征增值税试点实施办法》第 14 条并没有规定为视同销售不动产、无形资产行为，但这并不意味着不征收增值税。例如，实践中，以不动产、无形资产投资就是按照有偿转让不动产、无形资产征收增值税。[②] 事实上，考虑到将商品分配给股东和用于投资（出资）也属于有偿转让商品，符合应税交易的构成要件，纳入应税交易之中更可取。

4. 考虑不视同销售的例外情形

关于不视同销售的例外情形，域外增值税法也都有所规定。例如，意大利和法国增值税法都规定的小金额商品的无偿赠与，以及意大利增值税法规定的对企业员工提供的福利性服务或一些公益服务。事实上，关于后者，我国《营业税改征增值税试点实施办法》第 14 条在规定无偿提供服务、无形资产或者不动产的视

---

① Cfr. Gaetano Petrelli, *Regime fiscale dei conferimenti in società ed enti*, in Rivista Studi e Materiali CNN, n. 2, 2003, p. 603.

② 参见国家税务总局宁波市税务局："以不动产、无形资产投资取得股权，是否需要缴纳增值税？"，载国家税务总局宁波市税务局官网：http://ningbo. chinatax. gov. cn/art/2021/6/30/art_ 23_ 185285. html.

同销售行为时，也规定了用于公益事业或者以社会公众为对象的除外。事实上，为鼓励企业从事公益事业，规定用于公益事业作为视同应税交易的除外还是有必要。至于以社会公众为对象，例如，交通运输服务就以社会公众为服务对象，如果以社会公众为对象的服务是无偿提供的，通常也就具有公益性，如果不具有公益性，自然也不能作为视同应税交易的除外，因此，除外的情形不用再规定以社会公众为对象。当然，为简化征管，上述两类视同应税交易的例外情形不规定也可以接受。

5. 正视实践中的可行性

如果征管成本较高，也可以不视同销售，进而不征税。例如，服务用于个人（包括家庭成员）使用或职工福利，或者无偿提供服务，至少其中的一部分服务提供，可以不作视同销售处理。这是因为服务的无形性，同时消耗的额外进项成本也很有限。不过，对于商品被暂时用于集体福利或者个人消费，我国增值税法可以新增为一类视同销售服务，作为商品用于集体福利或者个人消费这一视同销售商品的补充。换言之，如果纳税人主张商品并未基于集体福利或个人消费被最终性地处置，就可以按照视同销售服务来征税，确保这类"非经营目的"视同应税交易的完整性，且征管成本也是可控的。当然，商品用于集体福利或者个人消费可以统一规定为视同应税交易。事实上，《增值税法》第5条将货物用于集体福利或者个人消费就是规定视同应税交易，并没有像《增值税暂行条例实施细则》第4条那样规定为视同销售货物，这就意味着货物用于集体福利或者个人消费也可以包括视同销售服务的情况。至于是视同销售货物还是视同销售服务，可以通过解释或在增值税法适用中予以区分。

6. 周延视同的商品

如同无偿转让商品,《增值税暂行条例实施细则》第 4 条第 5 项规定的将自产、委托加工的货物用于集体福利或者个人消费也应当周延相关的商品。具体而言,在增加视同的抵扣条件后,一方面,如果外购货物上的增值税按照抵扣的相关性原则等要求也是可以抵扣的,可以将外购的货物也纳入到视同应税交易的范围内,即不用限定为自产和委托加工的货物。另一方面,也可以将无形资产、不动产或者金融商品用于个人消费、集体福利纳入到视同应税交易的范围。毕竟,在抵扣制度完善的情况下,从本质上增值税视同应税交易是一种中性的征税。这样,这类视同应税交易就可以表述为将商品用于集体福利或者个人消费。当然,与之对应,《增值税法》第 22 条在规定不得抵扣的进项税额类别时就需要删除第 4 项的内容,即"购进并用于集体福利或者个人消费的货物、服务、无形资产、不动产对应的进项税额"。

(三) 视同应税交易条款的设计

关于视同应税交易条款,未来《增值税法》完善,其第 5 条还需要在以下几个方面进行修改:① 将自产、委托加工的货物用于集体福利或者个人消费修改为将商品用于集体福利或者个人消费;② 无偿转让货物和无偿转让无形资产、不动产或者金融商品合并为一项,简化为无偿转让商品,并规定除外情形,即用于公益事业的除外;③ 从限制的角度,对上述两类视同应税交易增加进项税可以抵扣作为视同应税交易的条件;④ 删除关于"单位和个体工商户"或"单位和个人"实施主体的规定,一方面因为视同应税交易是客体要件,实施主体应按照纳税人条款确定,另一方面则因为根据纳税人条款，纳税人的外延也不再规定为单位和个人。

需要特别补充的是，由于《增值税法》第 5 条没有授权国务院规定其他视同应税交易的情形，未来如果需要规定新的视同应税交易，以应对未来新情况、填补未来税法漏洞，就只能通过修法来实现。关于可能新增的视同应税交易，例如，为应对平台交易，针对境外纳税人向非纳税人远程销售商品（且商品的起运地和送达地都在境内），平台纳税人通过使用电子界面为上述销售商品提供便利，该销售商品视为由平台纳税人实施，以及平台纳税人通过电子工具参与（介入）电子化服务提供，如果可以单方面地设定或决定与该服务提供相关的基本要素，就视同平台纳税人自己接受并提供这一服务。不过，为控制平台的纳税负担，需要规定平台视同应税交易的除外情形，即实际销售方已经履行相关纳税义务。又如，在能够有效征管的基础上，甚至可以把整个的服务委托代销纳入进来。再如，针对资本性财产改变为非经营目的的用途行为，我国目前采取的是进项税转出的方案。[①] 事实上，即使规定了授权条款，也需要避免在国务院制定的实施条例或其他法源中恢复《增值税法》中未保留的现行诸多视同应税交易类型，如果要规定，应当在法律中规定，例如，无偿提供服务、货物委托代销和货物在机构间转移几种类型。这是因为视同应税交易属于增值税定性规则的基本内容，涉及纳税义务的范围，根据税收法定原则应当在法律中规定，不宜"相机调整"，以提高法律确定性。

[①] 参见《营业税改征增值税试点实施办法》第 27 条和第 31 条以及《国家税务总局关于深化增值税改革有关事项的公告》（国家税务总局公告 2019 年第 14 号）。

综上，视同应税交易条款可作如下规定：

纳税人的下列情形为视同应税交易：

（一）将商品用于集体福利或者个人消费，当商品或其组成部分上的增值税可以抵扣；

（二）无偿转让商品，当商品或其组成部分上的增值税可以抵扣，但用于公益事业以及国务院规定的其他情形的除外；

（三）作为委托方将商品移送受托方代销，或作为受托方将代购商品移送委托方。不过，在此过程中，受托方提供的代理服务视为不存在。

第五章

应税交易发生地

增值税应税交易在哪里发生，决定了增值税纳税义务在哪里发生，关涉一国的增值税管辖权。为此，如何确定增值税应税交易发生地是增值税立法的一项重要问题，不管是现行增值税法还是《增值税法》，都在专门的条款通过界定何为在境内销售货物、不动产、无形资产和服务规定了应税交易发生地，包括货物的起运地或所在地、服务和无形资产的销售方或购买方所在地、不动产和自然资源所在地等。《增值税法》不仅贯彻了税收法定原则，甚至将该规则提前至第4条进行规定，更加体现出该规则的重要意义。不过，《增值税法》基本上延续了现行增值税法的规定，变化和改进的内容较少，面对纷繁多样的应税交易类型以及在经济全球化、国际贸易自由化的背景下，同时，伴随我国海南自由贸易港（简称海南自贸港）的设立和在自贸港增值税改销售税，应税交易发生地的确定规则还是过于粗略和保守，尤其是销售服务和无形资产的发生地确定规则，需要进行大范围的修改和完善。对此，需要重点研究以下六个大方面的问题：① 从增值税理论研究到国家征税，应税交易发生地确定具有怎样的法律意义，与纳税地确定的关系是什么；② 基于增值税的属性和课征理论，应税交易发生地的确定应当遵循怎样的法理，为什么销售不同的

交易客体，应税交易发生地确定的标准会存在差异；③ 在商品或
服务的来源地与消费地分离不断加剧的背景下，国家间的协调
（避免国际双重征税或不征税）以及征管机制如何影响应税交易
发生地的确定；④ 对于销售服务，应税交易发生地的确定是否应
当从采用双重标准向采用单一标准改变，而对于特定的服务，是
否应当引入关于应税交易发生地确定的特殊规则，以及是否还存
在一些特殊的商品，也应当引入特殊规则；⑤ 对于销售服务，为
贯彻消费地征税原则，应税交易发生地在购买方所在地、服务履
行（活动发生）地和服务消费地三个标准之间应当如何选择；
⑥ 对于跨内地与海南自贸港的交易，为协调增值税与销售税的征
收，增值税应税交易发生地确定规则是否更应当修改，以及如何
单独制定相关规则。

　　当然，研究以上关于如何修改和完善应税交易发生地确定规
则的问题，必须结合比较法的研究，这不仅仅是因为我国增值税
立法需要关注国际立法趋势，视情况与之相符，还因为应税交易
发生地确定关系国家之间的征税管辖权分配，需要与有关国家或
地区协调，尤其是与我国经济、贸易往来密切的国家和地区。为
此，本书将着重研究欧盟《2006 年增值税指令》和意大利《增值
税总统令》中的相关规则，加拿大等国家的商品与服务税相关规
则亦会提及。其中，相比于在加拿大等国家征收的商品与服务税
（本质也是增值税），欧盟增值税更值得研究，毕竟欧盟增值税指
令是 27 个成员国集体智慧的成就，这么多国家都要执行同一指
令，同时，指令也协调了这么多国家的增值税法，包括应税交易
发生地确定规则。而之所以还研究意大利增值税法，是因为欧盟
增值税指令的执行需要在成员国转化为内国法，意大利增值税法
上的规则是落地（实际实施）的规则。

一、应税交易发生地的法律意义

增值税应税行为的空间要件是应税交易在境内发生，具体表现为在境内销售商品或服务。显然，空间要件是确定增值税应税行为是否发生进而决定是否产生纳税义务的一项必要规定。这也使得增值税成为一种以地域为基础进行征收的税，即只有在一个特定地域中实施的交易才具有可征税性。其中，这个特定地域就是征税国管辖边界之内的区域，对我国而言，就是《增值税暂行条例》第 1 条所规定的我国境内，特指除我国拥有主权的香港特别行政区、澳门特别行政区以及台湾地区之外的我国领土。[①] 不过，一旦在海南自贸港不再征收增值税，改为征收销售税之后，[②]增值税法需要规定征收增值税的目的境内不包括海南自贸港。事实上，不仅是增值税法，其他税种法，例如，契税法、环境保护税法、车船税法等，对应税行为的界定，也都会有空间要件的规定，即都表现为在我国境内或管辖区域内实施某种行为，例如，转移土地、房屋权属[③]，排放应税污染物[④]，拥有（在境内的）车船[⑤]。显然，空间要件是不同税收应税行为构成的一项共同要件，尤其是对增值税应税行为而言，应当是与客体、主体要件并列的一项独立要件。事实上，通过空间要件来限制应税行为的构成，

[①]　参见黄楠："组织内地公民赴境外赌博行为定性分析"，《法律方法》2020 年第 3 期，第 7 页。事实上，关于境内的界定，可以从《出境入境管理法》第 89 条关于何为入境的规定中推断出来。

[②]　参见《海南自由贸易港法》第 27 条。

[③]　参见《中华人民共和国契税法》（简称《契税法》）第 1 条。

[④]　参见《中华人民共和国环境保护税法》第 2 条。

[⑤]　参见《中华人民共和国车船税法》第 1 条。

是因为一国的征税是建立在其对纳税人提供公共服务的基础上，而一国提供公共服务的范围往往有地域上的限制。其中，增值税是对交易的课税，具体而言是对作为经营者的销售方销售商品或服务行为的课税。销售方作为纳税人，是因为其实施经营活动得益于对相关公共服务的享受或利用，例如，本国政府在创造或维护相关市场过程中提供的公共服务，这样，销售商品或服务行为本身也就能间接地体现负税能力。这也就决定了增值税应税交易需要发生在一国境内才能在该国构成一项应税行为，且只要在该国境内发生就产生纳税义务，从而决定征税管辖权和税源的国际分配，不管应税交易的实施者身份如何。这一点与所得税形成差异。所得税纳税义务在一国的产生主要取决于所得取得者的身份，即主要取决于纳税主体要件。具体而言，如果所得取得者是一国的居民纳税人，不管应税所得来源于何处，都应当在该国缴纳所得税，只有当该取得者不构成该国的居民纳税人时，才需要判断空间要件，即应税所得是否来源于该国。与此相关，作为对交易课税的增值税属于对物税，而所得税属于对人税，同时，即使增值税法也引入居民纳税人和非居民纳税人的概念，也并不意味着居民国可以对居民纳税人就在任何地方发生的应税交易都可以征收增值税，空间要件对增值税应税行为而言无疑更为重要。不过，不同于客体要件和主体要件，空间要件如果不满足，增值税应税行为的不构成通常是相对的。换言之，由于应税交易本身是发生的，应税交易总有一个发生地，该交易没有在一国构成增值税应税行为，可能在另一国构成增值税或相关税收的应税行为。此外，也正是这种相对性，即使在一国没有构成增值税的应税行为，实施应税交易的主体依然需要对交易进行会计处理，计入交易额等信息，同时，很有可能依然要承担开具发票的义务。[①]
这是因为实施应税交易的主体没有增值税的纳税义务，并不意味
着没有所得税的纳税义务。

应税交易发生地作为一项增值税法的实体规则，除了上述决
定一项应税交易是否在一国产生纳税义务外，从程序上也影响在
这一国内的税收征管地或纳税地的确定。纳税地的确定属于程序
规则，进一步决定税源在国内的分配，其确定通常基于征管便利
的考虑，例如，以作为销售方的纳税人所在地为纳税地，而不是
应税交易发生地。但是需要注意的是，纳税人所在地在一些情形
下同时就是应税交易的发生地，而在另外一些情况，纳税地并不
是纳税人所在地，而是应税交易的发生地。这一点对一国内税源
的分配具有重要的影响。例如，根据《增值税暂行条例》第 22 条
的规定，固定业户向其机构所在地主管税务机关申报纳税，而这
针对的情形是该纳税人在本县（市）销售商品或服务，此时，应
税交易发生地与纳税地其实是一致的。而在纳税人在外县（市）
销售商品或服务的情形，通常情况下就在应税交易发生地纳税，
除非纳税人向其机构所在地主管税务机关报告了外出经营事项，
此时在纳税人所在地纳税。而对于非固定业户，纳税地更是在应
税交易发生地，除非纳税人未申报纳税，才由其机构所在地或居
住地主管税务机关补征税款。《增值税法》关于纳税地点的第 29
条也是如此规定。此外，对于跨境销售服务、无形资产，由于
《增值税法》第 15 条规定由购买方扣缴税款，结合第 4 条将应税
交易发生地之一的购买方所在地修改为消费地，在销售方和购买

---

① 　Cfr. Manca Domenico，Manca Fabrizio，IVA : il presupposto della territorialità，
Ipsoa，2013，p. 11.

方都在境外的情况下，《增值税法》第 29 条引入新的规则，规定纳税地就是应税交易发生地，即消费地。综上所述，应税交易发生地与纳税地属于不同的规则，但是，一方面，考虑到针对一些应税交易，应税交易发生地可以表现为作为销售方的纳税人所在地，两者本身就存在一定的重合性。另一方面，在应税交易发生地不同于作为销售方的纳税人所在地的情况下，尤其当该纳税人属于境外纳税人的时候，纳税地自然也不是作为销售方的纳税人所在地，纳税地向应税交易发生地靠拢，从而使两者的重合性得以进一步提高。

二、应税交易发生地确定的法理和标准

作为对物税，应税交易发生地的确定取决于交易本身，换言之，需要确定商品或服务的销售是在哪里发生的。对此，由于不同的商品以及商品与服务之间存在差异，发生地的确定的难度也有所不同，法理以及相关标准也就有所不同。总体而言，根据应税交易的客体是否有形或物理化，需要将应税交易发生地的确定规则区分为三大类。当然，每一大类的确定规则又可以进一步作细分。

（一）不动产和货物所在地标准

1. 销售不动产和货物

源于不动产和货物（有形动产）属于有形财产，具有物理化的特征，确定销售不动产和货物的交易发生地就简单许多，即以作为交易客体的不动产、货物的物理所在地来确定，与交易双方

当事人所在何处无关，符合增值税对物税的特征。事实上，以有形或物理化的交易客体所在地来确定应税交易发生地，鉴于该标准的单一性，可以避免应税交易被重复征税。对此，意大利《增值税总统令》第 7 条附加第 1 条明确规定："以不动产或动产为客体的商品转让，如果不动产或动产在境内，商品转让就在境内实施。"① 当然，对于动产，根据欧盟《2006 年增值税指令》第 32 条的规定，如果商品需要发送或运输，商品发送或运输开始时的所在地就是商品所在地。② 我国《增值税暂行条例实施细则》第 8 条和《营业税改征增值税试点实施办法》第 12 条也分别就销售货物和销售不动产确定了这一规定。《增值税法》第 4 条也延续了这一规定。事实上，源于不动产的固定性，销售不动产发生地的确定更为简单，即直接以不动产所在地来确定。相反，考虑到货物的移动性，所在位置可以改变，销售货物在境内的确定标准相对复杂一些，相关规则需要补充一项限定条件，即应税交易发生的时候动产在境内。③ 这样，如果是出口，源于交易实施时（即交付启动）货物在境内，即起运地在境内，就属于在境内销售，为适用零税率和退税奠定基础。当然，如果交易实施时，货物是在境外，例如，在境外购买货物，销售方也在境外交付，就不属于在境内销售，也就不构成本国管辖内的应税行为。当然，如果购买方通过运输或个人携带使货物（也包括物品）入境，则构成进口商品增值税应税行为。

---

① 　Cfr. l'art. 7-bis del Decreto del Presidente della Repubblica 26 ottobre 1972，n. 633.

② 　See the art. 32 of Council Directive 2006/112/EC.

③ 　Cfr. Guglielmo Fransoni, *Il momento impositivo nell'imposta sul valore aggiunto*，Cedam，2019，p. 90.

　　基于上述，不难发现，增值税法要求销售商品发生在境内，是确保商品在一国的市场中流通，此时该国的相关公共服务才被利用或享受，才使征税具有正当性。相反，如果商品并不会在该国市场内流通，销售行为也就不属于在该国境内发生。例如，货物过境不征收增值税，同时，销售过境的货物，[①] 即使此时货物在境内，也不属于发生在境内。同时，销售存放在海关特别监管区的货物，例如，保税区的货物（已经进境），[②] 如果销售目的地为境外，自然也不属于发生在境内，否则按进口处理。

2. 销售特定与不动产、货物相关的无形资产和服务

　　除了销售不动产和货物以外，销售特定无形资产和服务的发生地也可以以不动产、货物物理所在地来确定，如果这些特定的无形资产和服务是与相关的不动产、货物紧密相关的话，即这些无形资产和服务的提供被固定或相关所在地也具有了单一性。事实上，这些特定的服务销售以不动产、货物物理所在地来确定发生地，很大程度上也符合消费地征税的原则。

　　（1）销售特定与不动产相关的无形资产和服务

　　销售与不动产相关的无形资产和服务分别包括销售用益物权和销售不动产租赁服务、住宿服务和建筑工程服务等。对此，关于何为在境内销售，《营业税改征增值税试点实施办法》第 12 条也对销售不动产及其租赁服务和销售自然资源使用权采取了不动产（包括建筑物、土地、矿藏等）所在地标准。《增值税法》第 4

---

　　① 根据《中华人民共和国海关过境货物监管办法》第 2 条的规定，过境货物是指由境外启运，通过中国境内陆路继续运往境外的货物。
　　② 根据《海关法》第 100 条的规定，保税货物是指经海关批准未办理纳税手续进境，在境内储存、加工、装配后复运出境的货物。

条也延续了这一规定。需要注意的是，由于在我国土地等自然资源所有权归属国家，并不得转移（给市场主体），我国增值税法上的不动产限于建筑物、构筑物等，不包括土地等自然资源。[①]但是，为便于论述，关于不动产所在地标准，在我国场景下，也包括土地、矿藏等自然资源所在地。当然，在我国增值税法条文上的表述，需要将不动产、自然资源区分开来。而在意大利，不动产包括土地等自然资源，意大利增值税法规定的与不动产相关的服务更多。根据欧盟《2006 年增值税指令》第 47 条的规定，[②]意大利《增值税总统令》第 7 条附加第 3 条第 1 款明确规定，就与不动产有关的服务，包括不动产评估、代理服务，酒店部门或具有类似功能的部门提供的住宿服务，不动产使用权转让（例如出租），以及与不动产工程实施的准备和协调有关的服务，应税交易发生地在不动产所在地。[③]其中，代理服务包括不动产所有权或使用权转让的中介服务，与不动产工程实施的准备和协调有关的服务。以天文望远镜安装工程为例，有关工程的设计、工程的测试、基础设施的建造、望远镜（属于不动产的一部分）的功能实现等，都属于这类服务。[④]当然，与不动产有关的服务并不限于上述规定举例的服务，还包括对工厂进行的维护服务，就盆地（不动产）气候和水文数据的存储服务以及对盆地进行的地质安全、地貌学、地震学研究服务，等。不过，与不动产相关的无

---

①　参见国家税务总局全面推开营改增督促落实领导小组办公室编：《全面推开营改增业务操作指南》，中国税务出版社 2016 年版，第 90 页。

②　See the art. 47 of Council Directive 2006/112/EC.

③　Cfr. l'art. 7-quater，comma 1，del Decreto del Presidente della Repubblica 26 ottobre 1972，n. 633.

④　Cfr. Manca Domenico，Manca Fabrizio，IVA：il presupposto della territorialità，Ipsoa，2013，p. 294.

形资产和服务有着明确的限定。对此，欧洲法院认为服务和无形
资产需要与不动产有着充分、直接的关联。例如，通过转让捕鱼
许可证而实施的捕鱼权转让也属于销售与不动产相关的服务或无
形资产，这是因为捕鱼权只能在许可证上指明的河流及相关河段
行使，这样，河流这一不动产属于捕鱼许可证的构成要素，也就
构成了捕鱼权转让这项交易的核心和基本要素，且河流所在地是
捕鱼的最终实施地（消费地），捕鱼权转让与河流之间也就存在
充分的直接关联。①

　　至于需要以不动产所在地标准来确定应税交易发生地的无形
资产和服务（销售）范围，我国现行增值税法规定的范围还需要
进一步扩展，毕竟这一标准属于增值税法应当优先采用的标准。
除了能够物理地确定发生地及其单一性外，对于销售与不动产相
关的服务，这一标准也与消费地标准是契合的，这也符合增值税
是对消费课税的属性。例如，销售住宿服务，购买方也就是在相
关不动产所在地消费该服务。当然，此时，从销售方的角度，服
务提供地也是在相关不动产所在地。

　　（2）销售特定与货物相关的服务

　　例如，最典型的是销售加工、修理修配服务，这是因为加
工、修理修配的对象就是货物，这类服务的提供地必然是相关货
物的所在地，物理位置的确定也是可行的。对此，关于何为在境
内销售，《增值税暂行条例实施细则》第 8 条对销售加工、修理
修配服务规定为服务（劳务）发生地，并未采用《营业税改征增
值税试点实施办法》第 12 条对销售其他服务所规定的交易实施主
体所在地标准。虽然上述第 8 条规定的是服务发生地，但是考虑

---

① See ECJ' Judgment of 7 September 2006 in Case C-166/05.

到加工、修理修配服务的特性，服务发生地就是依据相关货物所在地来确定的。正如下文将指出的，关于销售短期交通工具租赁服务，欧盟《2006 年增值税指令》第 56 条就规定发生地为交通工具被顾客放置的地方。① 当然，考虑到货物的移动性，在确定相关货物所在地时，也需要补充一项限定条件，即加工、修理修配服务或租赁服务发生时相关货物的所在地。事实上，也正是因为这一原因，不同于销售与不动产相关的服务，增值税法并不会直接以货物所在地来界定销售与货物相关的服务的发生地，而是以相关服务发生或履行地来界定，即将货物所在地标准纳入到服务发生或履行地标准之中，这就将货物所在地与服务发生的时间条件融合在一起了。

3. 例外：采用其他标准的销售特定的货物

（1）销售电力、气体、热力和冷力

存在一类特殊的货物，虽然其本身是无形的，但是考虑到通常有物理介质（如天然气管道、热力管道等）进行装携，增值税法将其归类为货物，即电力、热力和气体。《增值税暂行条例实施细则》第 2 条对此进行了明确规定。不过，对于销售这类货物，由于电力、热力和气体本身就很难界分，如果按照销售货物的一般规则，以这类货物在所有权移转的时候所处的地点或者运输、发送时所处的地点来确定交易发生地，遇到的问题是，在大部分情况下某一特定的交易与对应的电力、热力和气体流动的关联无法查实。为此，为简化的目的，应税交易发生地的确定不宜采用货物所在地标准。对此，不同于我国增值税法，就电力、气体、热力和冷力，意大利《增值税总统令》第 7 条附加第 1 条第

---

① See the art. 56 of Council Directive 2006/112/EC.

3款采取了替代标准，根据购买方的身份区分两类标准。首先，如果购买方是再销售这类货物的经营者，应税交易发生地就是购买方所在地。其次，如果购买方不是再销售这类货物的经营者，就以这类货物的使用或消费地为应税交易发生地。①

（2）不按照进出口处理的商品跨境采购

在欧盟，由于商品在欧盟成员间的出入境不属于商品的进出口，为贯彻消费地征税原则，如果商品是跨境采购，即一成员国的企业从另外一成员国采购商品并运输到第一个成员国，根据欧盟《2006年增值税指令》第 40 条的规定，交易发生地就在第一个成员国，即采用商品最后送达地标准。② 例如，某主体在法国购买了一批鞋子，并将它们运送到荷兰的仓库，该交易产生的是荷兰的增值税纳税义务。为此，不管是我国《增值税暂行条例》还是欧盟《2006年增值税指令》，规定货物或商品进口这一特殊的应税行为，与规定销售货物或商品的发生地为货物起运地或商品运输开始时所在地具有紧密的关联，而销售国实施货物或商品出口退税政策，也是建立在这一规定的基础上。换言之，如果应税交易发生地为货物或商品的送达地，像欧盟内跨境采购，就不需要另外规定货物或商品进口为应税行为了。

（二）销售方或购买方所在地标准

1. 销售普通的服务和无形资产

除了上述与不动产相关的服务和无形资产外，由于无形的特

---

① 　Cfr. l'art. 7-bis，comma 3，del Decreto del Presidente della Repubblica 26 ottobre 1972，n. 633.

② 　See the art. 40 of Council Directive 2006/112/EC.

点，服务和无形资产本身没有物理的位置。为此，销售普通的服务和无形资产的发生地确定标准就不能以作为交易客体的服务和无形资产所在地来确定，只能采用交易主体标准来确定，相关规则也就复杂起来，尤其是考虑到交易主体分为销售方和购买方。对此，《营业税改征增值税试点实施办法》第 12 条针对服务和无形资产就规定在境内销售服务、无形资产是指销售方或者购买方在境内。需要特别一提的是，为贯彻消费地征税原则，《增值税法》第 4 条已将购买方所在地标准改为消费地标准。当然，购买方所在地和消费地很多情况下是一致的。不过，如果同时采用销售方和购买方所在地或消费地两个标准，即双重标准，对维护我国增值税收利益自然是有利，但是对跨境的应税交易容易产生重复征税的问题，即使其他国家或地区不征收增值税，而是征收销售税等其他间接税。例如，我国经营者向境外销售服务，只要境外国家或地区可以基于购买方所在地来征税，就会产生双重征税的问题。再如，境外经营者向我国销售服务，只要境外国家或地区可以基于销售方所在地来征税，就会产生双重征税的问题。此外，这一问题也将会存在于我国跨内地与海南自贸港之间的交易。

　　为避免上述问题，作为一般规则，欧盟增值税指令区分不同的应税交易，分别采用销售方所在地或购买方所在地单一标准。具体而言，根据欧盟《2006 年增值税指令》第 44 条的规定，针对 B2B 交易，即企业对企业的交易（本质是纳税人对纳税人的交易），在征管有保障的情况下，为贯彻消费地征税原则，以购买方所在地来确定应税交易的发生地。[①] 事实上，对于国际贸易而

---

① 　See the art. 44 of Council Directive 2006/112/EC.

言，增值税中性原则需要通过落实目的地原则来实现，而根据目
的地原则，增值税应当在消费发生的国家来征税。① 根据欧盟
《2006 年增值税指令》第 45 条的规定，针对 B2C 交易，即企业对
消费者的交易（本质是纳税人对非纳税人的交易），则以销售方
所在地来确定应税交易的发生地，② 体现的是来源地征税原则。
例如，关于销售货物运输服务，如果意大利企业向西班牙企业销
售货物运输服务，但是货物仅从意大利运输到法国，还是在西班
牙征税，因为交易发生地在购买方所在地。如果意大利企业向美
国企业销售货物运输服务，在意大利不征收增值税。此外，关于
商品与服务税，在加拿大，销售服务所在地也是采用单一标准，
并主要以购买方地址作为发生地确定标准。③ 在印度，销售服务
所在地确定规则与欧盟增值税指令的规则更为接近，除了采用单
一标准外，也是以服务购买方地址为确定标准，而当购买方地址
不可得时，就采用服务销售方地址标准。④

2. 销售特定的服务

在欧盟，针对 B2C 的交易，由于采用销售方所在地标准，消

① See OECD，*International VAT/GST Guidelines*，OECD Publishing，2017，p. 38.

② See the art. 45 of Council Directive 2006/112/EC.

③ See Canada Revenue Agency，"GST/HST Rates and Place-of-supply Rules"，in *Canada. ca*，on September 11 of 2019，available at the following link：https://www. canada. ca/en/revenue-agency/services/tax/businesses/topics/gst-hst-businesses/charge-collect-place-supply. html.

④ See Annapoorna，"How to Determine Place of Supply of Service Under GST"，in *Clear*，on June 25 of 2024，available at the following link：https://cleartax. in/s/place-of-supply-of-service-gst.

费地征税原则的贯彻并不到位。为此，针对一些特定的服务，尤其是各国或地区的规定趋于一致的情况下，有必要考虑采用单一的贯彻消费地征税原则的标准。例如，欧盟《2006 年增值税指令》第 58 条针对销售电子化服务（即数字化产品）、广播、电视播放和电信服务，如果是 B2C 交易，也不再规定采用销售方所在地标准，而是以购买方在境内有无住所或居所（在境外无住所）来确定是否在境内，^① 以贯彻消费地征税原则。例如，意大利顾客使用法国电信运营商提供的电信服务在意大利使用手机，则在意大利征收增值税。需要特别一提的是，针对销售广告、咨询或法律等服务以及销售专利、商标等无形资产，如果是 B2C 交易且顾客是在第三国，欧盟《2006 年增值税指令》第 59 条还规定交易发生地就在购买方所在地。^② 例如，比利时律师如果向美国顾客提供法律服务，不在比利时产生增值税纳税义务。不过，意大利等部分成员国并没有执行这一规定。

3. 销售方或购买方所在地的确定

销售方或购买方所在地还是一个较为抽象的概念，基于税收法定原则下明确性的要求，增值税法需要对何为销售方或购买方所在地作进一步界定，尤其是当销售方或购买方是自然人的时候，由于存在移动性，所在地的理解就存在多种可能性。我国增值税法目前尚未有明确的界定。对此，欧盟《2006 年增值税指令》第 44 条和第 45 条规定在购买方或销售方纳税人开展经营业务的地点，当然，如果服务销售给纳税人在开展经营业务地点以

---

① See the art. 58 of Council Directive 2006/112/EC.
② See the art. 59 of Council Directive 2006/112/EC.

外的地点的固定机构（fixed establishment），或由纳税人在开展经营业务地点以外的地点的固定机构销售，销售服务的发生地在纳税人固定机构所在地。同样根据《2006 年增值税指令》第 44 条和第 45 条的规定，当不存在上述开展经营业务地和固定机构所在地，销售服务的发生地就在购买方或销售方纳税人的永久住址（permanent address）或惯常居住地（usually resides）。为进一步明确，《2011 年执行条例》第 10 条规定："为适用《2006 年增值税指令》第 44 条和第 45 条的规定，纳税人所在地（开展经营业务地）在经营业务的中心管理职能实施地，同时，为确定这一实施地，需要考虑的地点包括涉及经营业务的一般管理决策作出地、经营业务注册地以及管理层开会地，其中，经营业务的一般管理决策作出地具有优先性。"① 显然，欧盟《2006 年增值税指令》和《2011 年执行条例》优先采用了实质标准，即强调纳税人实际开展业务的地点，并不单纯以纳税人注册地来确定，这一点类似于企业所得税法就居民纳税人的认定采用实际管理地标准。此外，由于自然人的移动性，其永久住址或惯常居住地还需要进一步明确。为此，根据《2011 年执行条例》第 12 条的解释，自然人的永久地址是指在人口登记册或类似登记册（同我国的户口登记册）中登记的地址，或者自然人向有关税务机关说明的地址，除非有证据表明该地址不符合现实。② 根据《2011 年执行条例》第 13 条的解释，自然人的惯常居住地是指该自然人因个人和职业关系而通常居住的地方，如果职业关系所在国与个人关系所在国家

①　See the art. 10 of Council Implementing Regulation（EU）No 282/2011 of 15 March 2011 laying down implementing measures for Directive 2006/112/EC.

②　See the art. 12 of Council Implementing Regulation（EU）No 282/2011 of 15 March 2011 laying down implementing measures for Directive 2006/112/EC.

不同，或者自然人不拥有职业关系，则惯常居住地以个人关系来确定，当然，该个人关系反映自然人与其居住地之间有紧密联系。[①]

　　相比于欧盟增值税指令，意大利增值税法总体上遵循了前者的规定，同时，也有所细化和不同。意大利《增值税总统令》第7条第1款在界定何为在境内的纳税人时，事实上就对纳税人所在地进行了界定。这样，至少B2B和B2C应税交易发生地确定的一般规则就可以适用了，毕竟都确定在作为纳税人的销售方或购买方所在地。根据上述条款规定，纳税人在境内是指在境内有住所或尚未在境外设立住所但在境内有居所（成为居民），或者，对于在境外有住所或居住在境外的主体，在境内有固定机构，[②]但仅限于固定机构销售或购买的交易，才认定在境内发生。相应地，如果是境内纳税人在境外的固定机构销售或购买的交易，所在地就不在境内。根据欧盟《2011年执行条例》第53条的规定，为实施相关交易，境外企业使用了固定机构的技术设备或人力资源，就属于固定机构销售或购买的交易。[③]据此，销售方或购买方所在地可以归纳为住所地、居住地和固定机构所在地。其中，住所地对应永久地址，居住地就是指惯常居住地，但限定在尚未

---

　　① See the art. 13 of Council Implementing Regulation（EU）No 282/2011 of 15 March 2011 laying down implementing measures for Directive 2006/112/EC.

　　② 在欧盟，增值税目的的固定机构应当满足三个条件：① 存在非居民或境外经营者支配的固定地点；② 拥有人力资源和技术设备；③ 从事应税交易。Cfr. Silvia Mencarelli，Rosa R. Scalesse，Giuseppe Tinelli，*Introduzione allo studio giuridico dell'imposta sul valore aggiunto*，Giappichelli，2018，p. 52.

　　③ See the art. 53 of Council Implementing Regulation（EU）No 282/2011 of 15 March 2011 laying down implementing measures for Directive 2006/112/EC.

在境外设立住所的情形，是为了避免一个纳税人的所在地被认定在两处，同时，也体现出住所地优先原则。此外，根据上述条款规定，对于自然人以外的主体，住所地为注册地，居住地为实际管理地。需要注意的是，根据该规定，一家注册地和实际管理地不一致的企业，所在地应当在注册地，虽然可以避免双重所在地的认定以及双重认定下的重复征税问题，但是存在征税管辖分配不公平或税基侵蚀的问题。不过，在认定存在固定机构的情况下，企业的实际管理地国家依然可以征税。

综上，销售方或购买方所在地，对于企业等机构而言，通常为注册地或实际管理地，或者在境外企业等机构在境内的固定机构地，对于自然人而言，通常在住所地或惯常居住地。对销售方或购买方所在地如此来确定，无疑有助于简化征管，毕竟上述这些地点都有较高的固定性和稳定性，但是会在一些交易下与实际的服务履行地或消费地不一致。就应税交易发生地，这也就催生出下文将阐释的消费地、服务履行地或活动实施地等标准。而我国《增值税法》为此也将购买方所在地标准改为消费地标准。

4. 购买方所在地标准向消费地标准的嬗变

基于增值税对消费课税的属性，应当优先考虑消费地标准，即以在境内消费为标准来确定。至于何为在境内消费，通常就指服务的享用者在境内，而在大多数情况下，就是指服务的购买方在境内。换言之，购买方所在地标准与消费地标准存在重合性，但是两者也存在不一致的情形。例如，在购买方和实际的享用者不一致的情形下，基于形式课税和征管效率，往往以购买方所在地来确定是否在境内。不过，这样无疑会偏离消费地征税原则，并出现问题，即名义上的购买方在境外，而实际享用者在境内，

从而逃避本国增值税的纳税义务。[①] 而由于服务的无形性，这种
交易安排是非常容易的。相反，如果是名义上的购买方在境内，
实际享用者（消费）在境外，就存在重复征税的问题，尤其是销
售方也在境外。对此，我国《营业税改征增值税试点实施办法》
第 13 条规定了除外情形，即境外纳税人向境内购买方销售完全在
境外享用服务或无形资产，不属于在境内销售服务或无形资产。
显然，我国这一规定是以消费地代替购买方所在地来确定应税交
易发生地，能真正实现消费地征税原则。相应地，对于销售服
务，例如，针对第 44 条、第 45 条、第 58 条和第 59 条规定的服
务，为避免双重征税或不征税，欧盟《2006 年增值税指令》第 59
条附加第 1 条更是授权成员国可以不采用销售方或购买方所在地
标准，而是采用消费地标准。该条规定："（a）如果服务的实际
使用和享受发生在欧盟之外，这些（根据一般规则）位于一国领
土内服务的提供地就位于欧盟之外；（b）如果服务的提供地（根
据一般规则）位于欧盟之外，但这些服务的实际使用和享受发生
在一国领土内，这些服务的提供地就位于该国领土内。"[②] 欧盟
《2006 年增值税指令》之所以规定这一条，是因为关于销售服务
交易发生地确定的相关规则并不能完全实现服务在消费地征税的
目标，即使是采用购买方所在地标准。此外，销售方或购买方所
在地标准本身还需要进一步明确，即销售方或购买方所在地的确
定还有不同的细化标准，不同国家的规则如果不一致，还会存在
双重征税或不征税的问题。需要特别指出的是，欧盟《2006 年增
值税指令》关于上述销售服务消费地标准的规定，不是强制性

①　Cfr. Raffaele Perrone Capano，*L'imposta sul valore aggiunto*，Jovene，1977，p. 266.

②　See the art. 59a of Council Directive 2006/112/EC.

的，成员国可以执行该规定，也可以不执行该规定。事实上，要
对销售服务一般化地采用消费地标准，还是存在征管上的困难。
换言之，正如下文将阐释的，相比于确定应税交易发生地的其他
标准，消费地标准带来的增值税征管难度最大。为此，意大利增
值税法也没有执行上述规定，而是仅仅针对销售特定的服务采用
了消费地标准，即那些在征管上不存在困难的服务领域，包括运
输工具租赁服务。① 不过，从未来发展趋势来看，在税收征管不
断现代化的背景下，采用消费地标准的服务和无形资产的类型会
不断增加。

（三）服务履行地或活动实施地等标准

基于上述的阐释，针对销售普通的服务和无形资产，交易发
生地的确定还是存在标准非单一性的问题，例如，在我国（除了
加工、修理修配服务）和欧盟（针对 B2C 的交易）均存在消费地
征税原则贯彻的不到位。事实上，在 B2C 交易下采用销售方所在
地标准，还容易产生服务提供的去地方化（集中）问题，导致许
多成员国的增值税收入的下降。为此，为确保消费地成员国的增
值税收入，欧盟增值税指令以及意大利增值税法还针对一些服务
销售规定了特殊规则。事实上，关于前文提到的销售特定与不动
产相关的服务，适用的应税交易发生地规则也属于这里所说的特
殊规则。总体而言，销售以下这些服务，根据一般规则，原本应
该基于销售方或购买方所在地标准来确定应税交易发生地，其
中，鉴于大部分是针对 B2C 交易，原本主要应该基于销售方所在

---

① Cfr. l'art. 7-sexies del Decreto del Presidente della Repubblica 26 ottobre 1972，n. 633.

地标准来确定，而按照规定适用特殊规则，有助于贯彻消费地征税原则。此外，鉴于销售方所在地或购买方所在地也会与消费地重合，如餐饮服务，重合程度大小因服务不同而不同，在销售方或购买方所在地征税本身并不意味着绝对偏离消费地征税，至少对于重合的范围，适用特殊规则也不会额外增加成本。

1. 中间人提供的 B2C 服务

根据欧盟《2006 年增值税指令》第 46 条的规定，中间人提供的 B2C 服务销售的发生地在主交易发生地，也就是中间人干预的地方。① 例如，一个意大利自然人想将一些在意大利的家具搬到他在法国的家中，要求中间人找到一家负责搬迁的公司。此时，无论中间人所在地在哪里，其收到的佣金都要征收意大利的增值税，因为欧盟内部跨境货物运输服务的发生地是出发地，也是适用特殊规则。又如，一个意大利自然人要买货物，委托一家企业购买，那么受托企业在哪里购买货物，该企业提供的中介服务就在哪里实施。再如，一家意大利企业从事旅客运输的代理服务，如果旅客运输过境，运输一部分发生在意大利，一部分发生在西班牙，那么，根据下文将指出的旅客运输服务应税交易发生地的规则，该企业的代理运输服务也是一部分在意大利征税。

2. 运输服务

（1）旅客运输服务

根据欧盟《2006 年增值税指令》第 48 条的规定，不管是 B2B 交易还是 B2C 交易，该服务的发生地根据路经国家（包括第三

---

① See the art. 46 of Council Directive 2006/112/EC.

国）的距离按比例来确定。[①] 事实上，路经国家的距离也是客观可查的，并不会带来征管上的困难。例如，某意大利人坐大巴途径法国到西班牙，三个成员国都可以对该旅客运输服务根据在本国的路经距离按比例征税，不管旅客运输公司所在地在哪里，也不考虑服务购买方所在地在哪里。为此，销售旅客运输服务实际也可以被认为是以消费地或服务实际履行地为应税交易发生地，毕竟运输过程就是服务消费或履行过程。

（2）B2C 货物运输服务

除欧盟内部跨境的 B2C 货物运输服务以外，根据欧盟《2006年增值税指令》第 49 条的规定，销售该服务的发生地为运输发生的地方，也是根据路经国家的距离按比例来确定，不管货物运输公司所在地在哪里。[②] 例如，一家意大利的货物运输公司，在法国内部运输一批货物，就全部在法国征收增值税。再如，如果运输路经意大利与第三国，按比例确定运输服务的发生地。不过，就海运和空运而言，为简化征税，意大利采用了固定比例规则，即对于国际海上运输服务，意大利境内发生的部分固定为 5%，税基也就是服务价格的 5%，[③] 对于国际航空运输服务，意大利境内发生的部分固定为 38%，税基也就是服务价格的 38%[④]。

（3）欧盟内部跨境的 B2C 货物运输服务

根据欧盟《2006 年增值税指令》第 50 条的规定，该服务销售的发生地是货物运输的出发地。[⑤]

[①] See the art. 48 of Council Directive 2006/112/EC.

[②] See the art. 49 of Council Directive 2006/112/EC.

[③] Cfr. la Circolare Ministeriale 7 marzo 1980，n. 11/420390.

[④] Cfr. la Risoluzione dell'Agenzia delle Entrate 23 aprile 1997，n. 89.

[⑤] See the art. 50 of Council Directive 2006/112/EC.

（4）货物运输的 B2C 辅助服务

根据欧盟《2006 年增值税指令》第 54 条的规定，这些服务（例如装卸服务）销售的发生地在实际的服务履行地。①

3. 与文化、艺术、体育、科学、教育、娱乐等活动相关的服务

（1）文化、艺术、体育、科学、教育、娱乐等活动的准入相关服务

文化、艺术、体育、科学、教育、娱乐等活动包括交易会、展览会等类似活动，同时，这类活动的准入就是指入场，即购买方购买入场券（票）观看、参加这类活动。这样，相关的服务就是销售入场券（票）来提供的。根据欧盟《2006 年增值税指令》第 53 条的规定，针对 B2B 交易，销售这类服务的发生地是活动实际的实施地。② 此外，采用这一标准的还包括销售入场券（票）的辅助服务，例如，更衣室使用服务、医疗设备使用服务等。对于这类交易，之所以不采用购买方所在地，这是因为在 B2B 交易下，购买方（企业）所在地往往偏离服务的实际消费地。相反，在 B2C 交易下，之所以还是采用销售方所在地，这是因为销售文化等活动入场券（票）的企业通常就在活动实际的实施地。事实上，2024 年 2 月 21 日以后，意大利增值税法已经不再区分 B2B 交易和 B2C 交易，对于上述文化等活动的准入相关服务，其第 7 条附加第 4 条就交易发生地都规定为活动实际的实施地。③ 印度

---

① See the art. 54 of Council Directive 2006/112/EC.

② See the art. 53 of Council Directive 2006/112/EC.

③ Cfr. l'art. 7-quinquies del Decreto del Presidente della Repubblica 26 ottobre 1972，n. 633.

商品与服务税法也是如此规定的。①

（2）文化、艺术、体育、科学、教育、娱乐等活动的组织服务

相对于文化、艺术、体育、科学、教育、娱乐等活动的准入相关服务，这些活动的组织服务相当于本体服务。例如，某企业组织某类商品的展览会，向生产这类商品并希望在该展览会展示其商品的企业收取展览费，在此基础上，展览会可以向消费者出售入场券。当然，准入相关服务也很有可能是免费的，毕竟不是本体服务。至于这类本体服务，例如，企业组织汽车拉力赛，向（参加比赛）的客户提供汽车并运输到某国比赛地点，以及提供配件、耗材和管理、协助等服务，所有这些服务都是一项体育活动不可或缺的。又如，某机构受一项目资助，组织并派遣专家到境外某国与当地科研人员合作，使得某项问题（新疫苗的研制）得以在境外解决，这就属于一项科学活动。当然，企业之间也可以实施类似的科学活动。再如，某企业组织举办葡萄酒国际研讨会，属于一项文化活动。② 根据欧盟《2006年增值税指令》第54条的规定，针对B2C交易，销售这类服务的发生地是活动实际的实施地。③ 此外，采用这一标准的还包括活动组织服务的辅助服务，一般是活动组织的先前服务。对于B2B交易，《2006年增值税指令》未明确规定适用特殊规则。印度商品与服务税法也是区分B2C和B2B交易进行上述规定。④ 不过，2024年2月21日以

① See the section 12（6）of 2017 Integrated Goods and Services Tax Act of India.

② Cfr. Manca Domenico，Manca Fabrizio，IVA：il presupposto della territorialità，Ipsoa，2013，pp. 325-327.

③ See the art. 54 of Council Directive 2006/112/EC.

④ See the section 12（7）of 2017 Integrated Goods and Services Tax Act of India.

后，意大利增值税法已经不再区分 B2B 交易和 B2C 交易，对于上述文化等活动的组织服务，其第 7 条附加第 4 条就交易发生地也都规定为活动实际的实施地。

4. 餐饮服务

根据欧盟《2006 年增值税指令》第 55 条的规定，对于餐饮服务，不采用交易主体所在地标准，而是以实际（活动）实施地来确定是否在境内，不管是 B2B 交易还是 B2C 交易，[①] 这是因为餐饮服务的提供需要与特定物理位置（餐厅）挂钩，同时涉及动产的交付。不过，根据《2006 年增值税指令》第 57 条的规定，在欧盟内旅客运输过程中，发生在火车、飞机、轮船上的餐饮服务，应税交易发生地为旅客运输的初始地。[②]

5. 交通工具租赁服务

根据欧盟《2006 年增值税指令》第 56 条的规定，不管是 B2B 交易还是 B2C 交易，销售短期（例如，不超过 1 个月）交通工具租赁服务的发生地在交通工具被顾客实际放置的地方。[③] 例如，一个意大利自然人去德国旅游，租用了一辆在德国的汽车，增值税由德国征收，不管汽车租赁公司所在地在哪里。此外，意大利《增值税总统令》第 7 条附加第 5 条第 1 款还规定销售长期交通工具租赁服务，如果是 B2C 交易，发生地也不是按照交易主体所在地来确定，而是以交通工具使用地来确定。[④] 事实上，交通工具

[①]　See the art. 55 of Council Directive 2006/112/EC.

[②]　See the art. 57 of Council Directive 2006/112/EC.

[③]　See the art. 56 of Council Directive 2006/112/EC.

[④]　Cfr. l'art. 7-sexies，comma 1，del Decreto del Presidente della Repubblica 26 ottobre 1972，n. 633.

作为一种特殊的动产，源于其可查性，在征税上同不动产在很多方面是一样的。

6. 加工、修理修配服务

加工、修理修配的对象就是货物，该类服务提供地的物理位置的确定无疑是可行的。对此，关于何为在境内销售，《增值税暂行条例实施细则》第 8 条对销售加工、修理修配服务规定为服务发生地，并未采用《营业税改征增值税试点实施办法》第 12 条对销售其他服务所规定的交易实施主体所在地标准。虽然上述第 8 条规定的是服务发生地，但是考虑到加工、修理修配服务的特性，服务发生地很大程度上可以通过货物所在地来确定。不过，考虑到货物的移动性，在确定相关货物所在地时，也需要补充一项限定条件，即加工、修理修配服务发生时相关货物的所在地。事实上，2010 年之前，对于修理服务，意大利增值税法也是将服务履行地（也就是劳务发生地）规定为应税交易发生地。[①] 不过，之后，根据欧盟增值税指令的修改，修理服务与其他普通的服务统一适用关于销售服务的一般规则，即适用下文将指出的销售方或购买方所在地标准。显然，如果修理服务发生在我国和意大利等欧盟国家之间，就可能产生双重征税或不征税的问题。例如，一家意大利企业销售一批机器给我国企业，但是我国企业要求先运输给另一家意大利企业进行修理。就该修理服务，由于服务履行地在意大利，我国不征收增值税，同时，由于购买方在我国，意大利也不征税。相反，如果意大利企业将机器运输到我国进行

---

① Cfr. Manca Domenico，Manca Fabrizio，IVA：*il presupposto della territorialità*，Ipsoa，2013，p. 171.

修理，就该修理服务，两国都要征税。不过，需要特别指出的是，对于 B2C 交易的加工服务，在意大利还是适用特殊规则，与我国是一样的。还是根据意大利《增值税总统令》第 7 条附加第 5 条第 1 款的规定，销售与有形动产相关的加工和估价、鉴定服务，如果是 B2C 交易，应税交易发生地为服务履行地。

三、适配应税交易发生地确定的征管机制

增值税应税交易发生地确定规则的发展趋势，尤其是在数字经济背景下，是不断扩大购买方所在地或消费地标准的适用范围，这就表现为增值税实体法上的应税交易发生地与程序法上的销售方所在地的分离在不断加剧。事实上，在不动产、货物所在地标准下，这种分离的情形本身就存在。不过，这种分离的加剧是建立在购买方所在地或消费地征税的征管有效性的基础上的。换言之，税收征管是决定上述发生地确定规则发展趋势的一项关键因素，如果缺乏有效的税收征管，这一发展趋势将不能成就，或将不能进一步推进，从而阻碍消费地征税原则的深度贯彻。为此，基于目前购买方所在地或消费地标准适用的范围，需要对两个方面的征管问题进行分析，分别是如何区分 B2B 和 B2C 交易以及在此基础上如何由相关交易主体来履行税款缴纳等义务。

(一) 征管上购买方身份的确定

在欧盟，对于销售服务，采用购买方所在地标准往往局限于 B2B 交易，而 B2C 交易在通常情况下不适用购买方所在地标准，为落实这一应税交易发生地确定的规则，在征管上如何确定购买方的身份就变得至关重要。对此，一国对本国购买方的身份确定

和他国购买方的身份确定存在共同的基本规则，但是也会有不同
的处理，毕竟征管成本以及各国关于纳税人的认定存在差异，以
下分别就意大利增值税法和欧盟相关规则进行阐释。

1. 本国购买方的身份确定

意大利《增值税总统令》第 7 条附加第 2 条第 2 款规定：“就
有关销售服务发生地的规定而言，下列人员在向他们销售服务时应
被视为纳税人：（a）从事商业、艺术或专业活动的企业；自然人仅
就其从事此类活动时所获得的服务而言被视为纳税人；（b）第 4 条
第 4 款所指的组织、协会和其他机构，包括在商业或农业活动之外
行事的组织、协会和其他机构；（c）非纳税人的组织、协会和其他
机构，当基于增值税目的而认证时。”[①] 其中，《增值税总统令》第
4 条第 4 款所指的机构的特征是“他们也实施商业或农业活动，
但是商业或农业活动不是唯一或主要的活动”[②]。否则，这些机构
也就成为（a）项中的企业了。基于上述规定，在 B2B 交易下，
购买方属于经营者，在外延上包括经营（商业）企业、非经营
（商业）机构（即使在职能活动中获取服务）以及非纳税人（non-
taxable person）机构。其中，非经营机构和非纳税人机构的区别
在于，前者本身也属于纳税人，拥有增值税税号，后者本身不是
纳税人，仅实施非商业活动。为此，对于非经营机构，就其所有
的购买，不管是为其经营活动的购买，还是为其职能活动（非商
业活动）的购买，都属于 B2B 交易。对于非纳税人机构，作为购

---

　　① Cfr. l'art. 7-ter，comma 2，del Decreto del Presidente della Repubblica
26 ottobre 1972，n. 633.

　　② Cfr. l'art. 4，comma 4，del Decreto del Presidente della Repubblica 26
ottobre 1972，n. 633.

买方，只有在特殊情形下当其拥有了增值税税号，相关交易才构成 B2B 交易，例如，跨境购买的金额超过 1 万欧元，[①] 否则还是 B2C 交易。此外，如果购买方是自然人，在确定其购买是为了其经营活动的情况下，也构成 B2B 交易，否则还是 B2C 交易。这样，从理论上，对于购买方经营者身份的确定，符合两个条件：购买方有自己的增值税税号，购买的商品或服务用于其经营活动。前者可以说是形式条件，后者则是实质条件。当然，在实践中，通常并不需要同时查实两个条件，如果购买方提供了税号，基于诚信原则，就应当认为他是经营者了。[②] 总体而言，为认定 B2B 交易，针对不同类型的购买方主体，存在两种路径：或者确定购买方就是纳税人，不用再审查实际购买的目的；或者确定购买方是以纳税人的身份实施购买，即需要查实实际购买的目的。

2. 他国购买方的身份确定

为确定购买方纳税人的身份，从实体规则上，购买方应当符合纳税人的构成要件，尤其是要满足实施经营活动的条件。对此，欧盟《2011 年执行条例》第 17 条就明确规定，如果销售服务的发生地取决于购买方是纳税人还是非纳税人，就需要根据欧盟《2006 年增值税指令》关于纳税人界定的规定来确定购买方的身份。[③] 不过，从简化的角度看，欧盟《2011 年执行条例》第 18

---

① Cfr. Manca Domenico，Manca Fabrizio，IVA：il presupposto della territorialità，Ipsoa，2013，p. 155.

② Cfr. Silvia Mencarelli，Rosa R. Scalesse，Giuseppe Tinelli，Introduzione allo studio giuridico dell'imposta sul valore aggiunto，Giappichelli，2018，p. 50.

③ See the art. 17 of Council Implementing Regulation（EU）No 282/2011 of 15 March 2011 laying down implementing measures for Directive 2006/112/EC.

条紧接着规定，在没有相反证据的情况下，以下欧盟内的购买方可以被认定为纳税人，[①] 考虑到欧盟成员国间的增值税征管合作，[②] 无需再基于实体规则进行审查：购买方已告知其增值税税号，同时，销售方得到来自相关成员国税务机关对该税号以及相关名称和地址有效性的确认。事实上，在欧盟范围内，欧盟购买方提供的增值税税号，意大利销售方可以通过欧盟增值税信息交换系统（VAT Information Exchange System，简称 VIES）来确认是否有效。上述第 18 条第 2 款规定，在没有相反证据的情况下，如果销售方能够证明购买方没有向他告知其增值税识别号，销售方可以将该欧盟内的购买方视为非纳税人。此外，针对来自第三国的购买方，由于第三国与欧盟国家的征税制度可能存在差异，对购买方纳税人身份的确定，方式更为多元化。上述第 18 条第 3 款规定："在没有相反证据的情况下，在以下情形，购买方可以被认定为是纳税人：（a）销售方从购买方获得一项购买方主管税务机关签发的关于购买方从事经营活动的证明；（b）如果购买方没有上述证明，但是销售方具有购买方所在国赋予购买方的增值税税号或类似用于识别企业的号码或者销售方具有其他证明购买方是纳税人的证据，或者销售方对购买方提供的信息的准确性进行了合理程度的验证，即通过确保商业安全实施的正常审查程序，包括身份或价款支付审查的程序。"

不过，即使购买方是纳税人，或提供了增值税税号，但也有可能不是以纳税人的身份购买服务。为此，欧盟《2011 年执行条

---

① See the art. 18 of Council Implementing Regulation（EU）No 282/2011 of 15 March 2011 laying down implementing measures for Directive 2006/112/EC.

② See the art. 31 of Council Regulation（EC）No 904/2010 of 7 October 2010 on administrative cooperation and combating fraud in the field of value added tax.

例》第 19 条规定，如果纳税人购买了只能用于私人目的的服务，
例如，购买了婚姻或离婚的咨询服务，就该交易，购买方就不属
于纳税人，需要按照 B2C 交易来确定应税交易发生地。[①] 与此相
关，对于一项既能用于商业目的又能用于私人目的的服务，只有
当购买方是自然人的情况下，才需要判断自然人购买这一服务是
否是为了购买人经营活动的需要，如果否，就属于 B2C 交易。

（二）应税交易发生地不在销售方所在地的征管

增值税实体法上的应税交易发生地与程序法上的销售方所在
地的分离在不断加剧，一国可能基于应税交易发生地拥有增值税
征税权，但是纳税人不在该国的管辖范围内，从而会造成征管的
困难。这是因为增值税的纳税人从传统立法上是销售方。为此，
欧盟《2006 年增值税指令》第 194 条引入了一条一般规则，针对
所有商品或服务销售，规定如果一项应税交易是由一未在某成员
国设立的纳税人实施的，但是增值税纳税义务在该成员国产生，
有义务缴纳增值税的主体（person liable for payment of VAT）可以
是商品或服务的供应对象，也就是购买方。[②] 这也就是增值税的
逆向征收机制。在逆向征收机制下，购买方虽然不能称为纳税
人，但是也没有被称为代扣代缴人，在意大利则是与纳税人被统
称为税收债务人（debitore d'imposta），[③] 毕竟增值税税款本应就
是购买方承担的。不过，一律以购买方成为缴纳税款的主体，不

[①]　See the art. 19 of Council Implementing Regulation（EU）No 282/2011 of
15 March 2011 laying down implementing measures for Directive 2006/112/EC.

[②]　See the art. 194 of Council Directive 2006/112/EC.

[③]　Cfr. l'art. 17 del Decreto del Presidente della Repubblica 26 ottobre 1972,
n. 633.

区分购买方的情况，会给部分购买方带来不合理的遵从成本。换言之，在一些情形，还是需要由销售方来缴纳税款。因此，上述一般规则不是强制性的，仅仅是授权成员国可以这么规定，而意大利等成员国的增值税法也并没有引入这一规则，而是区分不同的应税交易，规定适用不同的征管机制。

上述因应税交易发生地与销售方所在地分离来产生的征管的困难主要是针对跨境交易而言，这是因为如果是国内交易，虽然也存在应税交易发生地与销售方所在地不一致的情况，但是考虑到税款不管是在该国的哪一个地方征收，最终还是由该国全部取得，尤其是当增值税是中央税的时候，哪一个地方的税务机关（即销售方所在地税务机关）都能对销售方有效征管。当然，如果税收征管地是在应税交易发生地，国内交易也会面临上述征管的困难。为此，相关的征管机制能否有效保障增值税的征收，决定了应税交易发生地确定规则的上述发展趋势能否顺利实现。对此，根据应税交易发生地的不同情形，相关的征管机制需要从以下两大情形进行阐述。

1. 应税交易发生地在购买方所在地的情形

在我国，如果境外经营者向境内销售服务和无形资产，且在境外消费，应税交易发生地就是购买方所在地。在欧盟，销售普通的服务，如果是 B2B 交易，应税交易发生地也是购买方所在地。此外，对于销售一些特殊的服务，例如电子化服务、广告服务、咨询服务等，即使是 B2C 交易，至少在欧盟增值税指令层面，应税交易发生地也是购买方所在地。针对此种情形，征管机制有以下三大类。

（1）代扣代缴或逆向征收机制

在我国，如果境外销售者在我国境内未设有经营机构，《营业税改征增值税试点实施办法》第 6 条引入了代扣代缴机制，即以购买方作为增值税纳税人。《增值税法》第 15 条延续了这一代扣代缴机制的规定，但没有再限定在境内未设有经营机构这一前提。当然，一律以购买方作为代扣代缴税款的主体，不区分购买方的情况，例如，如果是 B2C 交易，购买方是自然人的情况，代扣代缴机制的有效性存疑。欧盟增值税指令引入的逆向征收机制，也仅仅针对 B2B 交易。当然，逆向征收机制也是澳大利亚、加拿大等征收商品与服务税的国家普遍采用的征管机制。[①] 根据欧盟《2006 年增值税指令》第 196 条的规定，对于第 44 条规定的服务，如果销售方纳税人未在征税国设立，由购买方纳税人缴纳税款。[②] 其中，购买方包括境外经营者在一国的固定机构。此外，根据欧盟《2006 年增值税指令》第 192 条附加第 1 条的规定，如果销售方在征税国有固定机构，但是该固定机构并未参与销售方实施的服务销售，也属于销售方纳税人未在征税国设立。[③] 换言之，此时也是适用逆向征收机制，这一点与我国代扣代缴机制不同。在逆向征收机制下，根据意大利《增值税总统令》第 21 条的规定，如果购买方在欧盟其他国家，销售方还是要开具发票，只不过发票上记载"逆向征收"。[④] 当然，发票上还要说明不属于在

---

① 参见〔英〕安永（全球）公司：《全球增值税和销售税指引：2019 年》，国家税务总局货物和劳务税司译，中国税务出版社 2020 年版，第 42 页和第 143 页。

② See the art. 196 of Council Directive 2006/112/EC.

③ See the art. 192a of Council Directive 2006/112/EC.

④ Cfr. l'art. 21 del Decreto del Presidente della Repubblica 26 ottobre 1972, n. 633.

意大利发生的应税交易。如果购买方是在第三国，虽然还是逆向征收，销售方还是要开具发票，但是发票上记载"不征税"。换言之，对于销售方所在国，交易仅仅是空间要件不满足而不成为一项增值税应税行为，是相对的，这类交易的金额还是要计入销售方的营业额之中，销售方还是要开发票，记载相关交易额，但不记载增值税税额。事实上，逆向征收机制在欧盟发挥着基础作用，即使境外经营者在征税国已经直接认证为纳税人或有了税务代表人，也并不妨碍实施逆向征收机制。例如，如果境外经营者在征税国有税务代表人，就 B2B 交易，税务代表人先开具发票，但是记载"逆向征收"，然后由购买方对该发票进行补全（包括税基、税率和税额等信息），或者购买方经过很长一段时间没有收到该发票，例如，在应税交易发生后 2 个月未收到，就可以自己开具发票，即实施自我发票开具。[①] 需要补充的是，在逆向征收机制下，购买方是自我开具发票还是在收到销售方的发票后对发票进行补全，总体上意大利增值税法根据销售方是来自欧盟成员国还是第三国进行了区别规定。具体而言，基于征管和发票在不同国家间的协调程度，如果是来自第三国，购买方就自我开具发票，[②] 如果是来自欧盟其他国家，购买方就实施发票的补全。[③]这里以销售修理服务举例说明。意大利企业将自己的机器运输到我国（第三国）进行修理，原来按照服务履行地标准，在我国征

---

① Cfr. Manca Domenico, Manca Fabrizio, IVA: *il presupposto della territorialità*, Ipsoa, 2013, p. 74.

② Cfr. gli art. 17 e 21 del Decreto del Presidente della Repubblica 26 ottobre 1972, n. 633.

③ Cfr. gli art. 46 e 47 del Decreto del Presidente della Repubblica 26 ottobre 1972, n. 633.

收增值税，不适用逆向征收机制，我国修理企业按照我国的规则缴纳税款。不过，目前应税交易发生地已经改为购买方所在地，在意大利征收增值税，根据逆向征收机制，意大利企业自我开具发票。同样，还是 B2B 交易，如果意大利企业在我国还购买了机器的运输服务，就该运输服务，意大利也征收增值税，根据逆向征收机制，意大利企业也应自我开具发票。当然，对于适用购买方所在地标准的 B2C 交易，例如，销售电子化服务，逆向征收机制并不能有效适用。毕竟在 B2B 交易下，因为可以抵扣缴纳的税款，购买方有激励去缴纳税款。此时，可以考虑适用代扣代缴机制，不过不是购买方实施代扣代缴，而是由第三方交易平台（如数字平台）代扣代缴，如果相关交易通过相关平台实施的话。

当然，在境外经营者在征税国有固定机构的情况下，可以部分解决上述 B2C 交易的征管困境。我国《营业税改征增值税试点实施办法》第 6 条就规定了境外经营者在境内的机构履行税款缴纳机制，同时相比于代扣代缴机制，规定优先适用，毕竟纳税人还是境外的销售方，有助于减轻购买方的遵从成本，尤其是当购买方是自然人的时候。不过，正如前文所述的，对于境外经营者有机构在境内的情形，欧盟增值税指令并没有规定优先让境内机构来缴纳税款，还是适用逆向征收机制。这是因为适用的情形是 B2B 交易，且境内机构并未参与境外经营者的销售活动。意大利《增值税总统令》第 17 条也规定了这一点，即逆向征收机制也适用于以下情况：非居民企业在意大利拥有固定机构，但是交易是非居民企业直接实施的。① 这也部分解释了我国《增值税法》第

---

① Cfr. l'art. 17 del Decreto del Presidente della Repubblica del 26 ottobre 1972，n. 633.

15 条在规定代扣代缴机制时为何没有再限定在境内未设有经营机
构这一前提。此外，境外经营者在境内设有机构，该机构可以成
为我国的境内销售方。当然，在数字经济下，境外经营者不通过
在境内设立机构向境内销售服务或无形资产变得越加容易。为
此，在我国，对向境内销售服务或无形资产的 B2C 交易的征管，
增值税法还是要引入下文将阐述的销售方直接认证机制或税务代
理人机制。

（2）直接认证机制

对于只能由境外经营者履行税款缴纳义务的情形，例如，前
文提到的 B2C 交易，以及向其他非纳税人机构实施的交易，再
如，下文将提到的一些应税交易发生地不在销售方和购买方所在
地的交易，包括向另一非居民主体实施的交易、欧盟内跨境采购
商品等，意大利《增值税总统令》第 35 条附加第 2 条要求该境外
经营者（也就是非居民纳税人）必须在意大利通过登记直接认证
为增值税纳税人，拥有意大利的增值税税号，并申报相关交易。①
在该机制下，境外经营者也可以享有在征税国的增值税抵扣权。②
在欧盟国家之间，由于增值税征管关系上高度协调，该机制能够
有效实施。需要注意的是，还是根据意大利《增值税总统令》第
35 条附加第 2 条的规定，针对第三国的经营者，就要适用税务代
理人机制。不过，根据欧洲法院的判决，③ 为防止非居民纳税人
拥有双重增值税地位，即拥有两个增值税税号，尤其是境外经营

---

① Cfr. l'art. 35-ter del Decreto del Presidente della Repubblica 26 ottobre 1972，n. 633.

② Cfr. Manca Domenico，Manca Fabrizio，IVA：il presupposto della territorialità，Ipsoa，2013，p. 75.

③ See ECJ' Judgment of 16 July 2009 in Case C-244/08.

者在意大利有固定机构的情况下，就其直接实施的应税交易，意大利不允许该境外经营者通过直接认证机制或下文将阐释的税务代理人机制来缴纳税款。① 换言之，这些交易的销售方（纳税人）所在地还在境外，但是在征管上这些交易需要汇集在境外经营者在意大利的固定机构的增值税税号下，即这些交易应当归属于其在意大利的固定机构。相反，境外经营者通过固定机构实施应税交易，就属于销售方（纳税人）在境内了。需要补充的是，根据欧盟《2011 年执行条例》第 11 条第 3 款的规定，在境内拥有增值税税号本身不足以认定境外纳税人在境内有固定机构。②

（3）税务代理人机制

对只能由境外经营者履行税款缴纳义务的情形，除了销售方直接认证机制外，另外一项机制是税务代理人机制，是直接认证机制的替代机制。税务代理人是指境外经营者在一国境内的代表人，可以是自然人，也可以是法人，经税务机关同意或确认，其与被代理人（境外经营者）共同（连带）承担缴税等相关义务，例如，包括开具发票的义务。③ 为此，在税务代理人机制下，还是销售方来履行缴纳税款的义务。对此，我国《增值税法》第15条已经规定了代理人机制，即由境外销售方可以委托境内代理人缴纳税款。这一机制很有必要，尤其是考虑到《增值税法》采取了消费地标准，对发生在我国的应税交易，可能购买方不在我国，此时代扣代缴机制就无法实施。

---

① Cfr. l'art. 11 del Decreto-legge 25 settembre 2009，n. 135.

② See the art. 11 of Council Implementing Regulation（EU）No 282/2011 of 15 March 2011 laying down implementing measures for Directive 2006/112/EC.

③ Cfr. Manca Domenico，Manca Fabrizio，*IVA：il presupposto della territorialità*，Ipsoa，2013，p. 63.

2. 应税交易发生地不在销售方和购买方所在地的情形

这里所说的应税交易发生地包括不动产、货物所在地（销售不动产、货物）、货物送达地（欧盟内跨境采购商品）、服务履行地（销售餐饮服务等）、消费地（欧盟销售电力和天然气等）。当然，上述应税交易发生地在很多情况下会与销售方、购买方所在地重合。因此，如果是与销售方所在地重合，就由销售方缴纳税款，如果仅与购买方所在地重合，通常可以适用前文所述的在应税交易发生地在购买方所在地的情形下的征管机制。不过，在实践中，上述大部分应税交易发生地可能会在销售方、购买方所在地以外的地点，即使对于有些应税交易，这一情况发生的概率很小。[1] 对此，是应当让销售方还是购买方来缴纳税款，还需要进一步阐释。

（1）销售不动产

这里需要阐释的销售在境外的不动产，增值税如何征管，这是因为销售方销售其在境内的不动产，按照正常的征管机制纳税即可。为此，对于销售在境外的不动产，在 B2B 交易下，还是适用逆向征收机制，由购买方来缴纳税款。例如，如果法国纳税人销售在意大利的不动产，意大利购买方补全由销售方开具的发票，如果是欧盟以外的第三国纳税人销售，意大利购买方自我开具发票。当然，如果是 B2C 交易，应由销售方通过直接认证机制或税务代理人机制履行税款缴纳等义务。[2]

---

[1] 例如，餐饮服务，提供者通常就在经营场所，再如，加工服务，即使货物送往第三国加工，销售方在第三国也会有实施加工的机构场所，至少可以构成固定机构。

[2] Cfr. Manca Domenico, Manca Fabrizio, IVA: il presupposto della territorialità, Ipsoa, 2013, p. 91.

　　不过，如果购买方也不在意大利的，即应税交易发生地实际
也不在销售方和购买方所在地，就不能适用意大利《增值税总统
令》第 17 条第 2 款的规定，而是适用第 17 条第 1 款的规定，即
基于正常的征管机制，由销售方履行税款缴纳等义务。[①] 此时，
境外销售方就需要直接在意大利登记、申报税款，认证为意大利
的纳税人，或者任命税务代理人来履行相关义务。

　　（2）销售货物

　　除了对销售服务，对销售货物，根据意大利《增值税总统
令》第 17 条第 2 款的规定，如果销售方来自欧盟其他成员国，购
买方在意大利且是企业，也适用逆向征收机制。以下以相对复杂
但又是常见的三角贸易来举例说明。

　　第一，涉及进出口的三角贸易。例如，意大利企业 A 在我国
有税务登记，从我国企业 B 购买一批货物，在我国国内完成所有
权转移，再卖给德国企业 C，货物直接从我国运到德国。在该涉
及第三国的三角贸易中，首先，按照正常的征管规则，B 需要开
具发票给 A，同时由于货物在交付时不在意大利，这个 A 与 B 之
间的交易没有发生在意大利，在意大利不征税，而是在我国征
税。其次，就 A 与 C 的交易，A 需要开具发票给 C，但是在意大
利也不征税，记载"逆向征收"。最后，对 C 而言，货物需要按
照进口征收德国的增值税，但是根据 A 开给 C 的发票上的金额征
收，换言之，C 是从 A 进口了该批货物。根据我国增值税法，A
委托 B 出口该批货物给 C。[②] 再如，德国企业 C 将一批货物卖给

　　①　Cfr. la Relazione al Decreto Legislativo 11 febbraio 2010，n. 18.

　　②　参见《财政部、国家税务总局关于出口货物劳务增值税和消费税政
策的通知》（财税〔2012〕39 号）第 1 条和第 2 条以及《国家税务总局关于
出口货物劳务增值税和消费税有关问题的公告》（国家税务总局公告 2013 年
第 65 号）第 11 条。

意大利企业 A，A 再将这批货物卖给我国企业 B，但是货物直接从德国运送到我国。在该三角贸易中，首先，按照正常的征管规则，C 开具发票给 A，因为起运地在德国，或者货物在德国，即不属于欧盟内跨境采购（货物未从德国运送到意大利），根据德国增值税法在德国缴纳增值税，税款由 A 承担。其次，A 开具发票给 B，同样交易发生地还是不在意大利，发票上记载"不征税"，但是交易额记入 A 的营业额之中。不过，该批货物是以 A 的名义从德国出我国，由 A 履行相关海关义务以及享受退税，为此，A 需要预先确定是否需要在德国认证、拥有德国的增值税税号。①

第二，不涉及出境的三角贸易。例如，意大利企业 A 卖一批货物给西班牙企业 B，B 在意大利有税务代理人，B 又卖给意大利企业 C，为此，基于 B 的要求，A 将该批货物直接运送给 C。在该三角贸易下，因为货物一直在意大利，首先，按照正常的征管规则，A 开具发票给 B，A 缴纳意大利的增值税，并在发票上记载该税额，并记载 B 在意大利的税务代理人的税号，税款由 B 承担。其次，B 开具发票给 C，但是基于逆向征收机制，发票上记载"逆向征收"，并说明不属于在西班牙发生的应税交易，由 C 补全发票，记载意大利的增值税税款并缴纳。当然，如果 B 是第三国企业，C 就是自我开具发票。当然，如果是 B2C 交易，由销售方通过直接认证机制或税务代理人机制履行税款缴纳等义务。

不过，如果购买方也不在意大利的，即应税交易发生地实际也不在销售方和购买方所在地，就不能适用上述意大利《增值税

① Cfr. Manca Domenico，Manca Fabrizio，IVA：il presupposto della territorialità，Ipsoa，2013，p. 103.

总统令》第 17 条第 2 款的规定，而是适用第 17 条第 1 款的规定，即基于正常的征管机制，由销售方履行税款缴纳等义务。[①] 此时，境外销售方就需要直接在意大利登记、申报税款，认证为意大利的纳税人，或者任命税务代理人来履行相关义务。

（3）销售电力和天然气

在意大利，当购买方不是再销售电力和天然气的经营者，销售这类货物的发生地就是这类货物的使用或消费地。当然，欧盟《2006 年增值税指令》第 39 条也是这么规定的。[②] 针对这种情况，欧盟《2006 年增值税指令》第 195 条规定适用逆向征收机制，由购买方缴纳税款，如果销售方纳税人未在征税国设立。[③] 不过，购买方必须是在征税国的增值税纳税人。如果不是，即 B2C 交易，例如是最终私人消费者，销售方通过直接认证机制或税务代理人机制履行税款缴纳等义务。同样，如果销售方和购买方都不在征税国，由销售方通过上述相关机制来履行税款缴纳等义务。

（4）欧盟内跨境采购商品

在欧盟，欧盟内跨境采购商品，不属于出口商品，应税交易发生地是商品的送达地，与销售方所在地不一致的情形，同时，也可能不是购买方所在地。这样，在 B2B 交易下，就需要区分两种情形：① 商品送达地同时是购买方所在地，例如，意大利企业将商品销售给法国企业并运送到法国。此时，购买方企业根据法国的增值税法开具发票并在法国缴纳税款，当然，购买方企业同时可以抵扣该税款，即适用逆向征收机制。不过，此时，销售方还是要开具一张增值税税率为零的发票给购买方企业，并在发票

---

① 　Cfr. la Relazione al Decreto Legislativo 11 febbraio 2010，n. 18.

② 　See the art. 39 of Council Directive 2006/112/EC.

③ 　See the art. 195 of Council Directive 2006/112/EC.

上记载"逆向征收"。在逆向征收下，由于购买方企业在进行纳税申报时，对同一笔税款，在记载为销项税时，同时记载为进项税，因此实际并不缴纳税款，除非相关进项税不得抵扣。也正是基于这个原因，在逆向征收机制下，对销售方和购买方企业，通常情况下现金流成本都是零。此外，销售方企业之前生产经营过程中承担的增值税进项税可以向本国申请退税。① 不过，需要特别一提的是，不管是上述何种情形，如果购买方企业是小企业（适用固定比例抵扣制度②），或者购买方是非纳税人机构（包括政府部门等）且年购买金额低于一定的金额（例如 1 万欧元），欧盟内跨境采购商品就不征收增值税，以减轻相关购买方的遵从成本和税负。② 商品送达地不是购买方所在地，例如，西班牙企业将商品销售给法国企业并运送到意大利，由销售方企业通过直接认证机制在意大利缴纳增值税。在 B2C 交易下，由销售方企业通过直接认证机制在购买方所在国缴纳增值税，而不是适用逆向征收机制。

（5）销售特定的服务

对于那些以服务实际履行地为应税交易发生地的特定服务销售，如果应税交易发生地不在销售方所在地，总体上还是适用逆向征收机制。在意大利，对于销售与不动产相关的服务、旅客运输服务、餐饮服务、与文化、艺术、体育、科学、教育、娱乐等活动相关的服务等，不管销售方是来自欧盟其他成员国还是第三

① Cfr. Manca Domenico，Manca Fabrizio，IVA：il presupposto della territorialità，Ipsoa，2013，p. 75.

② 参见翁武耀、郭志东："论欧盟增值税小企业固定比例制度"，《国际税收》2013 年第 8 期，第 20-24 页。

国，都由购买方自我开具发票，缴纳税款。[1] 例如，意大利企业购买了外国航空公司在意大利境内旅客航班的机票，外国航空公司在意大利没有税务代理人，这样，意大利企业就应实施逆向征收。[2] 当然，如果无法适用逆向征收机制，例如，对于 B2C 交易或购买方也不在征税国的交易，由销售方通过直接认证机制或税务代理人机制履行税款缴纳等义务。

3. 销售方跨境履行税款缴纳相关义务的遵从成本降低

不管应税交易发生地是在购买方所在地的情形，还是在销售方和购买方所在地以外的地方的情形，虽然购买方履行税款缴纳等义务是一种发展趋势，但是在购买方无法履行税款缴纳等义务的情形下，考虑到增值税法上的纳税人还是销售方，还是要回到销售方履行相关义务的传统路径。显然，在购买方无法履行税款缴纳等义务的情形下，由于涉及跨境，不管是直接认证机制或税务代理人机制，都会给销售方带来较重的遵从成本，尤其是当销售方向多个国家的购买方、消费者销售商品或服务时。为此，为减轻销售方企业的遵从成本，欧盟引入了增值税"一站式"申报和缴纳系统（One Stop Shop，简称 OSS 系统）。所谓"一站式"是指从事跨境交易的企业无须在其所有欧盟购买方所在国进行税务登记，只需在其中一个欧盟成员国，即认证成员国进行一次税务登记并取得唯一的纳税人识别号，就可以向所有欧盟购买方所在国履行税款缴纳义务。受理"一站式"税务登记的认证成员国

---

[1] Cfr. Manca Domenico, Manca Fabrizio, IVA: il presupposto della territorialità, Ipsoa, 2013, p. 45.

[2] Cfr. Manca Domenico, Manca Fabrizio, IVA: il presupposto della territorialità, Ipsoa, 2013, p. 303.

负责对企业进行税务监管，并将所征收的增值税收入分别转移给相应的成员国。[①] 当然，欧盟能够实施增值税的"一站式"申报和缴纳，是因为欧盟成员国间税收征管和收入分配的高度协作。但是，如果相关国家或地区之间缺乏这样的协作机制，销售方还是要一一实施相关登记、任命和税款缴纳等义务，同时，也会产生较大的逃漏税风险。为此，值得考虑的一项问题是能否由销售方、购买方以外的主体来履行税款缴纳等相关义务。显然，这一方案目前只能在一些特定的交易之中实施，毕竟这一方案的实施要求第三方主体深度参与到交易之中，至少需要知晓交易信息以及掌握交易资金的流动。例如，对于数字经济交易，存在经济平台且平台掌握交易资金的情况下，可以考虑让经济平台实施增值税的代扣代缴义务。

综上所述，在税收征管上如果能够不断降低销售方或购买方的遵从成本，应税交易发生地与销售方所在地的分离程度也就可以不断增强，这是有助于推进消费地征税原则，进一步保障实现增值税对消费课税的属性。

四、增值税法应税交易发生地条款的完善

通过前文对增值税应税交易发生地确定的法律意义、法理与标准以及适配的征管机制的阐释，不难得出，在确保征管有效的基础上，为在不同国家和地区之间公平分配税收管辖权以及出于协调的需要（避免双重征税或不征税），应税交易发生地应当围

---

① 参见黄天宇："欧盟一站式纳税申报制度及其对我国税收管理的借鉴"，《税务研究》2023 年第 6 期，第 97-102 页。

绕交易客体来确定，保障一项应税交易发生地确定标准的单一性，包括不动产、货物所在地、服务履行地等。同时，应当尽可能减少围绕交易主体来确定，并以单一采用购买方所在地为优先考虑，细化交易主体所在地的认定标准。基于增值税对消费课税的属性以及确保征税的中性，逐步扩大消费地标准的适用，进一步贯彻消费地征税原则。据此，对我国现行增值税法中的应税交易发生地确定规则进行检视，除了销售不动产，可以发现其他类型的应税交易都或多或少存在一定的问题。总体而言，我国现行规则还较笼统，不够精细，有待未来《增值税法》完善时进行优化。

（一）针对境内外、跨境交易的规则

1. 销售货物

首先，关于销售货物的发生地，虽然《增值税暂行条例实施细则》第 8 条和《增值税法》第 4 条关于起运地或者所在地的规定并没有问题，但是还需要明确一项时间限制条件，即在销售货物发生的时候货物的所在地。换言之，应税交易的发生地和发生时间同属于应税行为的构成要件，确定应税交易的发生地需要结合应税交易的发生时间，否则会带来应税交易发生地确定的不确定性和多重性。这是因为货物在交易发生前可以在 A 地，然后运输到 B 地进行交易，最后在交易发生后又可以运输到 C 地。事实上，不仅是销售货物，销售其他商品和服务的发生地也需要在应税交易发生的时点来确定，例如，应税交易发生时销售方、购买方的所在地，毕竟交易主体所在地也可以变更，再如，应税交易发生时服务的履行地。之所以针对销售货物特别强调这一点，是

因为货物位置的变更更容易，同时，服务的履行具有即时性。至
于应税交易发生时间的界定，本书第六章将详细阐释。当然，如
果增值税法在应税交易发生地规则之前引入了关于界定应税交易
发生时间的规则，在界定应税交易发生地时就无需再强调在应税
交易发生时这一条件。不过，在界定销售货物发生地时还是要补
充销售货物发生时这一条件，也就是货物交付时。此外，关于销
售货物发生地的规则，还需要明确销售物理位置在我国境内的货
物、但不能认定属于在我国境内销售货物的特殊情形，即销售过
境的货物、存放在海关特别监管的地方的货物等。

其次，关于销售电力、热力和气体的发生地，我国目前按照
销售货物的一般规定，以起运地或所在地来确定，事实上偏向于
遵循来源地征税，不同于意大利增值税法关于销售电力、热力、
冷力和气体遵循消费地征税的规定。不过，我国目前尚不需要针
对销售电力、热力和气体引入特殊规则，这是因为我国对于境内
购买方从境外采购这些特殊货物需要按照进口货物征收关税和增
值税，这也贯彻了消费地征税原则。相反，对于向境外销售这类
特殊货物，虽然交易发生地在我国，但是根据出口相关规定，我国
依然可以按照零税率不征收增值税，可以避免双重征税。当然，如
果出口征税，也是可以理解，毕竟这些特殊货物的价值与我国相关
资源、公共服务提供密切相关，且具有重要的意义。此外，意大利
增值税法也仅仅针对电力、热力、冷力和气体引入了特殊规则，同
时，这也与意大利在能源方面很依赖进口有一定的关联。

2. 销售服务

（1）规则检视

首先，出于简化征管和侧重维护国库利益的需要，我国《营

业税改征增值税试点实施办法》第 12 条同时规定服务销售方和购买方所在地标准，但是对跨境交易很容易产生双重征税的问题。例如，基于欧盟《2006 年增值税指令》第 44 条和第 45 条的规定，意大利《增值税总统令》第 7 条附加第 2 条第 1 款明确规定为"如果向在境内设立的纳税人提供服务，或者如果向非纳税人提供服务，但由在境内设立的纳税人提供服务，服务提供就在境内实施"。[①] 不难发现，虽然意大利增值税法也结合了来源地和消费地两个标准，但作了各自适用范围的限制，即没有完全并列等同适用。不过，即便在区分 B2B 交易和 B2C 交易分别适用购买方所在地和销售方所在地标准的情况下，对跨我国和意大利的服务销售，增值税的双重征收问题依然存在，只是缩小了双重征税的范围。例如，我国企业向意大利企业销售服务，交易发生地分别按照我国和意大利增值税法同时被认定为在我国和意大利，但是意大利企业向我国企业销售服务，发生地仅在我国。意大利企业向我国私人消费者销售服务，交易发生地也同时在我国和意大利，但是我国企业向意大利私人消费者销售服务，发生地也仅在我国。显然，在存在双重征税的情况下，不利于中意、中欧乃至我国与更多其他国家之间服务贸易的自由开展以及我国在全球经济中的深度融合。为此，一方面，针对 B2B 交易存在的双重征税问题，我国《跨境应税行为适用增值税零税率和免税政策的规定》规定我国企业实施的跨境服务和无形资产销售适用零税率和免税政策，但是仅仅限于部分特定的服务。例如，适用零税率的包括国际运输服务、航天运输服务和完全在境外消费的研发服务、软

[①]　Cfr. l'art. 7-ter，comma 1，del Decreto del Presidente della Repubblica 26 ottobre 1972，n. 633.

件服务等，适用免税的包括工程项目在境外的建筑服务等，工程、矿产资源在境外的工程勘察勘探服务，会议展览地点在境外的会议展览服务，存储地点在境外的仓储服务，标的物在境外使用的有形动产租赁服务，在境外提供的文化体育服务等，为出口货物提供的保险服务等，向境外单位提供的完全在境外消费的电信服务、鉴证咨询服务等，诸如此类。基于《跨境应税行为适用增值税零税率和免税政策的规定》的规定，双重征税的范围得到了限制，但是对于上述特定服务以外的服务，双重征税问题依然存在。另一方面，针对 B2C 交易存在的双重征税问题，就境外纳税人向境内购买方销售完全在境外享用的服务，我国《营业税改征增值税试点实施办法》第 13 条规定发生地不在我国，有助于缩小双重征税的范围。

其次，除了双重征税的问题，我国《营业税改征增值税试点实施办法》第 13 条又会产生 B2B 交易下双重不征税的问题，尽管问题严重性较低。例如意大利企业向我国企业销售服务，但是服务完全在意大利或第三国消费。当然，面对这一问题，我国增值税法不需要修改予以回应，毕竟《营业税改征增值税试点实施办法》第 13 条贯彻了消费地征税原则，而是应由欧盟增值税指令或意大利税法进行修改予以回应。事实上，欧盟增值税指令确实也在销售服务发生地确定的一般规则以外有所回应：一方面，针对销售一些特定服务，规定了发生地确定的特殊规则，即以不动产所在地、服务履行地或活动实施地等标准来确定发生地；另一方面，针对一般规则，又授权成员国可以不采用销售方或购买方所在地标准，而采用消费地标准。换言之，在销售服务围绕交易客体确定发生地的范围内，上述规则不仅有助于避免双重征税，也有助于避免双重不征税。

（2）规则完善

《增值税法》第 4 条除了将购买方所在地修改为消费地外，延续了现行增值税法的规定，有完善之处，但还有进一步完善的空间。首先，综上所述，为进一步加深服务贸易的自由开展以及进一步推动我国在全球经济中的深度融合，我国增值税法应当修改销售服务的发生地，相比于《跨境应税行为适用增值税零税率和免税政策的规定》在优惠政策上来减少双重征税，从应税行为上来消除双重征税更为基础和全面。这样，就销售服务发生地的一般规则，至少针对欧盟国家或其他也采用相同标准的国家，特别是在有自由贸易合作的情况下，未来我国可以先试点，采取单一标准，区分 B2B 交易和 B2C 交易，分别适用消费地（附加购买方所在地）标准和销售方所在地标准。其中，对于跨境的 B2B 交易，遵循其他国家的普遍做法，引入逆向征收机制。换言之，不是适用购买方代扣代缴机制，毕竟增值税税负是购买方承担的，这一点与个人所得税代扣代缴义务人不承担税负是不一样的，在增值税法中不宜称购买方为代扣代缴义务人。此外，逆向征收机制能不给交易双方带来现金流成本，尤其是购买方纳税人，同时，销售方纳税人在所在国就其之前承担的进项税还可以申请退还。当然，对于一些特殊的服务，例如，电子化服务、广播、电视播放和电信服务，在征管机制能保障的情况下，即使是 B2C 交易，也可以规定适用购买方所在地标准，考虑到这些服务使用现代信息网络技术，甚至直接适用消费地标准都是可行的。换言之，对于 B2C 交易，未来《增值税法》完善也应当是逐步减少销售方所在地标准的适用，也为下文将提及的适用消费地单一标准奠定基础，毕竟购买方所在地与消费地重合性更高。不过，不管是否调整销售服务的发生地规则，为适用上述一般规则，增值税法都需要进一步明确销售方所在地或和消费地，而消费地通常以购买方所在地来确定。为此，购买方的所在地，参照所得税居民身份标准的确定，区分企业（包括其他机构）还是自然人两种不同情形，企业的所在地为注册地或实际管理地，或者境外企业在我国境内的固定机构所在地，自然人的所在地在住所地或惯常居住地。当然，对于消费地的确定，增值税法需要补充规定，如果实际消费地与购买方所在地不一致的，以实际消费地为消费地。这里需要特别补充的，当然也是增值税法需要明确的是，如果境外企业在我国有固定机构，且销售或购买服务是由该机构实施的，该机构就是在我国境内的销售方或购买方纳税人。相反，如果境内企业在境外有固定机构，销售或购买服务是由该机构实施的，该机构就不属于在我国境内的销售方或购买方纳税人。不过，由于不管是企业还是自然人，所在地都有两个或两个以上的确定标准，同时，意大利等欧盟国家也是采取两个或两个以上的确定标准来确定纳税人所在地，这就会可能造成源于一个纳税人被两国都认为所在地在其本国双重征税的问题。当然，在所得税法中，一个纳税人也可能被两个及以上国家同时认定为本国的居民纳税人，但是两国间的税收协定专门有条款处理这种双重居民身份认定的问题。① 而在增值税领域，目前尚未有税收协定来处理这一问题，除非未来我国与意大利等欧盟国家也签署增值税税收协定，否则就需要通过与相关国家的税收征管合作来解决。此外，为适用上述一般规则，增值税法还需要规定如何区分 B2B 交易和 B2C 交易，就是如何确定购买方是纳税人还是非纳税人。对

---

① 例如，我国和意大利税收协定（关于对所得消除双重征税和防止逃避税的协定）第 4 条第 2 款和第 3 款分别就同时为缔约国双方居民的个人和其他主体居民身份如何确定进行了处理。

此，区分本国购买方和他国购买方的情形，我国增值税法可以分别参考意大利增值税法和欧盟增值税指令相关规则进行规定，此处不再赘述。

其次，在上述一般规则以外，我国增值税法还需要引入特殊规则，即以不动产所在地、服务履行地或活动实施地、消费地来确定发生地，并在适配征管机制不断完善的情况下，逐步扩大适用特殊规则的服务范围。当然，这不仅是对我国增值税法未来完善的要求，也是对意大利等其他国家增值税法未来完善的要求。因此，从长远看，作为一种理想模式，尤其是在各国都采用后，销售服务的发生地应当都以消费地这一单一标准来确定。一方面，销售以不动产所在地、服务履行地或活动实施地标准来确定发生地的特定服务，事实上相关发生地与服务消费的地点是一致的。例如，销售住宿服务，发生地在用于住宿的不动产所在地，住宿服务也只能在该不动产中消费。此外，对于服务消费地难以确定的情形，消费地就可以解释为购买方所在地。另一方面，消费地很大程度上会与销售方或购买方所在地重合，尤其是与购买方所在地重合。即使消费地不在销售方或购买方所在地，在征管上通过直接认证机制或税务代理人机制也能确保征税的有效性。尤其是在引入增值税"一站式"申报和缴纳系统来降低境外纳税人的遵从成本后，不管消费地在欧盟哪一个国家，还是在一个国家中的哪一个地区都能便利地征税。这也就不难理解欧盟《2006年增值税指令》第 59 条附加第 1 条授权成员国采用消费地标准。而我国《增值税法》第 4 条在界定销售服务的发生地时，将现行增值税法规定的购买方所在地改为消费地，也是符合上述增值税法完善的要求，这样修改后也无需保留《营业税改征增值税试点实施办法》第 13 条的规定。不过，《增值税法》保留了销售方所在地标准。当然，这是基于现行征管机制以及维护我国税收利益的考量，不过，未来《增值税法》完善还是应当将销售方所在地标准仅仅适用于 B2C 交易，理由不再赘述。事实上，关于销售服务发生地确定规则，基于欧盟国家以及其他不少国家的现行规则，我国增值税法最需要修改的内容是采用单一标准，将购买方所在地改为消费地有必要，但不是最有必要。如果消费地最终还是解释为购买方所在地，修改则无必要。针对 B2B 交易，如果仅适用购买方所在地标准，就能很好地贯彻消费地征税原则。因此，从短期来看，为与意大利等欧盟国家增值税法相协调，我国增值税法还是需要引入特殊规则，即针对少数特定的服务，基于可查性，单一适用消费地等标准。当然，考虑到消费地等地点可能会不同于销售方或作为纳税人的购买方所在地，这需要在征管上配合适用直接认证机制或税务代理人机制。此外，虽然在现行欧盟增值税指令下，就其中的一些服务，例如，货物运输服务及其辅助服务，这些标准仅仅适用于 B2C 交易，但是从应税交易发生地发展趋势来看，相比于购买方所在地标准，这些标准也应扩张适用到 B2B 交易，我国增值税法可以不区分 B2B 和 B2C 交易。对此，应当至少包括以下这几类服务：① 与不动产、自然资源相关的服务，不过，仅仅抽象地规定这一类服务还不够，增值税法还需要明确"相关"是指具体和实际的关联，并通过举例的方式予以进一步明确，参考意大利增值税法的规定，规定列举不动产评估、代理服务，酒店提供的住宿服务，不动产租赁服务，等。② 加工、修理修配服务，我国增值税法还是应当保留服务履行（劳务发生）地标准。③ 餐饮服务，销售服务发生地就在服务实际履行地，不过，对于发生在火车、飞机、轮船上的餐饮服务，由于履行地不确定，我国增值税法可以参考欧盟增值税指令的规定，也规定为旅客运输的初始地。④ 交通工具租赁服务，以交通工具使用地（也就是服务的消费地）来确定交易发生地，不过，为简化，建议排除跨境使用交通工具的租赁服务。⑤ 与文化、艺术、体育、科学、教育、娱乐等活动相关的服务，参考意大利增值税法的规定，不区分 B2B 和 B2C 交易，统一以活动实际实施地来确定交易发生地，同时，这类服务包括准入相关服务和组织服务。⑥ 运输服务，参考欧盟增值税指令的规定，以运输服务发生地来确定交易发生地，这样，对于国际运输服务，运输服务必然会发生在两个及以上国家，即运输会路经两个及以上国家，具体以路经国家的距离按比例来确定运输服务发生地是最为公平的。事实上，目前欧盟增值税指令是按照比例来确定发生地，对于与我国之间的运输服务，并不会对整个交易征税，由于我国对国际运输服务实施零税率，中欧之间的运输服务也就是部分被征税，这样，交易发生地可以改为以运输服务发生地并具体按路经国家距离的比例来确定交易发生地，在不产生重复征税的情况下确保国家税收利益和公平课税。⑦ 货物运输的辅助服务，例如，装卸服务，应税交易发生地就是服务实际履行地。

　　最后，我国增值税法还需要引入另外一类特殊规则，即针对中介服务，交易的发生地在主交易的发生地。其中，主交易包括销售商品或其他服务，中介服务提供者就是作为居间为其他交易主体撮合主交易的实现，销售中介服务与主交易具有紧密的关联，主交易主体购买中介服务只有当主交易实现时才得到该服务提供下的利益满足。换言之，中介服务的价值取决于主交易。为此，以主交易的发生地来确定销售中介服务的发生地是合理的。需要补充的是，相比于销售服务的发生地还是采用销售方或购买方所在地标准，在确定规则上述修改后，即采取单一标准，不管是一般规则还是特殊规则，销售中介服务发生地根据主交易来确定就更具有必要性。这是因为如果不采用这一标准，销售中介服务的发生地会很大程度偏离主交易的发生地，尤其是 B2C 交易。

3. 销售无形资产、金融商品

首先，关于销售无形资产，由于无形资产没有固定的物理位置，销售无形资产发生地的确定通常就适用销售服务的规则。我国《营业税改征增值税试点实施办法》第 12 条就明确规定销售服务和无形资产适用一样的规则。事实上，也正是因为在空间要件上服务和无形资产适用的规则是一样的，在商品和服务二分法（税目）下，无形资产有时候并不归属于商品，而是服务。欧盟《2006 年增值税指令》就是如此分类的。当然，这并不科学，我国增值税法应该保留区分无形资产和服务的规定，分别规定应税交易发生地规则，即使大部分规则是相同的。事实上，销售无形资产的发生地，也应当像销售服务那样分别规定一般规则和特殊规则。这样，一般规则也采取单一标准，区分 B2B 交易和 B2C 交易，分别适用购买方所在地标准和销售方所在地标准。在此基础上，《跨境应税行为适用增值税零税率和免税政策的规定》关于向境外单位提供的完全在境外消费的无形资产的免税规定就需要取消，这是因为在应税交易发生地规则层面很大程度上就消除了双重征税的困境，尤其是针对向欧盟购买方销售无形资产的交易，否则，反而会产生双重不征税的问题。至于特殊规则，增值税法需要保留目前适用于销售不动产租赁服务、自然资源使用权的不动产、自然资源所在地标准，只不过，适用范围还应通过引入兜底条款适当扩大，即规定其他与不动产相关的无形资产，与增值税法引入关于销售与不动产相关的服务的特殊规则相一致。此外，可以考虑的是，对于销售像专利、商标这样保护受地域性限制的无形资产，是否也引入特殊规则，即交易发生地也不以交易主体所在地来确定，而以注册地（保护地）来确定。换言之，即使交易主体都不在专利、商标注册地，销售这类特殊的无偿资产也发生在注册地。引入这样的特殊规则的可行性在于注册地标准还是属于以交易客体来确定发生地，标准单一且具有可查性，同时，交易的完成也离不开注册地国家的配合，即相关公共服务提供，例如，转让登记备案。当然，考虑到这样的特殊规则在很多国家（包括欧盟国家）和地区都未引入，我国增值税法可暂且不引入，以避免因不协调而产生双重征税或不征税的问题。

其次，金融商品作为一种特殊的无形财产，应当从服务中分离出来。为此，销售金融商品的发生地也不应当按照销售服务来确定。事实上，目前按照销售方或购买方所在地来确定销售金融商品的发生地，我国境内投资者买卖境外证券，我国也要征收增值税，[①] 相反，如果境外投资者买卖我国境内证券，销售给境外投资者，我国就无法征收增值税。为此，考虑到金融商品买卖与金融商品发行国家提供的相关公共服务紧密相关，在上述第一种征税的情形，可能会引起其他国家或地区的异议（征税管辖的过度扩张）以及双重征税（费），毕竟其他国家和地区对金融商品买卖也有可能征收增值税以外的税费。而在上述第二种不征税的情形，我国正当的征税利益未能满足。为此，对于金融商品这种

---

① 例如，根据《财政部、国家税务总局、证监会关于深港股票市场交易互联互通机制试点有关税收政策的通知》（财税〔2016〕127号）的规定，境内非个人投资者通过深港通买卖香港联交所上市股票取得的差价收入，在我国增值税征收范围内，但目前免征增值税。

特殊的商品，应税交易发生地也应当围绕交易客体来确定，至少作为补充，替换购买方所在地标准。事实上，虽然金融商品是无形的，但是通常情况下只要在某地发行，金融商品本身的转让就发生在该地，这是因为金融商品的转让需要通过在该地的交易所等场所、机构进行过户。这一点与前文关于专利、商标转让适用注册地标准的论述相通。因此，以金融商品发行地来确定销售金融商品的发生地是合理的，作为特殊规则，增值税法应当单独规定。《增值税法》第 4 条将金融商品单列出来，适用不同于服务与无形资产的规则，即用在境内发行替换在境内消费，值得肯定。不过，该条还保留了销售方所在地标准，这也是可以理解的。未来《增值税法》完善时可以采取发行地单一标准，参考是否鼓励投资境外金融商品市场等政策考量。

（二）针对跨内地与海南自贸港交易的规则

正如欧盟增值税指令以及意大利增值税法将跨境交易区分为一般跨境交易和特殊跨境交易，分别是跨欧盟与第三国的交易和欧盟内跨境交易，对于我国增值税法而言，跨境交易也可以区分为一般跨境交易和特殊跨境交易。前者是跨我国和其他国家的交易，后者是在我国一国下跨内地与海南自贸港的交易（简称跨区域交易），对应就是欧盟内跨境交易。之所以增值税法要区分出特殊跨境交易，是因为不管是在欧盟内还是在我国一国下，境内和境外或内地与自贸港构成一个统一的大市场，并且存在一个共同的组织（欧盟）或国家来协调税收立法，税收征管又能够实现比与其他国家或第三国间征管程度更高的合作。这样，考虑到协调的需要，一国或地区关于应税交易发生地的确定非常受其他国家或地区规则的影响，同时，应税交易发生地的确定也非常受是否存在适配征管机制的影响。对于特殊的跨境交易，由于这种协调更容易、相关征管机制能更有效实施，应税交易发生地的确定可以更好地应用单一性的标准贯彻消费地征税原则。为此，相比于一般跨境交易，特殊跨境交易发生地确定规则还是会存在一些差异，这也是为什么欧盟增值税指令和意大利增值税法对一些欧盟内跨境交易会单独制定特殊规则，例如，欧盟内商品跨境采购，尤其是对其中的 B2C 交易（如 B2C 的销售货物运输服务）。据此，对于我国增值税法，还有必要专门检视跨区域交易发生地确定规则及其完善。根据中共中央、国务院于 2020 年印发的《海南自由贸易港建设总体方案》（简称《海南自贸港总体方案》），基于简化税制的考虑，现行增值税、消费税、车辆购置税、城市维护建设税及教育费附加等税费在海南自贸港将不再征收，被在货物和服务零售环节征收的销售税所替代，具体时间为 2025 年前。对此，2021 年颁布的《中华人民共和国海南自由贸易港法》（简称《海南自由贸易港法》）第 27 条以法律形式确定了销售税的征收。显然，相比于我国内地其他省份地区，海南自贸港将成为海关监管特殊区域，跨内地与海南自贸港的商品、服务交易也将如同跨境交易。虽然海南自贸港不再征收增值税，但是销售税也是对销售商品和服务征税，这一点与增值税应税交易是一样的，只不过仅仅限于对零售环节的销售商品和服务征税。据此，海南自贸港销售税应税交易发生地的确定本质上与内地增值税应税交易发生地的确定是对应的，何况两者都是对消费的课税。

1. 跨区域的销售货物

基于海南自贸港封关的要求，《海南自由贸易港法》第 29 条规定"货物由海南自由贸易港进入内地，原则上按照进口征税"

"货物由内地进入海南自由贸易港，按照国务院有关规定退还已征收的增值税、消费税"。同时，基于自贸港的特别考虑（促进商品自由出入海南自贸港），根据《海南自由贸易港法》第28条规定，对进入海南自贸港的货物（包括从内地进入的货物），如果属于目录之外的货物，海南自贸港免征关税。不过，对于进入自贸港的货物，如果是基于零售，上述第28条并没有规定免征销售税。此外，对从海南自贸港进入内地的货物，其中属于非零售的，海南自贸港自然不存在销售税的退还，同时，尽量不征出口关税。不过，对于其中属于零售的商品，包括自然人在海南自贸港购买货物然后携带进入内地以及自然人在内地通过电商或网络购买海南自贸港的货物并寄送至内地两种情形，《海南自由贸易港法》并没有就销售税的征退问题进行规定，有待未来销售税法进行明确。

从上述《海南自由贸易港法》的规定来看，一方面，对于内地销售货物到海南自贸港的交易，增值税应税交易发生地适用增值税法的一般规则，即采用货物起运地或所在地标准，交易发生在内地，也是按照出口零税率征税。此时，如果销售税也对进口征收，那么在零售的情况下，尤其是零售目录内的货物，海南自贸港基于进口征收销售税。另一方面，对于海南自贸港销售货物到内地的交易，内地按照进口征收增值税，在零售的情况下，即自然人在内地通过电商或网络购买海南自贸港的货物并寄送至内地，海南自贸港根据货物起运地或所在地标准征收销售税，并可以考虑在一定范围内适用零税率。当然，如果是自然人在海南自贸港购买货物然后携带进入内地，海南自贸港自然先征收销售税，不过，基于自贸港的特别考虑，在一定范围内可以考虑在离开海南自贸港时退还销售税给自然人。

事实上，对于跨区域的销售货物，上述按照进出口处理的规则贯彻的还是消费地征税原则，也可以称为是目的地征税原则，这一点与欧盟内跨境商品采购不以进出口处理而是对应税交易发生地以商品最后送达地来确定实质上是一致的。不过，考虑到海南征收销售税，不是增值税，且仅对零售环节征税，如果不按照进出口来处理，按照欧盟的应税交易发生地确定规则，由于涉及的是 B2C 交易，内地企业就要同时成为海南自贸港销售税的纳税人，海南自贸港企业也要同时成为内地增值税的纳税人，虽然通过直接认证机制可以实现，但是征管上还是会带来不必要的复杂。尤其是对于在海南自贸港缴纳销售税的内地企业，在内地承担的增值税进项税在海南自贸港抵扣就会产生障碍，毕竟海南自贸港不征收增值税。这一点不同于欧盟内跨境商品采购，在欧盟，送达地国亦征收增值税，允许其他成员国纳税人实施增值税抵扣。此外，如果涉及的是 B2B 交易，按照欧盟的应税交易发生地确定规则，向海南自贸港的销售，不产生增值税纳税义务，也不产生销售税纳税义务。此时，对于作为销售方的内地企业，如何抵扣或退还在内地承担的增值税进项税，就会产生问题。相反，向内地的销售，不产生销售税纳税义务，但产生增值税纳税义务，不过可以根据逆向征收机制，由作为购买方的内地企业缴纳税款。综上所述，对于跨区域的销售货物，按照进出口处理是合理的，可以保留。当然，如果海南自贸港不封关，就不能按照进出口处理，此时，参考欧盟内跨境商品采购，不管是销售税还是增值税，都应当对交易发生地采取商品最后送达地标准。

2. 跨区域的销售服务和无形资产

如果说上述涉及货物的跨区域交易，海南自贸港销售税与内地增值税的协调并不复杂，已有规则也奠定了一定的基础，那么涉及服务的跨区域交易，两税的协调就复杂一些，有关规则也还欠缺。换言之，关于销售服务发生地的确定规则，不仅未来销售税法需要进行专门规定，增值税法也需要特别回应。当然，总体而言，由于海南自贸港销售税仅在零售环节征收，即仅对最终消费课税，已经在很大程度上避免了跨区域服务交易的双重征税问题，毕竟，大量的非零售交易（B2B 交易）不在销售税的征收范围内。这样，首先需要审查在内地企业向海南自贸港的最终消费者销售服务的情形，重点是是否存在增值税与销售税的双重征收问题。根据现行增值税法关于在境内销售服务的确定规则，即服务销售方或购买方在境内（内地）标准，内地应当对上述服务的跨区域交易征收增值税，这是因为服务销售方为内地纳税人。即使按照完善后的销售服务发生地一般规则，即区分 B2B 交易和B2C 交易，对后者适用销售方所在地标准，情况也是一样的。此时，海南自贸港销售税法在规定应税行为的空间要件时，如果贯彻消费地课税标准，即零售服务以在海南自贸港消费或购买方在海南自贸港为标准确定交易发生地，并征收销售税，则就会产生内地增值税和海南自贸港销售税的双重征收问题。当然，如果海南自贸港销售税法采取来源地标准，则不会产生上述双重征税问题。当然，如果是 B2B 交易，按照完善后的销售服务发生地一般规则，不仅销售税纳税义务不产生，增值税纳税义务也不产生。其次，在海南自贸港企业向内地的最终消费者销售服务的情形，鉴于购买方在内地，内地也应当征收增值税。但是，按照完善后的销售服务发生地一般规则，内地就不征收增值税。此时，海南自贸港销售税法如果贯彻消费地标准，则不会产生双重征税的问题，甚至增值税和销售税都不征收。相反，如果采取来源地课税，海南自贸港征收销售税，按照现行增值税法就会产生双重征税的问题，但是按照完善后的增值税法，就不会产生双重征税的问题。当然，如果是 B2B 交易，就仅在内地征收增值税，并通过逆向征收机制来征收。

综上所述，由于增值税法同时采取消费地和来源地标准，海南自贸港销售税法不管采取何种课税原则，都会产生双重征税的问题。为此，至少针对与海南自贸港的跨区域服务交易，增值税法应当特别规定服务销售在境内销售的规则，从销售税与增值税协调的角度，增值税法应采用单一标准来确定应税交易发生地，同时，与销售税法采用的原则一致。显然，考虑到我国增值税法和销售税法都在一个国家内制定，协调自然更容易实施。对此，理论上应一致采取消费地标准，不过考虑到零售服务属于 B2C 交易，从征管便利的角度，借鉴欧盟增值税指令和意大利增值税法的规定，可以采取来源地标准，即销售方所在地标准，除非零售的服务属于电子化服务，则可以采取购买方所在地或消费地标准作为例外。换言之，前文针对境内外、跨境交易论述的销售服务发生地一般规则，尤其是修改后的适用 B2C 交易部分的规则，对于跨区域交易，更有必要和基础在增值税法中引入。这样，销售税法关于零售服务在海南自贸港的界定可以规定为"服务提供地在海南自由贸易港内"，或者直接规定为"销售方为海南自由贸易港纳税人"。而增值税法在应税交易发生地条款中，可以增加特别规定"跨内地与海南自由贸易港零售服务，销售方为内地纳税人"。对于跨区域的非零售的服务销售，适用增值税法关于 B2B 销售服务的一般规则。无形资产与服务的情况一样，相关规则不再赘述。

最后，对于一些特殊的服务和无形资产，即前文所述的与不动产相关的服务、无形资产、餐饮服务、运输服务等，正如针对境内外、跨境交易需要引入特殊规则，针对跨区域交易更需要也更有基础引入特殊规则，即以不动产所在地、服务履行地或活动实施地、消费地来确定发生地。这样，销售这些特殊服务和无形资产发生地确定的特殊规则就适用于跨区域交易。其中，发生地在内地就征收增值税，在海南自贸港如果是零售就征收销售税，而跨区域 B2C 运输服务，则按比例征收增值税和销售税。事实上，设立在内地的纳税人在海南自贸港销售相关的特殊服务和无形资产，相关的进项业务也往往在当地发生，关于增值税进项税抵扣障碍的问题并不显著。

（三）应税交易发生地条款的设计

应税交易在境内发生是增值税应税行为构成的一项空间要件，应税交易发生地决定一国的征税管辖权，与作为程序规则的纳税地存在差异但有重合性。我国增值税法对于应税交易发生地确定的规定过于粗略和保守，尤其是对销售服务和无形资产，发生地的确定采用双重标准，不利于消费地征税原则的贯彻和避免国际双重征税。为此，基于增值税对消费课税的属性以及确保征税的中性，在有效征管机制匹配的基础上，为在不同国家和地区之间公平分配税收管辖权以及出于协调的需要，应税交易发生地应当围绕交易客体来确定，保障确定标准的单一性。同时，应当尽可能减少围绕交易主体来确定，销售服务和无形资产的一般规则，区分 B2B 和 B2C 交易，分别单一采用购买方和销售方所在地标准。对于销售与不动产、自然资源相关服务等特定服务，引入特殊规则，采用不动产、自然资源所在地标准等特定标准。此外，还需要做好增值税与海南自贸港销售税在应税交易发生地确定方面的规则协调。

　　基于《增值税法》第 4 条关于应税交易发生地确定的规则，即何为在境内发生应税交易，我国未来《增值税法》在完善时还可以在以下六个方面进行优化：① 货物、不动产和用益物权归为一类，适用相同的一类标准，即交易客体所在地标准，制定一类规则。其中，用益物权属于能够确定交易客体所在地的一类特殊无形资产。此外，就销售货物，还需要规定发生地确定的时间条件，即销售货物发生时，以及销售物理位置在我国境内的货物、但不能认定属于在我国境内销售货物的特殊情形。② 就销售服务和无形资产的一般规则，首先，用益物权以外的无形资产与服务归为一类，适用相同的标准。其次，应当采取单一标准，区分B2B 交易和 B2C 交易，分别适用消费地（附加购买方所在地）标准和销售方所在地标准，并进一步明确销售方或购买方的所在地。③ 针对能够确定消费地、履行地或活动发生地的服务，还是围绕交易客体来确定交易发生地，统一制定一类关于销售服务的特殊规则。其中，销售运输服务，按照路经国家距离按比例来确定运输服务发生地。④ 针对与不动产、自然资源相关的服务、电子化服务、中介服务以及金融商品，由于分别适用不动产、自然资源所在地标准、消费地标准、主交易发生地标准和发行地标准，分别单独制定特殊规则。⑤ 在海南自贸港征收销售税以后，首先需要规定在海南自贸港销售商品和服务不属于在境内销售或者规定征收销售税，其次在界定销售服务、无形财产的交易发生地中，补充规定除了适用特殊规则的服务和无形资产外，跨内地与海南自由贸易港零售服务、无形资产，销售方为内地纳税人。⑥ 视同应税交易的发生地根据应税交易发生地规则来确定，例如，商品用于职工福利或个人消费或者商品无偿转让，就根据销售货物、不动产、无形资产、金融商品的发生地规则来确定发生地。

综上，应税交易发生地条款可作如下规定：

下列情形属于在境内销售商品、服务：

（一）销售货物、不动产、土地等自然资源使用权的，货物的起运地或者货物、不动产、土地等自然资源所在地在境内；

货物的所在地为销售货物发生时的所在地；

销售过境的货物、存放在海关特别监管区的货物，不属于在境内销售货物，构成货物进口的，按照进口征收增值税。

（二）除本条第（三）项至第（七）项规定外，向纳税人销售服务、土地等自然资源使用权以外的无形资产的，在境内消费或购买方在境内，向非纳税人销售服务、土地等自然资源使用权以外的无形资产的，销售方在境内；

购买方或销售方在境内是指相关纳税人的注册地、实际管理地、住所地或惯常居住地在境内，或者虽然在境外，但在境内有固定机构，且限于由该固定机构销售或购买服务、无形资产的情形；在境内消费是指购买方在境内，除非实际消费地与购买方所在地不一致。

（三）销售加工、修理修配服务、餐饮服务、运输服务、与文化、艺术、体育、娱乐活动以及国务院规定的其他特定活动相关的服务的，或者销售国务院规定的其他特定服务的，服务实际履行地在境内；

（四）销售与不动产、土地等自然资源相关服务的，不动产、土地等自然资源所在地在境内；

（五）销售电子化服务的，电子化服务在境内消费；

（六）销售中介服务的，主交易发生地在境内；

（七）销售金融商品的，金融商品在境内发行。

视同应税交易根据前款的规定确定发生地是否在境内。

第六章

应税交易发生时间

　　根据《增值税暂行条例》第 1 条的规定，除了进口货物，增值税应税交易包括销售货物、不动产、无形资产和服务。显然，增值税的征收以应税交易发生为基础，《增值税暂行条例》也在很多增值税征收的相关规则中规定了应税销售行为发生（即应税交易发生）这个基础。例如，第 5 条规定："纳税人发生应税销售行为，按照销售额和本条例第二条规定的税率计算收取的增值税额，为销项税额……"第 6 条规定："销售额为纳税人发生应税销售行为收取的全部价款和价外费用……"第 19 条规定："发生应税销售行为，（纳税义务产生时间）为收讫销售款项或者取得索取销售款项凭据的当天……"第 21 条规定："纳税人发生应税销售行为，应当向索取增值税专用发票的购买方开具增值税专用发票……"特别值得一提的是，《增值税法》规定的相关规则更多，其中新增的规则，例如，第 13 条规定："纳税人发生一项应税交易涉及两个以上税率、征收率的，按照应税交易的主要业务适用税率、征收率。"再如，第 23 条规定："小规模纳税人发生应税交易，销售额未达到起征点的，免征增值税……"

　　不过，不管是现行增值税法还是《增值税法》，虽然多次使用发生应税交易的概念，从客体要件的角度强调应税交易的存在，但是并没有进一步界定应税交易何时发生。是在交易当事人达成合意或签署合同就属于发生应税交易，还是在销售方履行对价给付义务，抑或在交易双方各自履行完毕自己的对价给付义务，才发生应税交易，事实上存在很大的差异。由于在上述时间点之间，存在不短的时间段，何况有些交易实施本身就需要很长时间，应税交易发生在不同的时间点，会很大程度影响增值税征收的实现时间以及公平性，进而对国库利益和纳税人利益都有着重要利害关系。对此，现行增值税法从征管上另行规定了纳税义务产生时间，也就是纳税义务发生时间。[①] 但问题依然存在，即单纯界定纳税义务何时产生是否能够有效应对因应税交易何时发生不明而产生的所有问题，换言之，纳税义务产生与应税交易发生的关系如何以及差异又何在？此外，如果在上述时间段中，发生了税率、征收率等征税规则的变化，是适用旧规则还是新规则，在实践中还会产生争议。为此，面对学界目前对上述相关问题还缺乏必要的重视，有必要对应税交易（包括视同应税交易）发生时间的法律定位以及如何界定进行全面而深入的研究，并以此为基础，研究界定应税交易发生时间的规则如何建构，以贯彻增值税法精细化的要求。

一、应税交易发生时间的法律意义

时间是税法规则构建与适用的一个重要因素或要件，不仅体

---

① 考虑到"产生"一词通常用于描述某个结果或产物的生成，即在已有的事物基础上生成，"发生"通常用于描述某个事件的发生，即出现原本不存在的事物，而纳税义务是一种法律后果，据此，本书用纳税义务产生一词替换实证法上的纳税义务发生一词。

现在规则本身在时间上的效力，例如，规则何时生效、是否可以溯及既往等，还体现在规则规定的内容的时间问题。具体而言，法律规则的逻辑结构通常体现为事实情势和法律情势两类规定内容，根据传统的二要素说，即行为模式与法律后果。① 其中，法律情势涉及有关权利、义务的规定，属于规则规定内容中的法律后果，事实情势是使法律情势发生，属于规则规定内容中的事例，也可以说是规则所抽象的事实或行为模式。为便于论述，以下以事例来指称。法律后果的时间问题包括，相对于事例的发生，法律后果什么时候产生、什么时候结束以及持续多久等，例如，征纳税义务。而事例的构成可以是时间本身，例如，追征期限规则中的事例。当然，时间也可以是事例诸多构成要件中的一项要件，即事例什么时候发生，例如，应税行为的发生时间，从而相关法律后果开始归于特定主体之上。

作为规范征纳税的法律，税法以规范应税行为的规则为基础或起点。对此，各个税种法往往在第 1 条就规定应税行为的基本规则，例如，《增值税暂行条例》第 1 条规定："在中华人民共和国境内销售货物或者加工、修理修配劳务，销售服务、无形资产、不动产以及进口货物的单位和个人，为增值税的纳税人，应当依照本条例缴纳增值税。"在这一条的规定内容中，事例为单位和个人在境内销售货物、无形资产、不动产和服务或进口货物，即增值税应税行为，这也是该条主要规定的内容。《增值税

---

① 参见赵树坤、张晗："法律规则逻辑结构理论的变迁及反思"，《法制与社会发展》2020 年第 1 期，第 67 页。需要说明的是，对于法律规则的逻辑结构，法理学界还提出了其他主张，例如，新二要素说、三要素说、新三要素说，存在一定的争议。不过，至少就本书所讨论的增值税应税交易发生时间问题，二要素说在税法中是可以适用的，也便于问题的阐释清楚。

法》第 3 条也延续了这一规定。当然，原则意义上的增值税纳税义务产生与缴纳，作为法律后果，也在该条中予以了规定。不过，应税行为的时间要件，即关于应税交易何时发生，并没有单独规定。此外，《增值税暂行条例》其他条款也没有对应税交易何时发生进行具体规定。这一点不同于纳税义务的产生，虽然上述第 1 条也没有具体规定纳税义务的产生时间，但《增值税暂行条例》第 19 条专门规定了纳税义务的产生时间。《增值税法》则规定在第 28 条。据此，发生作为事例的应税行为与产生作为法律后果的纳税义务并没有被很好地区分，应税行为的时间要件被忽视或其重要性被低估，而纳税义务何时产生的要件也很容易被简单地等同于应税交易何时发生的要件。与此相关，目前学界也普遍不认可应税交易发生时间属于应税行为一项独立的构成要件，而认为是客体要件的补充。[①] 对此，基于税法规则"事例＋法律后果"的逻辑结构，应税交易的发生与纳税义务的产生分属不同的规定内容，增值税应税行为从时间上也成立一项构成要件，即有关应税交易何时发生的要件，应该给予独立性，进而专门立法。事实上，不管是销售商品（包括货物、不动产和无形资产）还是销售服务，不必然是瞬间完成的，在很多情况下会在一个时间段内持续开展，并转化为一系列相关事实和/或行为。这样，为从实体上决定纳税义务的产生以及明确一个一致的标准，立法者就需要确定一个事实或行为来界定应税交易的发生时间。对此，意大利《增值税总统令》第 6 条专门规定了应税交易的发生时

---

① 参见刘剑文、熊伟：《税法基础理论》，北京大学出版社 2004 年版，第 205 页。

间，① 对销售商品和销售服务在何时发生分别进行了界定。事实上，将应税交易的发生时间定位为一项独立的构成要件，在增值税法下进行专门规范，也是源于应税交易的发生及发生时间有如下几个方面的法律意义。

（一）对纳税义务、抵扣权产生的意义

根据税收要件实现时说，纳税义务作为法律后果，在法律规定的事例发生时，即事例的构成要件实现时产生。② 此外，在增值税法下，增值税是对交易的课税，纳税人是商品或服务的销售方，从实体上是否产生纳税义务以及负担怎样的纳税义务，根本上自然取决于商品或服务销售的发生，即应税交易的发生。换言之，对于增值税纳税义务的产生而言，税收要件何时实现具体应由应税交易的发生时间来决定。对此，欧盟《2006 年增值税指令》第 63 条明确规定商品或服务被提供时增值税纳税义务产生，③ 即税务机关此时享有面对纳税人的征税请求权。具体而言，如果事例的构成要件没有实现，例如，没有发生应税交易，或是应税交易发生后又恢复为未发生状态，纳税义务就无从产生，即使已经产生，也并非是最终性的，面临调整的可能性，包括撤销产生的纳税义务。④ 对此，根据意大利《增值税总统令》第 26 条

---

① Cfr. l'art. 6 del Decreto del Presidente della Repubblica 26 ottobre 1972, n. 633.

② 参见施正文：《税收债法论》，中国政法大学出版社 2008 年版，第 140 页。

③ See the art. 63 of Council Directive 2006/112/EC.

④ Cfr. Guglielmo Fransoni, *Il momento impositivo nell'imposta sul valore aggiunto*, Cedam, 2019, p. 75.

的规定，如果发票已经开具，但是交易被宣布无效、撤销、终止、解除，销售方就有权抵扣对应税额的增值税，即退还已经缴纳的增值税，但是通过抵扣的方式来实现。[①] 同样，根据我国《营业税改征增值税试点实施办法》第 32 条和第 42 条的规定，如果发票开具后，发生销售折让、中止、退回等情形的，可以减抵销项税额，也确认了这一点。当然，在交易被宣布无效、撤销、终止、解除的情形，如果已经提供的商品或服务不能恢复到未发生状态，例如服务已经消费、商品已经损害，应税交易自然被认定为已经发生，纳税义务依然存在。同时，对于需要持续执行一段时间（包括周期性执行）的合同，如果因为一方未再履行合同而发生合同解除，对于已经履行的商品和服务提供，这部分对应的纳税义务自然也不需要进行调整。此外，如果应税交易还没有发生，发生价格下降、拒绝（包括部分拒绝）支付价格等情形，而纳税义务从征管上已经产生，纳税义务需要且可以不受任何障碍地进行调整，如减少。相反，如果应税交易已经发生，发生上述相关情形，纳税义务的调整就需要受到严格限制。欧盟《2006年增值税指令》第 90 条确认了这一点。[②] 此外，正如下文将指出的，在纳税义务于应税交易发生之前产生的情形，例如，购买方先支付了价款，必须是在一个确定的交易内容（有关销售方的商品或服务提供）下发生的价款支付，否则，在交易内容尚未确定的情况下，先行支付价款也不提前产生纳税义务。这也间接体现了纳税义务的产生根本上取决于应税交易的发生。综上，应税交易的发生能够确立并稳定对纳税人的征税，使纳税义务的存在具

① 　Cfr. l'art. 26 del Decreto del Presidente della Repubblica 26 ottobre 1972，n. 633.

② 　See the art. 90 of Council Directive 2006/112/EC.

备最终性。也正是从这个角度，从税收实体法上，应税交易的发生是纳税义务产生的决定性条件，正当化税的征收，并具有了独立的意义。这样，界定应税交易的发生时间，对于判断纳税义务产生的决定性条件何时满足具有重要的意义。

同理，从购买方的角度，应税交易的发生还决定了其是否具有进项税的抵扣权，这是因为纳税人进项税的抵扣以为用于应税交易而购进相关进项商品或服务（对应应税交易的发生）为基础。具体而言，由于纳税义务在没有发生应税交易的情形下可以先行产生，针对同一税款的抵扣权也可以先行产生，例如，根据欧盟《2006 年增值税指令》第 167 条的规定，抵扣权在可抵扣的（进项）税变得可征收的那一刻产生。[①] 对于在增值税法设计中通过抵扣确保税收中性，[②] 上述规定具有重要的意义。但是，如果应税交易最终未发生，即最终未购进相关商品或服务，抵扣自然也需要进行调整。为此，应税交易的发生也是抵扣权产生的决定性条件，界定应税交易发生时间的法律意义进一步增加。

（二）对其他法律后果产生和其他事例发生的意义

首先，应税交易的发生决定产生纳税豁免的法律后果。这是因为在特定的经济、社会等政策下，应税交易可以享受免税的待遇，在现行增值税法下，也确实存在诸多免税交易，例如，农业生产者销售自产农产品，养老机构提供养老服务。[③] 对于免税交

---

① See the art. 167 of Council Directive 2006/112/EC

② 参见叶姗："增值税法设计中税收中性的偏离及复归"，《浙江工商大学学报》2023 年第 6 期，第 45 页。

③ 分别参见《增值税暂行条例》第 16 条和《营业税改征增值税试点过渡政策的规定》（财税〔2016〕36 号附件 3）第 1 条。

易而言，不存在纳税义务产生时间的问题，但是需要界定免税交易的发生时间，以明确免税待遇这一法律后果何时产生。对此，考虑到免税交易本身就属于应税交易，直接根据应税交易发生时间的界定即可。此外，对于非应税交易这一事例，例如，企业整体转让，行政单位提供服务收取行政事业性收费，[①] 产生纳税义务或免税待遇不产生的法律后果，也存在交易发生时间的界定问题。对此，虽然非应税交易和应税交易并不重合，但是非应税交易也可以表现为财产的转让或服务的提供，因此至少一部分非应税交易的发生时间可以直接根据应税交易发生的时间来确定。换言之，应税交易发生时间的界定也适用于非应税交易的情形。此外，正如本书第五章已经指出的，对于商品在境内销售（应税交易发生地）的认定，事实上也应该有时间上的限制条件，即商品应当在交易发生的时候在境内。

其次，应税交易的发生决定产生发票开具义务的法律后果。这是因为作为一项配合实体纳税义务履行的程序义务，发票开具有助于税收征管的高效性，同时，发票还是重要的收付款凭证以及受票方的税额抵扣或扣除凭证。为此，《中华人民共和国发票管理办法》（简称《发票管理办法》）第 18 条明确规定："销售商品、提供服务以及从事其他经营活动的单位和个人，对外发生经营业务收取款项，收款方应当向付款方开具发票。"《中华人民共和国发票管理办法实施细则》第 24 条更是直接规定未发生经营业务一律不准开具发票。据此，经营业务（包括销售商品、服务等）的发生，也就是应税交易的发生，是发票开具的决定性

---

① 分别参见《国家税务总局关于纳税人资产重组有关增值税问题的公告》（国家税务总局公告 2011 年第 13 号）和《营业税改征增值税试点实施办法》第 10 条。

条件。界定应税交易的发生时间除对判断这一决定性条件何时满足具有重要的意义外，还可以用于明确发票开具义务的产生时间。

最后，应税交易的发生可以被用于决定产生交易在会计上记账义务的法律后果。这是因为会计记账不仅对企业的管理、运营和发展至关重要，同时对提高国家经济运作的透明度、投资者的信心以及征税的水平（如贯彻量能课税）具有重要的意义。为此，《中华人民共和国会计法》（简称《会计法》）第 9 条规定："各单位必须根据实际发生的经济业务事项进行会计核算……"《企业会计准则——基本准则（2014 年修正本）》第 5 条更是明确规定："企业应当对其本身发生的交易或者事项进行会计确认、计量和报告"，同时，第 19 条规定："企业对于已经发生的交易或者事项，应当及时进行会计确认、计量和报告，不得提前或者延后。"据此，交易的发生是交易会计记账的决定性条件，没有交易的实际发生，企业或其他单位没有义务进行会计记账。考虑到上述应税交易的发生对免税交易和非应税交易发生的意义，这在一定程度上也可以概括为应税交易的发生决定交易的会计记账。不过，《会计法》与《企业会计准则——基本准则》也并未对交易何时发生进行界定。这样，税法（如增值税法）对应税交易发生时间进行界定就更具有特殊的意义。

（三）对新旧规则选择的意义

应税交易并不必然是瞬间完成的，尤其是销售服务，有一个开始端，通常表现为达成合意或合同签署，还有一个最终端，可能是服务提供的完成，也可能是对价支付的完成，总之是全部事实或行为都完成的时间点。在上述两端之间的时间段，就是销售服务完整地完成需要经过的时间段，而在这个时间段期间，销售服务这个事例就处于未完成状态。这样，如果在应税交易处于未完成状态期间，增值税规则发生修改了，例如，这一应税交易适用的税率、征收率发生了调整，关于这一应税交易的性质界定发生了变化，包括改为免税交易或非应税交易以及销售商品变为销售服务等，或者关于这一应税交易的主体要件、空间要件界定发生了变化，就产生了应当选择适用修改前的旧规则还是修改后的新规则的问题。换言之，应当以什么时间点来确定新旧规则的选择。对此，我国增值税法并没有明确规定。在实践中，一些增值税新规则也笼统地规定在什么时候起施行，对于那些在新规则施行前签署并开始履行，但施行后尚未履行完毕的合同，如果尚未征税，也就需要按照新规则来征税。[①] 源于此，也确实发生过相关争议。例如，在某钢管塔公司、某钢铁公司合同纠纷案中，两公司在 2019 年 4 月 1 日前签署了一份钢材购销合同，后者在收到前者支付的部分价款后也供应了一部分的钢材，并按照 16% 的增值税税率开具了发票。不过，由于余下的价款是在 2019 年 4 月 1 日以后支付的，后者在收到价款后供应了相应的钢材，但是按照 13% 的增值税税率开具了发票，这是因为从 2019 年 4 月 1 日起，增值税的标准税率从 16% 下调至 13%。[②] 对此，针对第二笔钢材转让，某钢管塔公司提出了某钢铁公司赔偿开票税率错误导致税款损失的请求。不过，法院最终认为，第二笔钢材转让属于采取预收货款方式销售货物，纳税义务产生在货物发出的当天，认定

---

① 参见班天可："增值税中性原则与民事制度"，《法学研究》2020 年第 4 期，第 122-129 页。

② 参见《财政部、税务总局、海关总署关于深化增值税改革有关政策的公告》（财政部、税务总局、海关总署公告 2019 年第 39 号）。

选择适用 13% 的税率是正确的。①

　　基于上述，增值税法有必要明确规定以应税交易发生时间确定新旧规则的选择，相比于以纳税义务产生时间来确定新旧规则的选择，也更为合理。这是因为应税交易的发生决定纳税义务的产生，前者处于中心地位，毕竟增值税是对交易的课税，同时，应税交易的发生时间往往根据交易的内在特性来界定，体现稳定性和单一性的特点。而纳税义务产生时间的规定往往基于征税效率的需要，体现多样化的特点，即对同一应税交易，纳税义务可以在不同的时间点产生，且纳税义务产生的具体时间容易被纳税人操控来实施避税。例如，根据《增值税暂行条例实施细则》第38 条的规定，除了货物的发出，纳税义务还可以在收到价款、预收款、先行开具发票的时候或合同约定的收款日期产生。这样，如果以纳税义务产生时间来确定新旧规则，就会产生处于同一进度的交易适用不同的税率、征收率或其他税收待遇的不公平问题。对此，欧盟《2006 年增值税指令》第 93 条和 95 条就授权成员国在税率发生变化的情况下以应税交易发生时间来选择适用新旧哪个税率。② 意大利在 2011 年颁布第 138 号法律令，其第 2 条在规定增值税税率从 20% 提高到 21% 的同时，明确新税率适用于在本法律令生效后发生的交易，③ 即根据应税交易的发生时间来确定新旧税率的选择。④ 不同于意大利，我国财政部等部门在2019 年联合颁布的《关于深化增值税改革有关政策的公告》，仅

---

　　① 　参见河北省张家口市中级人民法院（2020）冀 07 民终 936 号民事判决书。

　　② 　See the art. 93 and the art. 95 of Council Directive 2006/112/EC.

　　③ 　Cfr. l'art. 2，comma 2-ter，del Decreto-legge 13 agosto 2011，n. 138.

　　④ 　Cfr. Giuseppe Franco，*Giuda all'IVA*，Giuffre，2004，p. 313.

规定两档税率分别从 16% 降至 13% 以及从 10% 降至 9%，并从 2019 年 4 月 1 日起实施，对于跨这个公告生效日期的处于未完成状态的应税交易，是适用旧税率还是新税率，并没有进一步规定选择的依据。综上，新规则在应税交易发生之后生效的，就应当适用旧规则，反之，就适用新规则。

二、应税交易发生时间界定的基本问题

在阐释完应税交易的发生时间应当作为增值税应税行为的一项构成要件并在立法上加以专门界定之后，接下来需要阐释如何界定应税交易的发生时间，核心则是如何界定应税交易发生时间的事例，即代表应税交易发生的事例。换言之，有关应税交易发生时间的税法规则，本身也是"事例+ 法律后果"的逻辑结构，其中，法律后果就是应税交易的发生。同理，有关纳税义务产生时间的税法规则，也是同一逻辑结构，也就存在用于界定纳税义务产生时间的事例。不过，在对应税交易发生时间的具体规则（涉及相关事例）进行阐释之前，有必要先行阐释立法界定应税交易发生时间的基本问题，尤其是厘清与界定纳税义务产生时间规则的关系。这是因为应税交易发生与纳税义务产生的关系最紧密，后者也是前者所决定的最重要的法律后果，同时，现行增值税法已经界定了纳税义务产生时间。

（一）界定应税交易发生时间立法的总体设计

1. 外部设计

首先，作为应税行为的一项构成要件，时间要件应当与主体

要件、客体要件、空间要件一道，在增值税法关于应税行为的规则体系下规定。为此，有关界定应税交易发生时间的规则，作为增值税实体法的一部分，通常就规定在增值税法有关应税行为第一章中的空间要件规则的前后。例如，欧盟《2006 年增值税指令》第六章单独规定了应税交易的发生时间以及什么时候产生增值税纳税义务，在第三章纳税人、第四章应税交易以及第五章应税交易的发生地之后。① 而意大利《增值税总统令》则是在第一章中，在先行规定应税交易（第 1 条到第 3 条）、纳税人（第 4 条和第 5 条）之后规定了应税交易的发生时间（第 6 条）和应税交易的发生地（第 7 条）。②

其次，有关界定应税交易发生时间的规则，还需要处理好与界定纳税义务产生时间的规则的关系。对此，有以下三个方面需要阐释：① 界定应税交易发生时间的规则属于实体法规则，而界定纳税义务产生时间的规则属于程序法规则，在实现税的征收（即在应用层面）上发挥作用。具体而言，纳税义务产生时间并不是应税行为的构成要件，而是在增值税的周期性清算中，例如，在 10 日、15 日或 1 个月为一个计税期间中，确定是否要纳入清算，即在这个期间事例发生，产生的纳税义务与其他同一期间产生的纳税义务一并计入销项税中，再减去相关的进项税，从而确定当期的应纳税额。为此，界定纳税义务产生时间的规则依然需要规定，并在增值税法有关征收管理这一章中规定。② 虽然应税交易发生时间与纳税义务产生时间需要分别在相关的章之中进行界定，但并不意味着两者是完全是不相关的，毕竟从实体法

---

① See the titles Ⅲ，Ⅳ，Ⅴ and Ⅵ of Council Directive 2006/112/EC.

② Cfr. il titolo I del Decreto del Presidente della Repubblica 26 ottobre 1972，n. 633

上，应税交易的发生决定纳税义务的产生。为此，应税交易发生时间与纳税义务产生时间在很大程度上是重合的，应税交易发生时间的事例可以是纳税义务产生时间的事例，当然也是其他法律后果的事例。两者的重合性有利于保障增值税的征收在实体法和程序法上的一致性，避免调整制度带来征税的复杂性。但是，考虑到界定纳税义务产生时间与应税交易发生时间的规则分属程序法和实体法规则，基于征管上的考量，纳税义务的产生也可以基于应税交易发生时间事例以外的事例的发生。换言之，这些事例与应税交易发生时间事例的发生时间并不一致，会导致纳税义务产生时间先于或后于应税交易发生的情况。③ 欧盟增值税指令和意大利增值税法均存在相关规则，不过也各自存在不足之处。欧盟《2006 年增值税指令》第 63 条规定："当商品或服务被提供的时候，应税交易应当发生，同时增值税纳税义务应当产生。"这一条不仅界定了应税交易发生时间的一般事例，即商品或服务的提供，同时也确认了应税交易发生时间事例与纳税义务产生时间事例的重合性，即后者也是商品或服务的提供。不过，这一规则仅仅确认了两者的重合性，并没有指出两者也存在分离的情况，换言之，暗示只要有纳税义务产生，就一定有应税交易发生，或只要有应税交易发生，就有纳税义务产生。对此，应当给予否定。① 正如前文所述，应税交易的发生不一定即刻产生纳税义务产生的法律后果，同时，纳税义务的产生时间可以早于应税交易的发生。为此，关于上述欧盟《2006 年增值税指令》第 63 条，应当理解为并不是封闭式地规定纳税义务产生时间的事例，即没

---

① Cfr. Guglielmo Fransoni，*Il momento impositivo nell'imposta sul valore aggiunto*，Cedam，2019，p. 34.

有排除其他条款共同来规定纳税义务产生时间的其他事例。意大利《增值税总统令》第 6 条在界定应税交易发生时间的同时，第 5 款规定了纳税义务的产生时间，分别对三种情况界定了产生时间：① 针对一般的交易，纳税义务在根据前面几款界定的交易发生的时候产生；② 针对销售药品、为取得特定费用或捐款而向会员、股东或参与人销售商品或服务、向政府或政府机构销售商品或服务等特定交易，纳税义务可以在支付价款的时候产生；③ 针对购买方通过销售方将商品再销售给第三方的交易，纳税义务在交易发生当月的下个月产生。① 根据上述的规定，至少从条文表述上，意大利增值税法确认了应税交易发生时间与纳税义务产生时间重合性的一般规则，但也确认了两者存在分离的特殊情形，这一点值得肯定。事实上，正如下文将提到的，第 6 条前面几款在界定交易发生时间的事例时，将一些典型的纳税义务产生时间事例也归类其中，例如，价款先行支付、发票先行开具，也进一步确认了应税交易发生时间和纳税义务产生时间存在分离的情形。当然，以上规定也体现出意大利《增值税总统令》在立法形式上并没有将纳税义务产生时间从应税交易发生时间界定条款中剥离出来，存在不足。对此，很大一部分原因在于意大利《增值税总统令》是根据欧盟《增值税第二号指令》制定的，那时还没有对两者进行区分。当然，在意大利，两者已经在增值税法相关规则的解释层面上得到了区分。② 例如，虽然价款的支付也规定在第 6 条中，但仅仅是纳税义务产生时间的事例，这是因为在没

① Cfr. l'art. 6，comma 5，del Decreto del Presidente della Repubblica 26 ottobre 1972，n. 633.

② Cfr. Guglielmo Fransoni，*Il momento impositivo nell'imposta sul valore aggiunto*，Cedam，2019，p. 83.

有发生应税交易的情况下，根据前文所述，此时产生的纳税义务可以调整。

综上三个方面，在增值税实体法层面界定应税交易发生时间的情况下，为避免事例界定的重复，纳税义务产生时间的界定应当采取"一般规则＋特殊规则"的立法模式。一般规则适用于一般的应税交易，即规定纳税义务在应税交易发生或其他事例发生的时候产生。其中，其他事例是指纯粹的纳税义务产生时间事例，在一般规则中具体界定。在一般规则中，应税交易发生与其他事例之间属于替代关系，哪个先发生，纳税义务就产生。① 而特殊规则适用于少数特殊的应税交易，即规定纳税义务在某个特定事例发生的时候产生。其中，特定事例可以是应税交易发生，例如，针对无偿转让的视同应税交易，也可以是价款支付，即纯粹的纳税义务产生时间事例，例如，针对那些需要保护销售方（避免使其承担现金流成本）的交易。② 当然，我国《增值税暂行条例》第 19 条以及《营业税改征增值税试点实施办法》第 45 条

———————

① 这样，如果在商品转让或服务提供发生之前支付价款或开具发票，纳税义务产生在时间上就属于提前产生，这在税收征管需要的特殊考量下是可以的。不过，作为纳税义务产生时间事例的提前支付价款或开具发票仅仅是独立于应税交易发生的具体事例，例如，商品的交付，并非独立于应税交易。换言之，为了提前产生纳税义务，价款的提前支付或发票的提前开具至少应当发生在这样的时刻，即合同框架已经被完整地界定，交易各个核心信息内容已经被清晰地确定，尤其是将要转让的商品或提供的服务。See ECJ's Judgment of 21 February 2006 in Case C-419/02.

② 也就是商品转让或服务提供之后销售方需要很长一段时间才能取得价款的交易。此时，相对于已经发生的商品转让或服务提供，纳税义务的产生时间就被推迟了。当然，纳税义务产生时间的推迟，不能迟于发票的开具。换言之，增值税法在规定上述特殊规则时，还需要补充发票先于价款支付前开具的时候，纳税义务也产生。

在界定纳税义务产生时间事例时，总体上也是采取上述立法模式，即规定了多个事例，其中就包括应税交易发生时间的相关事例，只不过是以纳税义务产生时间事例的名义规定的，这也是源于两者具有重合性。具体而言，包括收讫销售款项、取得索取销售款项凭据以及开具发票，这也是《增值税法》第 28 条对发生应税交易规定的纳税义务产生时间事例。收讫销售款项就是指购买方支付价款，索取销售款项凭据就是指在购买方取得商品或接受服务后销售方取得收取价款的权利，对应的就是商品转让或提供服务。例如，销售方取得购买方出具的入库验收单，意味着商品已交付给购买方，商品的所有权已转移。正如下文将指出的，这也是应税交易发生时间的事例。需要特别指出的是，《增值税暂行条例实施细则》第 38 条针对以直接收款方式销售货物以外的销售货物，还具体规定了其他纳税义务产生时间事例，根据托收承付和委托银行收款方式、赊销和分期收款方式、预收货款方式等不同的销售结算方式，这些事例包括发出货物并办妥托收手续、书面合同约定的收款日期、货物发出、收到预收款、发出代销货物满 180 天等。对于大部分视同应税交易，上述第 38 条又规定货物移送为纳税义务产生时间事例。此外，《营业税改征增值税试点实施办法》第 45 条还规定了金融商品所有权转移、服务和无形资产转让完成以及不动产权属变更为纳税义务产生时间事例，后两类事例针对的是视同销售服务、无形资产和不动产。显然，至少货物发出等一部分上述事例也同时属于应税交易发生时间的事例。增值税法在对应税交易发生时间进行界定之后，在界定纳税义务产生时间时就无需再规定同时是应税交易发生时间事例的纳税义务产生时间事例。不过，对于金融商品所有权转移、无形资产转让完成，不管是作为应税交易发生时间事例还是纳税义务产生时间事例，都还需要具体化界定，毕竟这是商品转让的基本内涵，例如，金融商品所有权又何时发生转移，无形资产转让又何时完成。此外，对于服务完成，不管是作为哪类事例，都需要修改。需要一提的是，《增值税法》第28条规定了关于发生视同应税交易的纳税义务产生时间事例，统一为完成视同应税交易，贯彻了税收法定原则，毕竟属于税收征管的基本制度。不过，完成视同应税交易不管是作为哪类事例，也都还需要具体化界定。

2. 内部设计

对增值税应税交易发生时间的界定，需要先明确应税交易发生的内涵。对此，应税交易的发生并不等同于应税交易的完成。从民商法的角度，应税交易的完成是指交易双方当事人各自履行完毕自己的对价给付义务。显然，考虑到纳税人故意延迟交易完成的手段很多，同时一些交易的完成本身也可能需要很长一段时间，如果以应税交易的完成来决定纳税义务、抵扣权产生等法律后果，相关法律后果的不确定性将变得很大，税款也极有可能无法得到及时征收。为此，应税交易的发生应当从一方当事人履行自己的对价给付义务来理解，而这一方当事人就是指销售方。这是因为应税交易毕竟表现为销售商品或服务，只有销售方履行自己的对价给付义务，即转让商品或提供服务，才能决定应税交易的性质和类型，从而适用不同的征税待遇。为此，欧盟《2006年增值税指令》第63条将应税交易发生时间界定为将商品或服务被提供时。这样，购买方履行自己的对价给付义务，即价款的支付，就并不作为应税交易发生时间的事例，尽管可以作为纳税义务产生时间的事例。

当然，对应税交易发生时间的界定，不能仅限于商品被转

让、服务被提供的时候，还需要进一步具体化，即商品什么时候
可以被认定为被转让，服务什么时候可以被认定为被提供。换言
之，也不能简单地以取得索取销售款项凭据来界定。对此，界定
应税交易发生时间立法在引入应税交易在商品被转让、服务被提
供的时候发生这一基本规则的基础上，还需要进一步规定具体规
则。具体规则总体上可以分为商品转让和服务提供两大条款，同
时，考虑到存在一些特殊的商品转让或服务提供，包括视同销售
商品或服务，针对商品转让或服务提供的具体规则又需要分为一
般规则和特殊规则。事实上，意大利《增值税总统令》第 6 条界
定交易发生时间的事例，实质上就是对欧盟《2006 年增值税指
令》第 63 条界定的应税交易发生时间的具体化。例如，第 6 条第
1 款就界定了商品转让发生时间，作为一般规则，不动产转让在
合同订立之时发生，[①] 动产转让在动产交付或发送时发生，不过
在不动产、动产所有权、处分权移转的效力在上述订立、交付或
发送之后产生的情形，除所有权保留的商品销售、具有对双方当
事人都有约束力的所有权移转条款的商品租赁交易以外，商品转
让在产生转移效力时发生，但是动产转让无论如何在动产交付或
发送后一年到期时发生。同时，第 6 条第 2 款规定了特殊规则，
例如，针对用于企业主个人或家庭消费以及非经营目的的使用的财
产转移（在我国也属于视同应税交易），商品转让在财产被提取
时发生。[②] 此外，根据 1993 年第 331 号法律令第 39 条的规定，欧
盟内跨境采购商品的发生时间为从来源地国的领土向购买方运输

---

　　① 根据意大利《民法典》第 1376 条的规定，不动产的转让在合意达
成时就发生，也就是签署合同的时候。Cfr. l'art. 1376 del Codice Civile.

　　② Cfr. l'art. 6, comma 2, del Decreto del Presidente della Repubblica 26
ottobre 1972, n. 633.

或发送的时刻。[①] 为此，商品到达目的地的时刻或商品交付到目的国变得不重要了，商品是由销售方来运输还是由购买方来运输也变得不重要了。[②]

（二）界定应税交易发生时间立法与民商法的关系

考虑到增值税应税交易是由民商事行为所构成，增值税法界定应税交易发生时间，还需要解决一项基本问题，即如何处理好与民商法的关系，以下从质和量两个方面进行阐释。一方面，从质的角度，关于代表商品何时转让、服务何时提供的事例，增值税法是遵循民商法上的界定，还是采取独立于民商法、体现征税特性的界定。对此，作为一般规则，考虑到税法对经济行为、事实的课税是建立在民商法对经济行为、事实规范的基础上，为避免法际之间的不协调以及法体系的复杂化，应税交易发生时间需要与民商法上商品转让、服务提供的发生时间保持一致。特别是当民商法对发生时间有类型化规定的时候，例如，对于动产、不动产转让，增值税法更应遵循，完全可以照搬过来，以降低立法成本。不过，民商法也不会对所有应税交易的发生时间都有界定或清晰界定，何况应税交易本身也存在税法上基于征税特性设定的类型及划分，同时，正如前文所述，应税交易的发生及发生时间在征税上有多方面特殊的意义，与民商法强调的当事人意思自治会有冲突或不一致的地方，增值税法对应税交易发生时间自然也需要另行界定。换言之，税法有自身的独立性一面。当然，相

---

① 　Cfr. l'art. 39 del Decreto-legge 30 agosto 1993，n. 331.

② 　Cfr. Benedetto Santacroce（a cura di），*Imposta sul Valore Aggiunto*，Il Sole 24 Ore，2024，p. 416.

比于纳税义务产生时间，在应税交易发生时间上，增值税法的另行界定应当限制更多，毕竟在两者区分的情况下，部分征税特性的考量可以在纳税义务产生时间的界定中来实现，同时，程序法规则与民商法的关联性更低。例如，像销售方开具发票，纯粹是税法上的事例，与受票方增值税抵扣相关，只能作为纳税义务产生时间事例。另一方面，从量的角度，即与民商法一致的部分，不宜采用援引的技术，而是依照民商法上的规定以及借用民商法上的概念在增值税法中直接规定相关发生时间事例，以提高税法的明确性和可认识性。① 何况，民商法的规定也存在复杂的一面，例如，不管是《民法典》第 209 条还是第 224 条，对不动产、动产转让的界定，都规定了"法律另有规定的除外"。不过，增值税法依照民商法上的规定对应税交易发生事例不宜界定得太细，以避免增值税法条文的冗长，尤其是应避免依照的民商法规则在税法中占用过多篇幅。例如，对于动产转让，对于交付这一转让方式，除了通常的现实交付外，《民法典》第 226 条至第 228 条针对特殊情况又规定了特殊的交付方式，分别是简易交付、指示交付和占有改定。增值税法规定交付这一基本发生时间事例即可，税务机关据此在实践中针对不同的情况依照民商法解释适用。

三、增值税法应税交易发生时间条款的构建

在对界定应税交易发生时间立法基本问题进行阐释之后，接下来需要进一步阐释立法界定应税交易发生时间的具体规则，也

---

① 参见翁武耀："论我国纳税人权利保护法的制定"，《财经法学》2018 年第 3 期，第 90 页。

就是构建应税交易发生时间条款。对此，基于已经阐释的相关基本问题，应税交易发生时间的具体规则需要分别从商品转让和服务提供进行界定，以下分别从各自的一般规则和特殊规则进行阐释。

（一）应税交易发生时间的一般规则

1. 商品转让发生时间

商品转让是指商品所有权或处分权发生转移，商品转让什么时候发生，就是指商品所有权或处分权什么时候发生转移。不过，从本质的角度看，商品转让在以下情况产生时发生：当购买方取得对商品的控制，即能够支配商品的使用并取得来自商品的经济利益，同时，商品的相关风险也转移给购买方。[①] 当然，如果增值税法仅仅界定商品转让的本质，会过于抽象和原则化，增加法律适用的难度，对商品转让还是应当从商品所有权或处分权发生转移的法律形式来界定，这是因为民商法对商品所有权或处分权转移的相关事例也进行了界定。据此，界定应税交易发生时间，主要是界定代表商品所有权或处分权在特定时候发生转移的相关事例，但当相关事例与所有权或处分权转移不一致的时候，则需要根据商品转让的本质来修正界定。考虑到商品外延的多样性，包括货物、不动产、无形资产、金融商品等无形财产，以及《民法典》对不同商品所有权或处分权什么时候发生转移有不同的规定，商品转让发生时间的界定在不同程度上还需要进一步区分不同的商品。这样一种类型化的界定，符合简化法律适用的要

---

① See ECJ's Judgment of 2 July 2015 in Case C-209/14.

求。据此，一般规则的设计需要从以下两个方面进行阐释。

首先，一般规则下的类型化界定：① 货物转让。货物属于典型的动产，根据《民法典》第 224 条的规定，动产物权的转让，自交付时发生效力。为此，货物转让发生时间应当界定为货物交付时。不过，货物交付又存在各种具体方式，例如，送货上门、自行提货、代办托运的运输方式等现实交付，包括发送，抑或简易交付、指示交付和占有改定，增值税法无需再规定。换言之，根据实践中的不同情况，基于《民法典》的相关规定来确定即可。例如，根据《民法典》第 512 条的规定，通过互联网等信息网络订立的电子合同的标的为交付商品并采用快递物流方式交付的，收货人的签收时间为交付时间。② 不动产转让。在现行增值税法下，因为土地所有权不能转让，不动产主要是指地上的建筑物及其附着物。根据《民法典》第 209 条的规定，不动产物权的转让，经依法登记发生效力。不动产物权变动基于登记而产生公信力。① 为此，不动产转让发生时间应当界定为不动产依法变更（权属）登记时。③ 无形资产转让。在现行增值税法下，无形资产包括土地等自然资源使用权、商标、专利技术、著作权以及经营权、网络游戏虚拟道具等权益性资产。相对复杂的是，根据相关民商法的规定，不同的无形资产转让发生的时间并不一样。例如，对于土地使用权转让，考虑到《民法典》将用益物权也纳入不动产物权的范围内，也需要经依法登记发生效力；对于专利转让，根据《中华人民共和国专利法》第 10 条的规定，同样自登记之日起生效。再如，对于著作权转让，由于《中华人民共和国著

---

① 参见梁慧星："《物权法》若干问题"，《浙江工商大学学报》2008 年第 1 期，第 7 页。

作权法》(简称《著作权法》)并没有规定在登记后生效,同时,由于著作权是无形的,无法像货物那样进行交付,这样,就在合同签署时生效。为此,无形资产转让发生时间应当界定为无形资产依法变更(权属)登记或转让合同签署时。其中,合同签署意味着交易当事人简单的同意是不够的,需要书面化。此外,需要特别一提的是,《民法典》第512条还规定电子合同的标的物为采用在线传输方式交付的,合同标的物进入对方当事人指定的特定系统且能够检索识别的时间为交付时间。据此,一些无形资产也可以交付,如网络游戏虚拟道具、能构成商品的数据等,毕竟货物无法在线传输。相应地,无形资产转让发生时间的界定需要再补充交付这一事例。当然,对于既不需要登记又没有签署合同的无形资产转让,且该无形资产无法在线传输,就只能根据商品转让的本质(购买方取得对商品的控制)来界定了。④ 金融商品转让。在现行增值税法下,金融商品包括外汇、有价证券、非货物期货以及基金、信托等各类资管产品和各种金融衍生品。由于金融商品的无形性,金融商品交易的对象很多情况下也是匿名的,且不需要对外公示,金融商品不仅也无法像货物那样进行交付,同时还无需或不能像不动产、无形资产那样以登记或合同签署来实现转让。事实上,与其他商品不同,纳税人转让金融商品通常是通过在金融机构、交易所等机构中开立的账户进行交易,金融商品转让具体是通过完成金融商品的过户来实现。例如,《中华人民共和国证券法》(简称《证券法》)第107条规定投资者应当使用实名开立的账户进行交易,《中华人民共和国期货和衍生品法》(简称《期货和衍生品法》)第18条规定期货交易实行账户实名制。换言之,相关金融商品进入账户中就代表该账户户主拥有了该金融商品的所有权。为此,金融商品转让发生时间应当界定为金融商品完成过户时，这也符合商品转让的本质。

其次，一般规则的补充。对于商品转让发生时间的界定，上述一般规则的设计事实上遵循了民商法的规定。不过，考虑到交易自治，在法律没有特别限制的情况下，交易当事人可以就商品转让的发生进行特别约定。这通常发生在以交付或合同签署为商品转让发生事例的情形。换言之，交易当事人可以约定不在交付或合同签署时或在交付或在合同签署之后发生商品所有权或处分权的转移。例如，约定所有权保留、签署附生效条件的合同。此外，我国《民法典》第229条还规定，"因人民法院、仲裁机构的法律文书或者人民政府的征收决定等，导致物权设立、变更、转让或者消灭的，自法律文书或者征收决定等生效时发生效力"。据此，在这一规定的特殊情形，不经交付或登记，商品所有权或处分权也发生转移。对于上述这些情形，作为对一般规则的补充，增值税法还需要特别回应，即是否还是遵循民商法，以民商法下实际发生商品所有权或处分权的转移来界定商品转让。对此，增值税法总体上还是要遵循民商法，保障法际之间的协调，减少交易当事人的遵从成本，毕竟增值税征收要以实际发生交易（商品所有权或处分权转移）为基础。此外，纳税义务产生时间可以先于应税交易的发生，这样，即使将商品转让发生界定在交付或合同签署之后，纳税义务产生时间的事例（例如价款的支付）可能已经先行发生，税款的及时征收利益还是能够得到保护的。当然，对于无形资产而言，商品所有权转移的法律后果发生在合同签署之后，也可能是源于其他原因，例如，转让的无形资产是未来的无形资产。据此，首先需要补充规定，在商品所有权或处分权转移的效力在上述一般规则中界定的相关商品交付、合同签署等事例之后产生的，商品转让在转移效力实际产生的时候发生，包括未来的无形资产被创造出来的时候。这也就体现了商品转让的本质。不过，如果一概如此处理，纳税人还是有可能据此会利用这一补充规则和滥用交易自治，结合其他纳税义务产生时间事例发生的延后，故意推迟甚至掩盖增值税纳税义务的产生。为此，从确保征税效率的角度，加之应税交易的发生及发生时间不仅决定纳税义务产生的法律后果，还对其他法律后果产生、其他事例发生具有意义以及决定新旧规则的选择，还需要限制这一补充规则，使商品转让的发生在增值税法的认定上具有一定的确定性。例如，商品在交付后满一年时无论如何就应当认定商品转让的发生。对此，正如前文所指出的，意大利《增值税总统令》第 6 条第 1 款就规定在任何情况下动产转让在交付后一年到期时发生。

需要特别指出的是，对于所有权保留约定，可以对上述补充规则作更近一步的限制。根据《民法典》第 641 条第 1 款的规定，交易当事人可以约定货物在交付之后、购买方尚未支付价款或未履行其他义务之前，货物所有权还是归属于销售方。与此不同，根据《最高人民法院关于审理买卖合同纠纷案件适用法律问题的解释》第 25 条的规定，不动产不适用上述所有权保留的规定。这样，在上述货物所有权保留的情况下，从增值税法的角度，商品转让还是在交付时发生，抑或按照补充规则在随后的购买方支付价款或履行其他义务时（所有权这才实际转移）发生？对此，增值税法应当采取独立于民商法的界定，即还是以商品交付时界定商品转让的发生。这是因为在通常情况下，虽然所有权保留，但是销售方已经将与商品所有权有关的主要风险和报酬转移给购买方，也没有保留通常与所有权相关联的持续经营权，也没有对已经交付的商品实施有效控制。从企业所得税法的角度，即使所有权保留，也要确认收入。^① 事实上，从征管效率的角度，需要便利增值税的及时征收，避免给税务机关带来过重的稽查成本，否则，纳税人还是可以通过约定所有权保留条款来推迟增值税纳税义务的产生，这是因为价款支付是发生在货物交付之后的。何况，《民法典》第 641 条第 2 款还规定出卖人对标的物保留的所有权，未经登记，不得对抗善意第三人。而学界亦有以担保权形成说来解释所有权保留。^②

2. 服务提供发生时间

服务提供是指不构成商品转让或存在商品转让但属于次要部分的交易，前者例如租赁服务、咨询服务，后者例如餐饮服务。服务提供本质上就是销售方履行一项作为、不作为或许可义务。与商品转让发生时间界定的逻辑一样，服务提供发生时间也应当是指购买方的利益（需求）得到了满足的时刻。具体而言，对于商品转让是指取得商品的控制，对于服务提供应当是服务得到执行。

从一般规则的角度，服务提供的发生本质上就是服务得到执行或提供完毕，可界定为销售方履行完毕相关作为、不作为或许可义务，但很难再具体化。这是因为服务的种类太多，每一种服务对应的义务履行，也是千差万别。民商法除了规定特定服务相关的义务履行内容，例如，《民法典》合同编规定的运输合同（服务）、承揽合同（服务）等，但不会专门规定相关义务履行什

---

① 参见《国家税务总局关于确认企业所得税收入若干问题的通知》（国税函〔2008〕875 号）。

② 参见邹海林："所有权保留的制度结构与解释"，《法治研究》2022年第 6 期，第 35 页。

么时候完毕的类型化事例。欧盟《2006 年增值税指令》第 63 条规定了服务提供应税交易发生时间的一般规则，也就是"服务被提供的时候"，没有再具体化，包括意大利增值税法。当然，对于很大一部分持续时间较短的服务提供而言，上述发生时间的界定也足以应对和适用，同时也是合理的。例如，餐饮服务，当餐厅将饭菜、饮料制作且提供饮食场所和给予饮食时间，餐饮服务就能被认定为提供完毕，此时购买方相关利益也得到了能满足。再如，旅客运输服务，当火车、飞机等交通工具到达旅客目的地时，旅客运输服务就能被认定为提供完毕，此时购买方相关利益也得到了满足。事实上，《营业税改征增值税试点实施办法》第 45 条在界定服务提供纳税义务产生时间时，也采用了服务完成（也就是服务提供完成）这一事例，作为一项替代的纳税义务产生时间事例。其中，对于无偿提供服务这类视同应税交易，更是专门以服务提供完毕来界定纳税义务产生时间事例。因此，将服务提供完毕时同时认定为服务提供发生时间是完全可行的。

（二）应税交易发生时间的特殊规则

1. 商品转让发生时间

首先，特殊规则适用于持续性的货物长期供应。例如，按照合同约定，销售方每月向购买方供应一批钢材，或销售方连续或不间断向购买方供应自来水或电力。当然，对于长期供应，总价款也往往是分开（分次）支付的。对于这种长期供应的货物转让，所有权转移的发生时间是否还应当界定为交付之时，即与其他货物销售的情形一样，存在争议。在理论上，这种长期供应的销售货物可以视为是多个或很多个销售货物所组成，还是以交付来界定每一个货物转让，也是可行的。不过，在实践中，每一次交付都产生一次纳税义务，即使按日进行界定，也会产生太多个纳税义务，何况一些连续性的供应也很难界分每一次交付，这会给纳税人带来很重的遵从成本以及加大征税难度。为简化，从征税的角度，需要选择替换交付的事例来界定货物转让。对此，欧盟《2006 年增值税指令》第 64 条将其界定为每一次价款支付的期限届满之时，① 也就是合同约定的每一次价款支付（收款）日期。对于长期供应这样一种持续关系而言，发生时间界定为价款支付时，不仅是界定应税交易发生时间一般规则的简化，也是符合逻辑的。这是因为购买方的利益得到满足（取得商品的控制）与销售方拥有取得价款的权利是一致的，时间上也是重合的，而应税交易的发生时间正是购买方利益得到满足的时刻。② 事实上，在货物长期供应下，以价款支付的日期来界定货物转让的发生时间，虽然不是从销售方履行对价给付义务的角度来界定，但应税交易性质和类型还是能确定的。同时，不同于对价支付（可以任意推迟），约定好的价款支付日期具有较好的确定性。不过，如果合同没有约定每一次价款支付的日期，可以以交付来界定货物转让的发生时间事例，当然，也可以再补充一个事例。具体而言，对于持续供应（提供）货物或服务，欧盟《2006 年增值税指令》第 45 条第 2 款授权成员国可以规定每隔一年货物或服务的供应完成一次，③ 例如，以当年 12 月 31 日以及之后每一个年度的12 月 31 日为货物长期供应的发生时间。

---

① See the art. 64 of Council Directive 2006/112/EC.

② Cfr. Guglielmo Fransoni，*Il momento impositivo nell'imposta sul valore aggiunto*，Cedam，2019，p. 41.

③ See the art. 45 of Council Directive 2006/112/EC.

　　其次，特殊规则还适用于部分视同应税交易，这部分应税交易的发生并不伴随商品所有权或处分权的转让。例如，《增值税暂行条例实施细则》第 4 条规定的将货物交付他人代销、货物从同一纳税人的一个机构转移至另外一个机构。此外，该条规定的货物用于集体福利或者个人消费，至少从法律上一部分行为也不发生商品所有权或处分权的转让。这样，对这些视同应税交易，就不能按照货物交付来界定应税交易的发生。据此，需要分成两种情况：① 将货物交付他人代销。这里应先修改交付一词，毕竟增值税法已经需要用交付一词来界定货物转让发生时间的事例，可以修改为移送，即将货物移送他人代销。这样，考虑到这一视同应税交易与销售代销货物视同应税交易是相关联在一起的，同时也是以后者为目的，为避免委托人承担不应有的税负，尤其是当受托人代销货物迟迟不能销售出去的时候，应当界定为受托人将货物代销出去（交付给购买方）的时候。换言之，移送他人代销与代销货物发生的事例一致，两个视同应税交易同时发生。意大利《增值税总统令》第 6 条第 2 款对委托销售这类视同应税交易就以此来界定应税交易发生时间的事例。② 两机构间转移和货物用于集体福利或者个人消费，是否可以以现行增值税法所规定的纳税义务产生时间来界定，即界定为货物移送时？对此，应当认为是可以的。不过，意大利《增值税总统令》第 6 条第 2款作了不同的规定，对于用于企业主个人或家庭消费以及基于非经营目的使用发生的商品转移（同样也是视同应税交易），发生时间界定为商品被提取时。显然，从取得者获取商品的角度来界定，更接近商品转让的本质，我国增值税法从优化的角度可以借鉴。

2. 服务提供发生时间

部分服务提供往往需要持续一段时间，甚至会长达几个月、几年，例如出租服务、建筑服务。同时，对于持续性的服务提供，也包括像销售货物那样的长期供应，例如，长期提供咨询服务。如果还是以服务提供完毕来界定应税交易发生事例，应税交易发生的界定就会存在困难和长期不确定，加上服务无形的特征，更容易被纳税人利用来逃避税，且会影响纳税义务产生以外的其他法律后果产生或其他事例发生以及新旧规则选择的确定性。为此，与货物的长期供应一样，也需要引入特殊规则来界定这类服务提供的发生时间，即合同约定的每一次价款支付日期，理由不再赘述。不过，需要特别指出的是，如果未有合同约定价款支付日期，对于持续性的服务提供，例如，持续时间超过一年的，更需要引入一个应税交易发生时间的补充事例，即当年 12 月 31 日以及之后每一个年度的 12 月 31 日。当然，持续时间不超过一年的，参考意大利《增值税总统令》第 6 条第 3 款关于服务提供发生时间的规定，即"持续性或周期性服务提供，在服务提供的第二个月发生"，[①] 引入应税交易发生时间的另一项补充事例，即服务提供的第二个月。

（三）应税交易发生时间条款的设计

时间是现代法律规范中最习以为常而又最不可或缺的因素。[②]

---

① Cfr. l'art. 6，comma 3，del Decreto del Presidente della Repubblica 26 ottobre 1972，n. 633.

② 参见高一飞："时间的'形而下'之维：论现代法律中的时间要素"，《交大法学》2021 第 3 期，第 52 页。

对于增值税法而言，应税交易的发生除了意味着应税行为客体要件之销售商品或服务满足以外，也蕴含着应税行为构成的时间要件。换言之，销售商品或服务何时发生是一项重要的时间内容，也属于增值税相关义务、权利的要件。为此，界定应税交易发生时间，不仅可以精细化增值税法，也可以增强增值税法适用的确定性，是在增值税领域实现良法善治的重要一环。总体而言，应吸取欧盟增值税指令、意大利增值税法的有益经验并避免其相关不足，在增值税法有关应税行为的实体法规则中，从时间要件的角度引入界定应税交易发生时间的条款，并在应税交易发生时间与纳税义务产生时间相区分但又存在重合性的基础上，处理好与作为程序法规则的纳税义务产生时间条款的关系。同时，在界定应税交易发生时间时，增值税法需要以民商法为基础规定一般规则，针对特殊情形再引入基于征税考量的特殊规则。可以肯定的是，在立法上正确认识应税交易的发生时间，不仅对增值税法的完善具有重要意义，还将对未来我国《税法典》关于应税行为发生与纳税义务产生等税法共同性规则的制定具有特殊的意义。

增值税法可以用一条专门规则来界定应税交易发生时间，具体分五款：第 1 款界定发生时间的一般规则，区分销售货物、不动产、无形资产、金融商品和服务五种情况；第 2 款为上述一般规则的补充；第 3 款和第 4 款分别是针对长期供应下的销售商品和销售服务规定应税交易发生时间的特殊规则；第 5 款界定视同应税交易的发生时间。对于第 5 款，需要强调的是，首先，作为一般规则，规定按照应税交易发生时间来确定；其次，针对无法按照应税交易发生时间来确定的部分视同应税交易，规定发生时间的特殊规则。此外，对于货物委托代销和货物在机构间转移两类视同应税交易，与本书第四章视同应税交易条款的设计相一致，且《增值税法》也没有再规定，应税交易发生时间条款的设计也不提及这两类视同应税交易。

综上，应税交易发生时间条款可作如下规定：

应税交易发生是指下列情形：

（一）销售货物的，货物交付时；

（二）销售不动产的，不动产依法变更登记时；

（三）销售无形资产的，无形资产依法变更登记、转让合同签署或交付时；

（四）销售金融商品的，金融商品完成过户时；

（五）销售服务的，服务提供完毕时。

在第一款（一）至（四）规定的情形，如果商品转让的效力并不是产生在相关情形，除了所有权保留以及国务院规定的其他情形以外，应税交易在商品转让的效力实际产生时发生。其中，销售货物无论如何最迟在货物交付后满一年时发生。

长期供应下的销售货物，应税交易发生是指长期供应合同约定的每一次价款支付的期限届满之时。如果合同未约定，以每一次货物交付时，或当年 12 月 31 日以及之后每一个年度的 12 月 31 日，为应税交易发生时间。

长期供应下的销售服务，应税交易发生是指长期供应合同约定的每一次价款支付的期限届满之时。如果合同未约定，以服务提供的第二个月，或当年 12 月 31 日以及之后每一个年度的 12 月 31 日，为应税交易发生时间。

视同应税交易根据前三款的规定确定发生时间。但是，将商品用于集体福利或者个人消费的，视同销售商品发生是指商品被提取时。

第七章

非应税行为

增值税应税行为体现为经营者在经营活动中在境内销售商品或服务以及在法律特别规定下任何人在境内销售不动产等特定商品或服务。据此，根据前面五章关于应税行为各个要件的论述，增值税应税行为的构成，需要同时满足主体、客体、时间和空间四项要件：主体要件要求纳税人是实施经营活动的主体，除非在销售不动产等特定商品或服务的极少数特殊情况下不要求；客体要件要求有偿转让商品或提供服务，包括法律拟制的视同有偿转让商品或提供服务；时间要件要求销售商品或服务已经发生；空间要件要求商品或服务在我国境内销售。显然，撇开法律特别规定的特殊应税行为不谈，上述任何一项基本要件不满足，增值税应税行为就无法构成，不产生增值税的纳税义务，除非在仅时间要件未满足的情况下法律特别规定的纳税义务产生事例成就。综上，增值税非应税行为可以分为四类，分别是非销售商品或服务、非经营活动、未在境内销售商品或服务和尚未销售商品或服务，分别代表不满足客体、主体、空间和时间要件的行为。事实上，从决定是否产生纳税义务的角度，科学界定增值税的应税行为，从反向的角度，也就是科学界定非应税行为，对国家税收利益维护和纳税人财产保护，具有重要的意义。此外，我国税制改革的方向已经确定为提高直接税比重，考虑到增值税是最大的间接税，近些年的改革也以降低税负为主要内容，科学界定其非应税行为，尤其是明确或增加应然的非应税行为，对实现上述税制改革也具有特殊的意义。

根据现行增值税法或《增值税法》，增值税应税行为表现为单位和个人在境内销售货物、服务、无形资产和不动产。由于实践中交易的主体、客体以及形式非常多样且创新不断，尤其是在大数据时代下，难免产生这样的疑问：是否所有的交易或有偿转让商品或提供服务都产生增值税的纳税义务？对此，答案是否定的。考虑到增值税在理论设定上是对消费的一般化课税，即对所有商品或服务的消费普遍征收的税，增值税应税行为具有先天的广泛性，厘清少数非应税行为并在法律上进行界定，也是另外一种界定增值税应税行为或明确其构成要件合理且有效的方式。也正因为如此，《营业税改征增值税试点实施办法》第10条从构成非经营活动的角度规定了三类非应税行为。不过，由于目前我国增值税法对应税行为构成要件的规定还存在诸多不足，例如，在客体要件上未对商品和服务进行抽象概念的界定以及对视同有偿转让商品或提供服务界定过宽，在主体要件上未明确增值税对经营活动课税的一般原则，在空间要件上对消费地课税原则贯彻尚未到位，以及缺乏对时间要件的专门规定，未与纳税义务产生时间的规定相区分，不仅实践中许多交易是否构成非应税行为还存在争议或法律适用上的不明，现行规则对其中一些交易构成应税

① 参见《中共中央关于制定国民经济和社会发展第十四个五年规划和二〇三五年远景目标的建议》。
② 主要体现在降低税率、征收率以及扩大抵扣范围、完善留抵退税制度等方面。

行为或非应税行为的界定也有待商榷。关于前者，例如，劳务出资，单位或者个体工商户为聘用的员工提供服务，社交平台向用户提供免费注册服务但要求用户允许平台搜集其个人信息，大学或科研机构取得科研纵向或横向项目，等，是否应当征收增值税以及在什么条件下不需要征收增值税还存在争议。关于后者，例如，将土地所有者出让土地使用权、个人转让著作权、家庭财产传承的个人无偿转让不动产界定为免税行为（属于应税行为），将城镇公共供水企业缴纳的水资源税所对应的水费收入规定为不征收增值税（相当于非应税行为），等。此外，对于存款、依照法律规定被征收、征用而取得补偿、政府收取政府性基金等行为，虽然被界定为非应税行为没有争议，但是被笼统地归于非经营活动，未从不满足客体要件的角度精细化归类非应税行为。为此，不仅从解释论的角度为促进增值税法的正确适用，更从立法论的角度为推进增值税法的完善，都有必要围绕相关构成要件对增值税非应税行为进行全面而深入的阐释，体系化分类非应税行为。

考虑到增值税应税行为构成要件的主要内容为客体和主体要件，增值税非应税行为的阐释主要针对非应税交易和非经营活动两大类，在这两大类中的相关行为是否属于非应税行为的争议也更多。此外，客体要件在增值税应税行为四项构成要件中处于中心地位，毕竟经营活动本身的构成也是以存在商品或服务销售为前提，即经营活动的内容为商品或服务销售，同时，如果没有商品或服务销售，自然也不需要考虑是否在境内销售以及何时实施的问题。为此，下文将先行阐释非应税交易，再分别阐释非经营活动、未在境内销售商品或服务和尚未销售商品或服务销售这三类非应税行为。其中，根据本书第三章关于应税交易的论述，源于客体要件可以进一步分为商品转让或服务提供的构成和转让或提供的有偿性两项要件，非应税交易还可以进一步分为非商品转让或服务提供和非有偿性（非对价）转让商品或提供服务两类非应税交易，而有偿性与否的判断以存在商品转让或服务提供为前提，为此下文将先行阐释非商品转让或服务提供行为。

一、非应税交易

非应税交易首先体现为非商品转让或服务提供行为，而属于非应税交易自然就属于非应税行为。事实上，这一行为又包括非商品转让和非服务提供两种行为，同时，考虑到要构成非应税行为，某一交易不构成商品转让，同时也不能构成服务提供，反之亦然。这是因为服务提供的界定通常会采取了兜底的方式，即属于除转让商品以外的交易，例如，欧盟《2006 年增值税指令》第24 条规定："服务提供是指任何不构成商品转让的交易。"① 为此，对某一交易在判断不构成商品转让之后，为避免产生其是否可能构成服务提供进而还可能构成应税行为的疑问，下文阐释的非商品转让行为事实上限于两种情形，一种是发生财产转让、但转让的财产不构成商品的行为，另一种是未发生财产转让且也没有提供服务的行为。当然，非商品转让行为主要在于第一种行为。需要补充的是，立法可能会将一些商品转让规定为非商品转让，但纳入服务提供来征税。例如，在餐饮服务中包括了食品、饮料等商品转让。相反，立法也可能将一些服务提供规定为非服务提供，但纳入商品转让或其他服务提供来征税。例如，根据意大利

---

① 　See the art. 24 of Council Directive 2006/112/EC.

《增值税总统令》第 3 条第 2 款第 8 项的规定，在意大利无代表权（受托人以自己名义）销售商品或服务中的视同销售，由于委托人和受托人之间被视同发生商品转让或服务提供，受托人向委托人提供的代理服务不再构成一项独立的服务提供，这是因为这项代理服务被纳入到视同销售商品或服务之中进行征税。① 显然，上述相关的商品转让、服务提供并不是非应税行为，需要排除。

（一）非商品转让

1. 作为非商品的财产转让

商品转让是指移转商品所有权或者处分权的行为，其中，商品是指在市场中具有流通性的财产，包括货物、不动产、用益物权、金融商品以及其他无形财产。据此，第一种非商品转让行为在于转让的客体不构成商品。换言之，这类非商品转让行为构成的前提是存在财产所有权或者处分权的转让，即转让的是具有产权性质的财产，不管是有形还是无形的财产，不管是动产还是不

---

① Cfr. l'art. 3, comma 2, del Decreto del Presidente della Repubblica 26 ottobre 1972, n. 633. 具体而言，根据意大利《增值税总统令》第 13 条第 2 款第 2 项的规定，代理服务佣金影响了相关商品或服务销售税基的计算。根据该项的规定，相关税基的确定如下：商品从委托人转移到受托人（代理人），商品转让的税基（对价）是受托人商定的销售价格（对第三方销售时）减去委托人支付给受托人的代理佣金；商品从受托人转移到委托人，商品转让的税基（对价）受托人商定的购买价格（从第三方购进时）加上代理佣金；对于受托人提供的服务（面对第三方），委托人和受托人之间服务的税基（对价）是受托人商定的服务提供价格减去代理佣金；对于受托人接受的服务（从第三方），委托人和受托人之间服务的税基（对价）是受托人商定的服务购买价格加上代理佣金。

动产，以此与服务提供相区别。因此，前述服务提供的界定所采
取的兜底式立法并不覆盖所有（各类不同性质）的交易或行为。
这样，存在一些不构成服务提供的非商品财产转让行为。

(1) 货币转让

货币作为一项重要的财产，常常发生货币的流动，即所有权
的转移，例如，用货币换取商品或服务，再如，用货币出资。不
过，在上述情形中，货币并不构成商品。当然，这里所说的货币
限于法定货币，在我国就指人民币。换言之，货币流动代表的仅
仅是支付工具的流动，并不代表增值的展现，[①]如果存在以货币
为客体的交易，10 元金额的货币也只能定价 10 元，不存在增值
的可能，自然也就无法构成商品。这样，这里所说的货币还进一
步限于一国内现行流通的货币，古币或非现行货币可以构成商
品，是因为古币或非现行货币存在价值变动的情况，例如，可能
会随着时间的推移而增长，古币或非现行货币可以成为交易的客
体，而不是支付工具。同理，关于外国货币，由于存在外汇市
场，外汇价格存在波动，外汇也可以成为交易的客体。因此，如
果外国货币以外汇的形式发生转让，就可以构成商品，在我国也
称为金融商品。相反，外国货币作为支付工具发生所有权转移，
自然不属于商品转让。此外，用货币出资、认购投资基金、捐赠
等发生货币所有权转移的情形，也不属于商品转让，因为此时货
币也不是交易的客体，也不存在货币的增值，当然货币的支付也
不是履行一项对应给付义务。[②]需要特别指出的是，如果将货币
出借给他人，虽然源于货币的特殊性，即货币占有即所有，此时

---

①　Cfr. Raffaele Perrone Capano，L'imposta sul valore aggiunto，Jovene，
1977，p. 318.

②　Cfr. Giuseppe Franco，Giuda all'IVA，Giuffre，2004，p. 242.

形式上也发生货币所有权的转移，但是因为需要归还本金，实质上可以视为是出让货币使用权，属于一项取得利息的对应给付义务的履行，构成服务提供。

（2）债权、股权转让

债权从严格意义上属于财产权，不过，从税法的角度视为财产也是可以的。据此，债权、股权等代表资本流动的财产转让，通常情况下并不构成商品转让，这是因为债权、股权缺乏商品的核心特征，即市场流通性，换言之，很难被认定是为交换而生产出来的产品。具体而言，债权、股权是基于融资需求而产生的，同时，源于法律或现实的限制，债权和股权，尤其是有限责任公司的股权，无法被反复买卖。事实上，除了债权、股权转让，企业投资份额转让等关于资本流动的交易通常都要被排除在增值税的应税交易之外。[1] 意大利《增值税总统令》关于非商品转让界定的第 2 条第 3 款第 1 项明确规定债权转让不构成商品转让。[2] 其中，债权转让可以视为是转让人债权的一种受偿，即对应债务的履行，并不会产生增值。不过，在特殊情况下，债权、股权转让可以构成商品转让，即以股票、债券的形式转让。这是因为股票作为（股份有限公司）股权的代表形式（凭证），债券作为债权的代表形式（凭证），两者买卖的限制，尤其是交易对象方面，基本上就不存在，甚至可以不记名或匿名交易，使得股票和债券极具市场流通性，也就具备了"商品"的核心特征，在一定程度

---

[1]　Cfr. Raffaele Perrone Capano，*L'imposta sul valore aggiunto*，Jovene，1977，p. 319.

[2]　Cfr. l'art. 2，comma 3，del Decreto del Presidente della Repubblica 26 ottobre 1972，n. 633.

上也可以被认定为为交换而生产出的产品。① 此时，股票和债券也就成为金融商品，而金融商品交易具有增值的功能。同理，合伙型私募基金中的普通合伙人的基金份额，缺乏市场流通性，也不构成商品或金融商品。

（3）农业用地转让

农业用地是直接或间接为农业生产所利用的土地，包括耕地、园地、林地、牧草地、养殖水面、坑塘水面、农田水利设施用地等。在我国，土地所有权归属于国家和农民集体，企业、个人等主体只能享有土地使用权，不过，土地使用权属于用益物权，构成一项重要的财产。其中，农村土地归属于农民集体，但集体成员可以拥有农民集体土地使用权。不过，根据《中华人民共和国土地管理法》第 63 条和第 82 条的规定，除非符合土地利用总体规划、城乡规划进而确定为工业、商业等经营性用途，农民的集体土地使用权不得出让、转让或者出租用于非农业建设。换言之，农民集体土地使用权仅限于集体内部成员之间并且要用于农业建设。这样，这里所说的农业用地转让特指农民集体内部成员间的用于农业建设的土地使用权转让。显然，不管是转让对象还是转让用途，农业用地转让受到极大的限制，农业用地不具有市场的流通性，转让也不会有增值，因此不构成商品转让。据此，根据《营业税改征增值税试点过渡政策的规定》第 1 条第 35 项的规定，作为免税交易的土地使用权转让给农业生产者用于农业生产，需要排除农民集体土地使用权集体内部之间的交易，即后者属于非应税行为。相反，如果农村土地被确定为经营性用

---

① 参见中国社会科学院语言研究所词典编辑室编：《现代汉语词典》，商务印书馆 2016 年版，第 1142 页。

途，并用于转让，事实上就进入了生产、流通环节（市场），可以构成商品转让。对此，意大利《增值税总统令》第2条第3款第3项更是明确规定非建筑用地转让不构成商品转让，[①] 理由是只有建筑土地在生产、流通环节，转让会产生增值。其中，意大利非建筑用地除了农业用地，还包括公共绿地和农业主管理需要的建筑相关的土地。[②]

（4）企业或企业部门整体转让

对于企业主或企业控制人而言，企业无疑是一项财产。不过，与其他财产不同的是，企业不仅包括企业的资产，即各类固定资产、无形资产以及货物等财产，还包括企业债权、债务及劳动力等。因此，企业也是一项特殊的财产，所谓企业整体转让就是指一并转让企业的资产、债权、债务及劳动力等。此外，还需要明确的是企业整体转让有多种方式。例如，企业主转让个人独资企业给他人取得转让价款，企业主发生变更；再如，公司股权被全部转让给其他企业、个人，转让人取得股权转让价款；又如，企业在不解散的情况下，其全部经营活动，包括所有资产、债权、债务及劳动力等，转让给另一家企业，成为另一家企业的一部分，转让人取得转让价款或另一家企业的股权。而取得另一家企业股权的情形，事实上就属于转让人以企业进行投资（出资）的行为。当然，如同货币，企业整体转让（包括企业整体捐赠）不构成商品转让。显然，不管是何种企业整体转让，由于转让的客体是企业本身，并不仅仅是企业的某项或几项资产，还包

---

① Cfr. l'art. 2，comma 3，del Decreto del Presidente della Repubblica 26 ottobre 1972，n. 633.

② Cfr. Raffaele Perrone Capano，*L'imposta sul valore aggiunto*，Jovene，1977，p. 324.

括了债权、债务、劳动力等非商品要素，资产（其中部分资产也有可能不是商品）与非商品要素的总和不能成为商品，同时，这也决定了企业整体并不具有市场流通性。此外，以股权全部转让的方式实施的企业整体转让不构成商品转让，也与上文阐释的股权转让不属于商品转让相契合。属于企业整体转让的情形还包括企业部门转让，即企业某个经营部门或分支机构的转让。对此，企业部门转让当然也应当是该部门的资产、债权、债务及劳动力的一并转让。不过，转让的企业部门还应当满足一项条件，即该部门虽然属于企业的内部组织，但是在会计上是独立核算的，即能够独立地、统一地实施一项特定的经营活动。对此，意大利《增值税总统令》第 2 条第 3 款第 2 项明确规定企业或企业部门转让和出资不构成商品转让。①

需要特别明确的是，在实践中，企业整体转让可能会以分期、分离的方式一部分、一部分地被转让给同一受让人。这样，如果某一部分的转让是商品转让的话，就应当征税，到最后全部转让完成，构成企业整体转让的，可进行增值税调整。但是如果企业是以分期、分离的方式一部分、一部分地被转让给不同的受让人，则征税的部分就无法实施增值税调整，② 因为此时不再属于企业整体转让。

（5）企业合并、分立以及企业资产重组等特殊交易下的资产等一并转让

除了从事正常的销售商品或服务、对外投资等交易以外，企业在经营活动过程中还有可能从事企业合并、分立以及企业资产

---

① Cfr. l'art. 2，comma 3，del Decreto del Presidente della Repubblica 26 ottobre 1972，n. 633.

② Cfr. Giuseppe Franco，*Giuda all'IVA*，Giuffre，2004，p. 242.

重组等特殊交易，涉及企业业务的调整，从而优化企业经营和提高企业营利能力。事实上，上述这些特殊交易的实施会带来企业货物、不动产、无形资产等资产所有权的转移。例如，在企业合并的情形下，被合并企业的资产转移至合并企业名下，其中，合并企业分为现存的合并企业和新设立的合并企业。再如，在企业分立的情形下，被分拆企业的资产转移至分立的新企业名下。而在资产重组下，例如通过兼并收购、资产置换、剥离、企业拆分等对外的交易，与上述企业合并、分立存在部分的重合，也会发生资产所有权的转移。据此，企业内部的资产重组以及企业股东层面的股权重组，不涉及企业资产所有权的转移，并不在这里所说的特殊交易范围内。

在我国，在上述特殊交易下的财产转让之所以不构成商品转让，缘由与上文企业或企业部门整体转让不构成商品转让的缘由一致，即不是单纯的资产转让。事实上，避免征税对企业资产重组造成障碍，不是不构成应税行为进而不征税的缘由，而是免税的缘由。具体而言，根据《国家税务总局关于纳税人资产重组有关增值税问题的公告》（国家税务总局公告 2013 年第 66 号）和《营业税改征增值税试点有关事项的规定》第 1 条不征收增值税项目第 5 项的规定，在资产重组过程中，纳税人将全部或者部分实物资产以及与其相关联的债权、负债和劳动力一并转让给其他单位和个人，其中涉及的货物、不动产、土地使用权，不征收增值税。相反，如果在资产重组过程中资产的转移没有伴随相关联的债权、负债和劳动力转让，就构成商品转让，需要征收增值税。当然，从不构成商品转让的角度，一并转让的资产、债权、负债和劳动力应当保障独立运营，以增加实质标准的判断，限制逃避税行为，同时，也更契合资产重组的目的。据此，在我国，上述两个税收规范性文件在资产重组的范围内确立了企业或企业部门整体转让不构成商品转让，毕竟在资产重组中也会存在企业或企业部门整体转让的情形，同时，企业或企业部门整体转让也是遵循了上述独立运营实质标准的判断。而在普通的企业合并、分立下，财产转让无疑也能满足资产与相关债权、负债和劳动力一并转让的条件，尤其是对企业分立而言，如果满足不了这一条件，可能就仅仅是部分资产的出售或去除，不形成企业的分立。

意大利《增值税总统令》第 2 条第 3 款第 5 项也规定了本类非商品转让行为，不过表述为"源于企业合并、分立或转型以及其他组织实施的类似交易的财产转移"。① 当然，如同我国上述两个税收规范性文件规定的表述也是涉及的货物、不动产、土地使用权不征收增值税，上述意大利增值税法规定的财产转移也不是单纯的财产转让，基于企业合并、分立的特点，暗含相关债权、负债和劳动力一并转让的条件。只不过，我国上述两个税收规范性文件是明确规定了这一条件。此外，意大利《增值税总统令》第 2 条第 3 款第 5 项没有规定资产重组这一适用情形，原因是第 2 条第 3 款第 2 项已经规定了不构成商品转让的企业或企业部门转让和出资，这样，加上第 2 条第 3 款第 5 项规定的企业合并、分立以及类似交易，基本上能够覆盖资产重组了。当然，上述第 5 项规定的企业转型应当去除，因为企业转型仅仅是企业组织结构的改变，并不产生财产的转移，事实上属于下文将阐释的未发生财产转让且也没有提供服务的行为。

---

① Cfr. l'art. 2，comma 3，del Decreto del Presidente della Repubblica 26 ottobre 1972，n. 633.

2. 未发生财产转让且也没有提供服务

第二种非商品转让行为本质上属于未转让财产、也未提供服务的行为。当然，如果属于未发生任何交易或行为的情形，这里也就没有阐释的必要。为此，除了商品委托代销或机构间转移被视同发生商品转让的，需要特别阐释的是发生了交易或行为，但是不存在财产转让和服务提供，以下举三类例子。

首先，代收款项的行为。例如，铁路运输部门收取属于政府收入的铁路建设基金（政府性基金）。具体而言，尽管形式上取得了货币等款项，但是就该款项，代收的主体并没有转让商品或提供服务，换言之，取得的款项并不是该主体转让商品或提供服务的对价，实质上并不归属于该主体，而是归属于他人。据此，不能对该主体就其代收的款项征收增值税。例如，《营业税改征增值税试点有关事项的规定》第 1 条关于不征收增值税项目规定的第 4 项，房地产主管部门或者其指定机构、公积金管理中心、开发企业以及物业管理单位代收的住宅专项维修资金，其中，住宅专项维修资金归属于住宅业主。再如，根据《国家税务总局关于营改增试点若干征管问题的公告》（国家税务总局公告 2016 年第 53 号）的规定，未发生销售行为的不征税项目，包括代收印花税、代收车船税、代收民航发展基金、拍卖行受委托拍卖文物艺术品代收货款。而《增值税法》第 6 条明确将收取政府性基金行为认定为非应税交易，值得肯定。当然，政府收取民航发展基金等政府性基金，如同征收税款，也不构成增值税应税行为，可以归因于未发生转让商品或服务提供，仅仅是基于强制性权力、无对价地取得政府财政收入的行为。

　　其次，法律形式上存在商品转让，但是经济实质上并不构成商品转让。例如，融资性售后回租业务中承租方出售资产的行为。在该业务中，承租方以融资为目的将资产出售给从事融资租赁业务的企业后又回租同一资产，而在租赁期满后，该资产又归承租方所有。这样，该资产的所有权以及与资产所有权有关的全部报酬和风险并未完全转移，承租方并没有转让该资产，因此从实质的角度承租方未转让商品。对此，《国家税务总局关于融资性售后回租业务中承租方出售资产行为有关税收问题的公告》（国家税务总局公告 2010 年第 13 号）给予了确定。当然，承租方也没有提供服务给租赁企业。从整个交易而言，可认定为租赁企业向承租方提供了贷款服务。

　　最后，正如前文提到的，意大利增值税法上规定的企业转型。例如从有限责任公司转变为股份有限公司，从合伙企业转变为公司，仅仅是组织结构的改变，企业的资产依据属于同一企业，未发生财产转让，应当归入为第二类非商品转让行为。

（二）非服务提供

　　由于服务提供界定的宽泛性和兜底性，即服务提供是指商品转让以外的交易，表现为履行一项作为、不作为或许可义务，不管何种义务来源，需要特别明确少数几类非财产转让的交易（或有相对人的行为）属于非服务提供行为。此外，立法上规定其他一些非服务提供的行为还是对上文所述的非商品转让行为（尤其是作为非商品的财产转让行为）同时不构成服务提供的强调，与关于非商品转让的条款相协调。事实上，行为人实施一项行为，不管是以作为还是以不作为的方式实施，都或多或少能够满足他人的特定需求。显然，除了特定情形下的视同服务提供（如规定服务委托代销的话），不是所有的行为实施都可以构成服务提供，存在构成的限制条件。对此，行为人实施一项行为是否存在义务来源是首先需要注意的，如果并不存在一项义务来源，例如，在街边随心弹唱通常情况下就不构成服务提供，即使偶尔获得经济利益，比如个别路人基于欣赏而给予打赏，也难以符合有偿性的要求。当然，从增值税法的角度，义务来源的认定应该是宽松的，除了源自合同、行政或司法行为等，行为人单方意思表示也可以成为义务的来源。

1. 财产转让以外不构成服务提供的交易

虽然服务提供的形式非常宽泛，甚至可以是一项不作为义务的履行，但是服务提供的构成还是应当以一项交易或行为能够满足相对人特定的消费需求并能带来收益为要件。换言之，像商品转让那样，上述交易或行为的实施能够在市场生产、流通环节中创造增值以及形成经营活动。为此，存在一些不构成服务提供的非财产转让行为。

（1）股票、债券发行

股票、债券发行，虽然在形式上属于发行企业在一级市场出售股票、债券的行为，但实质是企业的融资行为，是为了解决企业融资要求，并未发生融资企业财产的转让。同时，基于股票、债券发行而取得的资金也不是收益，不计入企业会计的损益类科目，包括主营业务收入、其他业务收入等，而是分别计入权益类科目（包括实收资本和资本公积）和负债类科目，因此都不是融资企业经营利润，不能用于分配。因此，股票、债券发行无法成为一项经营活动，本身也不创造增值，且满足的是购买方的投资需求，不属于服务提供。当然，如同股票发行，有限责任公司接受投资给予股权的行为更是如此。值得一提的是，意大利《增值税总统令》关于非服务提供界定的第 3 条第 4 款第 2 项明确规定债券发行不构成服务提供。①

与股票、债券发行不同的是，彩票发行可以成为一种服务提供。首先，彩票发行机构并未转让财产给彩票购买方，彩票（如同股票、债券）仅仅是代表存在于两者之间的法律关系的凭证。其次，如同保险法律关系（对应保险服务），彩票发行机构与购买方之间的法律关系也属于射幸合同关系，彩票发行机构提供的是另一种射幸服务，能够取得收益并在会计科目中计入为收入，能够成为一种经营活动。事实上，在我国，从企业所得税法的角度，福利彩票机构发行销售福利彩票取得的收入是一种应税所得，尽管是免税所得。② 最后，购买方购买彩票也是一种消费行为，即满足了购买方娱乐、消遣的需求。事实上，彩票购买方虽然有投入，但极有可能全部损失，且彩票结果完全随机，不在购买方的控制下，很难归为投资。这样，《营业税改征增值税试点过渡政策的规定》第 1 条第 32 项将福利彩票、体育彩票发行规定为应税行为（享受免税待遇），而不是营改增之前的不征收营业税项目，③ 是合理的。

（2）存款行为

存款是指存款人在保留所有权的条件下，把资金或货币的使

---

① Cfr. l'art. 3，comma 4，del Decreto del Presidente della Repubblica 26 ottobre 1972，n. 633.

② 参见《财政部、国家税务总局关于发行福利彩票有关税收问题的通知》（财税〔2002〕59号）。

③ 参见《财政部、国家税务总局关于发行福利彩票有关税收问题的通知》（财税〔2002〕59号）。

用权暂时转让给银行。[①] 当然，考虑到货币占有即所有的原则，这里的所有权并不是指向存款人对当初存入银行的那些货币，而是指存款人可以在银行随时提取同样数量的货币或在上述数量货币范围内随时要求银行支付给他人特定数量的货币。因此，存款关系很难认定为是债权债务关系，即使有观点认为存款法律关系的本质是债权债务关系，[②] 存款也与属于债权债务关系的货币出借或贷款存在显著的差异，毕竟在后者的情况，出借人是不可以随时要求归还本金或支用出借的货币，包括同样数量的货币。意大利《增值税总统令》关于服务提供界定的第 3 条第 2 款第 3 项规定货币出借（贷款）为服务提供，但同时明确排除存款不是货币出借。[③] 事实上，国家对于存款的保护，也远远超出一般金钱债权的保护，例如《中华人民共和国商业银行法》第三章对存款人给予特别的保护，《存款保险条例》第 5 条也规定了最高 50 万的限额偿付。换言之，存款行为，即使能够取得存款利息，也不构成一项类似于贷款的服务提供，不管是谁实施存款行为，都不能形成一种经营活动。具体而言，结合可以随时提取和支用，存款行为没有像服务提供那样承担应有的经营风险，存款行为本身也不创造增值，本质上就是一种出于安全和使用便利的自身金钱（货币）管理行为，而存款利息的年利率通常也低于年通货膨胀

---

①　参见中国大百科全书总委员会《财政税收金融价格》委员会、中国大百科全书出版社编辑部编：《中国大百科全书：财政税收金融价格》，中国大百科全书出版社 1993 年版，第 54 页。

②　参见潘攀："存款所有权属于谁？"，《金融法苑》1998 年总第 3 期，第 39 页。

③　Cfr. l'art. 3，comma 2，del Decreto del Presidente della Repubblica 26 ottobre 1972，n. 633.

率，并远低于贷款利息的年利率，很难认定存款是出于营利目的。综上，存款人从银行取得的存款期间的利息不宜认定为是提供服务的对价，《营业税改征增值税试点有关事项的规定》第1条第2项也明确规定存款利息也为不征收增值税项目。因此，存款行为不仅不属于经营活动，还可以被认定为非服务提供行为。事实上，虽然存款能给银行带来利益，满足银行的特定需求，还是不宜认定存款人在向银行提供服务。

（3）基于购买服务获得货币等对价的行为

提供服务能获得货币等对价，但是不能反过来得出这样的结论：一方获得货币等对价意味着该方提供了服务就应当征收增值税。我国《营业税改征增值税试点有关事项的规定》第1条不征收增值税项目的第3项就是典型的例子，即被保险人获取保险赔付（货币）。事实上，被保险人获得的保险赔付是被保险人向保险人购买保险服务的对价，属于保险人履行对价给付义务。据此，被保险人没有提供服务，仅仅是基于支付保险费、购买保险服务而取得对价给付。此外，彩票购买方因中奖取得彩票奖金，也属于购买方向彩票机构购买射幸服务取得的对价，属于彩票机构履行对价给付义务，彩票购买方没有提供服务。

2. 不构成服务提供的非商品财产转让

正如上文提到的，对于一些非商品的财产转让行为，在界定服务提供时有必要再强调这些转让行为不属于服务提供，毕竟在商品、服务税目二分法下，在增值税立法上有时可能会将一些商品转让纳入服务提供来征税，例如专利、商标等无形资产转让，[①]

---

① 例如，根据欧盟《增值税第二号指令》，专利、商标转让按照服务提供征税。

以适用服务提供的一些增值税规则，例如交易发生地认定的规则。这样，意大利《增值税总统令》第 3 条第 4 款第 3 项和第 4 项明确规定货币转让、农业用地转让、企业或企业部门整体转让以及企业合并、分立等类似交易下的资产等一并转让不构成服务提供。[①] 这里，需要特别阐释的是货币出资（投资）、认购投资基金等货币转让行为。在这类行为中，在转让货币后，投资人仅仅是单纯地持有股份或基金份额，属于管理自身金钱（货币）的行为，没有再履行一项作为、不作为或许可义务，是否能取得股息或收益不取决于投资人，即使取得股息或收益，也是因转让货币取得股份、基金份额的结果，因此不存在服务提供。我国《营业税改征增值税试点实施办法》在《销售服务、无形资产、不动产注释》(简称《实施办法所附注释》) 第 1 条第 5 项中规定的金融商品持有期间取得非保本的收益以及持有资管产品至到期，不征收增值税，就属于上述情形。

（三）无偿转让商品、提供服务

在发生商品转让、服务提供的情形下，为了构成销售商品或服务，还应当满足有偿性的要件。换言之，如果商品转让、服务提供是无偿的，除非在法律特别规定属于视同应税交易的情形下，还是不构成销售商品或服务，即属于非应税行为。

1. 排除在视同销售以外的无偿转让商品、提供服务

（1）无偿转让商品

目前，首先，在我国《增值税暂行条例实施细则》第 4 条规

---

① 　Cfr. l'art. 3，comma 4，del Decreto del Presidente della Repubblica 26 ottobre 1972，n. 633.

定的视同销售货物情形中，有两类属于无偿转让商品的视同销售货物，也就是本书第四章所述的"非经营目的"视同应税交易，分别为将自产、委托加工的货物用于集体福利或者个人消费和将自产、委托加工或者购进的货物无偿赠送其他单位或者个人。事实上，货物用于福利、消费属于纳税人将货物所有权或处分权无偿转让给纳税人内部人员，货物无偿赠送属于纳税人将货物所有权无偿转让给外部企业或个人。其次，在我国《营业税改征增值税试点实施办法》第 14 条规定的视同销售无形资产和不动产的情形中，包括向其他单位或者个人无偿转让无形资产或者不动产，但用于公益事业或者以社会公众为对象的除外。据此，属于非应税行为的无偿转让商品包括以下几类：① 外购的货物用于福利、消费，例如，电脑生产企业外购一批棉被给职工[①]；② 货物以外的商品用于福利、消费，当然限于发生商品转让的情形，否则将属于服务提供，是否构成销售服务下文再进行阐释；③ 无偿转让用于公益事业或者以社会公众为对象的无形资产或者不动产，例如，政府无偿划拨土地；④ 无偿转让货物、无形资产和不动产以外的商品，例如，无偿转让金融商品；⑤ 用于福利、消费和无偿赠送以外的货物无偿转让，例如，通过继承、家庭财产分割。事实上，前文提到的企业合并，被合并的企业消亡，货物转移至合并企业或新设立的企业，相当于自然人死亡后的继承，也可以认

---

① 此时，从征税取得税收收入的角度，如果视同销售处理征税，并不能带来税收收入的增加，失去视同处理的重要意义。具体而言，考虑到一旦视同销售货物，外购的货物相关的进项税就可以抵扣（用于应税交易），不管该外购货物是否与生产活动相关。这样，由于视同销售的价格与外购的价格相一致，都是市场价格，没有增值，抵扣的进项税事实上与视同销售的销售税也是一样的。

定不构成销售商品。^①

不过，考虑到这里的视同销售商品是将民商法等基础法律上的无偿转让视同税法上的有偿转让来征税，属于税法的特别法律拟制，从限制征税权的扩张以及实现法际协调，总体上需要限制视同销售处理。为此，有必要围绕增值税中进行法律拟制的特别目的与问题，检视无偿转让商品视同销售的范围以及是否存在需要排除视同销售处理的情形。对此，有以下两种情形：① 视同销售处理的主要目的在于纠正税的偏差，避免进项税被抵扣的情况下没有产生销售税，否则将违背进项税应当在商品被基于经营目的使用方可获得抵扣的中性原则。为此，如果用于无偿转让的商品相关的进项税不能或没有抵扣，该商品被无偿转让就不应当被视同销售处理，进而产生销售税。^② 对此，意大利《增值税总统令》关于商品转让界定的第 2 条第 2 款在规定商品无偿转让构成销售商品时，排除了进项税没有抵扣的商品无偿转让。为此，在我国，外购无形资产或者不动产，如果没有抵扣相关进项税，例如，外购的不动产与企业的生产经营活动无关从而不能抵扣进项税，无偿转让给他人就不应当视同销售处理。② 对无偿转让货物视同销售处理，在征税带来税收收入的情况下，势必会给无偿转让带来税负，抑制一些诸如出于公益事业等需要鼓励的货物无偿转让行为。例如，将自产的货物用于无偿赠送，按照市场价格确定视同销售的价格会有增值。此时，如果不按照视同处理，而是按照进项税转出处理，对进行无偿转让的纳税人更有利。目前，

---

① Cfr. Giuseppe Franco，*Giuda all'IVA*，Giuffre，2004，p. 244.

② Cfr. Gaspare Falsitta，*Manuale di diritto tributario-parte speciale*，Cedam，2008，pp. 687-688.

无偿转让无形资产或者不动产，用于公益事业的就排除视同销售处理。对此，在意大利，将一些特定的货物无偿转让给公共机构用于公益事业，即不再被转售再商业化处理的，不属于视同的销售商品，进而不征税。例如，向地方政府、预防惩戒机构、教育机构、孤儿院等无偿赠送不再商业化的或不适合商业化编辑产品（如书籍作品）、信息技术设备。[①] 再如，向公共机构等非营利性组织无偿赠送不再商业化的或不适合商业化的食品。[②] 其中，不再商业化的或不适合商业化的情形包括食品包装、标签的缺失或错误，或者食品有效期快到期。事实上，在此种情形，视同销售能够发挥的保障抵扣链完整的功能也被排除了。除了用于公益事业，还存在其他需要鼓励的货物无偿转让行为，例如，为促销，企业将自产的货物样品免费赠送给潜在的客户。不过，为避免欺诈，同时毕竟不是公益事业，还是为了经营目的，此种情形需要严格限制，例如，样品的价值很低，同时要以不能去掉的方式在样品上标记样品。对此，意大利《增值税总统令》第 2 条第 3 款第 4 项就排除此种情形为销售商品。[③] 与此相关，意大利《增值税总统令》第 2 条第 2 款还明确规定有奖交易中的无偿商品转让不属于销售商品，[④] 例如，当购买或销售商品或服务达成一定数量之后，给予相关购买方或销售方商品奖励。再如，为促使消费者了解企业及其产品，企业通过赠送礼物的方式发送有关企业及

---

①　Cfr. l'art. 54, comma 1, della Legge 21 novembre 2000, n. 342.

②　Cfr. l'art. 6 della Legge 13 maggio 1999, n. 133.

③　Cfr. l'art. 2, comma 3, del Decreto del Presidente della Repubblica 26 ottobre 1972, n. 633.

④　Cfr. l'art. 2, comma 2, del Decreto del Presidente della Repubblica 26 ottobre 1972, n. 633.

其产品的广告、传单等。再如，为鼓励家庭财产传承，离婚财产分割、财产无偿赠与配偶、直系亲属、抚养人、赡养人等家庭成员、财产继承中的商品无偿转让。事实上，在我国，《营业税改征增值税试点过渡政策的规定》将上述涉及家庭财产传承的个人无偿转让不动产、土地使用权规定为免税，至少表明不应当对这些商品无偿转让行为课征税负。此外，在对有偿性作宽泛界定的情况下，即对取得的相关经济利益作宽泛理解，加之增值税反逃避税征管措施的加强，无偿转让商品视同销售处理的反逃避税功能也将被削弱。

综上，在我国，基于对视同应税交易规则的修改，排除在视同销售以外、作为非应税行为的无偿转让商品，首先应当增加以下的情形：用于福利、消费和无偿转让的商品，如果商品或其组成部分上的进项税不能抵扣。与此相关是，外购的货物以外的商品如果与企业自身的经营活动无关，商品上的进项税就不能抵扣，该商品无偿转让将不构成视同销售。其次，对于用于公益事业的货物无偿赠送、低价值的货物样品或有奖交易中商品无偿赠送以及家庭财产分割中的商品无偿转让（目前不视同销售的除外），由于具有特殊的社会、经济目的，从鼓励、扶持的角度给予免税待遇自然不成问题。不过，考虑到这一免税待遇是建立在无偿转让商品视同销售这一特殊应税交易之上的，相比于免税，不视同销售处理更为合适。

（2）无偿提供服务

我国《营业税改征增值税试点实施办法》第14条规定单位或者个体工商户向其他单位或者个人无偿提供服务也为视同销售服务，但是用于公益事业或者以社会公众为对象的除外。意大利《增值税总统令》第3条第3款在规定无偿提供服务为视同销售服务时也排除了为非商业机构的组织活动进行的广告、宣传服务以及国家或公共机构要求或支持的基于公共利益进行的信息、表演、图像或通信传播服务。同时，意大利《增值税总统令》第 3 条第 6 款明确规定由意大利国家奥林匹克委员会和相关体育联合会组织的免费观看体育比赛服务、意大利汽车俱乐部以及其他国家级的机构和协会组织的免费参加展会服务等不构成销售服务。① 这样，在我国，用于公益事业的无偿提供服务属于非应税行为，而根据本书第四章所指出的，以社会公众为对象这一除外情形不需要再保留。例如，《营业税改征增值税试点有关事项的规定》第 1 条不征收增值税项目第 1 项规定的根据国家指令无偿提供的铁路运输服务、航空运输服务（体现公益性）就属于这类非应税行为。此外，排除在视同销售以外的无偿提供服务，还包括企业将服务用于福利或消费。不同于货物用于福利或消费被明确规定为视同销售货物，企业将服务用于福利或消费，即给自己的员工或企业主个人或其家庭成员享受相关服务，包括前文提到的未发生商品转让的商品用于福利或消费，例如，企业提供给员工房屋用于住宿，我国现行增值税法并没有规定为构成视同销售服务。与我国不同的是，与无偿提供服务一道，意大利增值税法和法国增值税法都是明确规定为视同销售服务，其中，正如在本书关于视同应税交易的第四章提出的，法国《税法典》（第二编第一章"增值税"）第 257 条第 2 款第 2 项规定："下列应视为有偿实施的服务提供：为纳税人或其工作人员的私人需要，或更一般地说，为与其企业经营无关的目的，使用分配给企业使用的商品，

---

① Cfr. l'art. 3, comma 6, del Decreto del Presidente della Repubblica 26 ottobre 1972, n. 633.

当该商品已经产生抵扣全部或部分增值税的权利；纳税人为其私人使用或其工作人员的私人使用，或更一般地说，为与其企业经营无关的目的，无偿提供服务。"关于企业将服务用于福利，包括企业将自身经营活动中提供的服务用于福利和提供并非自身经营活动内容的服务用于福利两种情形。例如，航空公司为员工每年提供一次免费航空服务，酒店为员工提供培训服务、上下班交通服务，汽车生产企业为员工提供住宿服务、食堂餐饮服务。我国未将服务用于福利作视同处理，与《营业税改征增值税试点实施办法》第10条将单位或者个体工商户为聘用的员工提供服务规定为非经营活动不征税有关。不过，需要特别指出的是，企业为员工提供服务可以是无偿的，也可以是有偿的，其中，有偿也可能是低于市场价格或等于市场价格。这样，一概规定为非经营活动并不准确，尽管通常是无偿或低于市场价格。当然，低于市场价格的情形不属于这里所讨论的情形，是否属于应税行为取决于下文将阐释的是否构成经营活动。

如同无偿转让商品需要限制视同销售处理，排除在视同销售服务之外的无偿提供服务还可以进一步扩大。对此，同样基于视同销售处理的主要目的在于纠正税的偏差，应当增加的情形为：无偿提供的服务，如果服务上的进项税不能抵扣。对此，正如在本书第四章提出的，意大利《增值税总统令》第3条第3款关于视同销售服务规定："第1款和第2款规定的服务，对于其中每一项价值超过50欧元的业务，且与在实施过程中购买商品和服务相关的税是可以抵扣的，即使是为企业主个人或其家庭使用而实施的，或者是为企业经营以外目的无偿实施的，也构成服务提供……"事实上，意大利增值税法将服务用于福利、消费也规定为视同销售，正是因为规定了上述抵扣条件，同时第3款明确将

为员工提供的企业食堂餐饮服务、运输、培训、教育、娱乐服务
和帮扶、健康服务排除在视同销售服务之外,[①] 与我国不作视同
销售处理相比,效果上已经非常接近。对此,我国目前对企业集
团内单位(含企业集团)之间的资金无偿借贷行为给予免征增值
税待遇,[②] 事实上改为不视同销售贷款服务(作为非应税行为)
更为合理。这是因为贷款服务上的增值税在现行增值税法下不得
抵扣,包括对借贷双方而言,视同销售会给企业集团带来税负增
加,给予免税也说明了这一点。此外,基于征管效率的考虑还可
以增加的一种情形,即像上述意大利增值税法所规定的,价值不
超过一定数额的服务无偿提供不在视同销售服务范围内。这是因
为服务是无形的,在无偿提供下服务接受者不要求开票,税务机
关实属难以查实数量多且金额小(例如 50 欧元以下)的无偿服务
提供,或者稽征成本过高。为此,基于效率考虑,甚至可以将所
有无偿提供服务的行为都不作视同销售处理,而成为非应税行
为,但需要严格落实进项税转出。

2. 无偿性的认定

根据前文所述,存在视同销售商品或服务之外的无偿转让商
品或提供服务,且未来范围有可能进一步扩大。为此,对于一些

---

① 当然,在意大利,排除在视同销售服务之外的服务用于员工福利有
必要的限制,例如,关于为员工提供的免费旅客运输服务,限于从员工的住
址到企业这段道路的运输,运输服务为了企业的需要(例如增加生产时间、
更快投入企业生产等)或员工很难找到合适的交通工具上下班。相反,如果
是与企业无关的目的,运输仅仅是满足员工私人的需要,就要视同销售处理
征税。Cfr. Giuseppe Franco, Giuda all'IVA, Giuffre, 2004, p. 286.

② 参见《财政部、税务总局关于延续实施医疗服务免征增值税等政策
的公告》(财政部、税务总局公告 2023 年第 68 号)。

转让商品或提供服务而言，为成为非应税行为，是否属于无偿转让或提供就变得至关重要。当然，总体而言，根据有偿性的界定，即取得与商品转让、服务提供相对应的经济利益或经济上可评估的给付（供给），无偿性就是指未取得相对应的经济利益。换言之，转让商品或提供服务未取得对价，包括以下两种情形。

首先，未取得经济利益。根据我国《增值税暂行条例实施细则》第 3 条第 3 款和《营业税改征增值税试点实施办法》第 11 条的规定，经济利益表现为货币、货物或者其他经济利益。据此，为了判断是否取得经济利益，难点在于商品转让或服务提供主体取得了某种形式的给付，认定该给付是否属于经济利益。不过，虽然上述界定对经济利益存在的形式给予了非常宽泛的认定，换言之，不限于形式，但是还是应当识别其实质要件，即经济上可评估的供给。为此，转让商品、提供服务取得的货币、商品或服务都是经济利益，投资入股取得的股权、通过抵债转让财产取得的债务消灭也都是一种经济利益。当然，也不是所有的供给都是经济利益，经济利益的认定还是应当严格把控，需要按照通识来理解，以避免对无偿行为的不正当限缩，增加纳税人税负。例如，如果商品或服务提供方仅仅是要求接受方在满意的情况下向他人推荐商品、服务或给予好评，接受方推荐或好评的这个供给就无法用货币价值来衡量，不属于经济利益。

不过，目前有一类供给，是否构成经济利益存在很大争议，即用户在大型网络社交平台（例如，元宇宙平台）登记注册，为享受平台提供的网络社交服务（涉及信息、表演、图像或通信传播），允许平台搜集用户一系列个人数据，包括个人日常动态（含购物数据及价值取向信息）、好友粉丝及其他联系人、来自浏览器与其他设备的记录以及来自合作伙伴、供应商和第三方的信

息等。这样，平台是否属于无偿提供网络社交服务，是否要缴纳
增值税，就取决于用户提供（不管是主动还是被动）的个人信息
是否属于经济利益。对此，意大利税务当局已经开始展开这方面
的调查，认为平台搜集用户数据与用户免费访问平台进行社交存
在关联性，平台取得了对价，而平台主张搜集用户个人数据是免
费提供服务过程之中的必要步骤。① 据此，争议解决的关键在于
用户允许平台搜集个人数据这个供给是否属于经济利益，能否从
经济上评估或是否有货币价值。这一问题的解答与平台如何使用
用户的个人数据紧密关联。对此，平台不仅利用这些数据为客户
提供更好的社交服务，还进一步将这些数据用于商业目的，即被
用于制作在线广告，使得相应的供应商能够向用户提供符合用户
偏好、习惯等个人特别需求的"精准"商业广告，从中获得收
益。因此，从这一角度，用户的个人数据是有经济利益的。此
外，意大利《消费法典》第 135 条之 8 第 4 款规定使用个人数据
可以作为购买数字服务的对价，② 这也就认可了个人数据具有经
济利益。事实上，平台如果搜集用户个人数据仅仅限于用于用户
社交的需要，或基于安全、监管的需要，就可以认为是免费提供
服务过程之中的必要步骤，使用相关个人数据不应该构成属于经
济利益的对价。否则，被用于商业目的，势必也会扩大搜集的个
人数据范围，本身就说明具有经济利益。

　　其次，取得经济利益但是与转让商品或提供服务无关。这一

---

　　①　Cfr. Giulio Coraggio，Meta non ha pagato l'IVA sui dati degli utenti usati
per pubblicità profilata per €870 milioni?，in Diritto al Digitale，il 27 febbraio
2023，disponibile nel seguente sito：https://dirittoaldigitale. com/2023/02/27/meta-
iva-dati-utenti-pubblicita-profilata-870-milioni.

　　②　Cfr. l'art. 135-octies，comma 4，del Codice del Consumo.

无偿性的认定难点在于审查经济利益取得与商品转让或服务提供之间是否存在关联性，对此，可以从以下几个不构成关联性的例子来理解。① 企业取得与销售商品或服务不挂钩的财政补贴收入，即补贴收入与企业销售商品或服务的收入或数量不直接挂钩，不征收增值税。[①] 据此，如果企业将商品或服务提供给受让方或接受方，未从接受方取得经济利益，仅仅是从政府取得不与销售数量直接挂钩的补贴收入，还是属于无偿，但不是因为未取得经济利益，而是缺乏直接关联性，即补贴收入的有无以及多少与具体实施的商品转让或服务提供无关，两者之间没有因果关系。换言之，从受让方或接受方未取得经济利益并不一定意味着无偿性，经济利益可以从第三方取得，但是还得与销售直接关联。事实上，上述的财政补贴收入仅仅是对企业（行业）整体发展泛泛的资金支持，就像企业取得他人的捐赠收入、非营利性组织取得财政拨款收入，虽然与企业、组织从事的业务（提供某类商品或服务）整体上有关，但与具体的商品或服务提供就属于间接相关了。② 大学或研究机构因获批纵向科研项目从政府取得经费，例如，关于确保食品安全如何得到更有效保障，并对相关技术人员进行培训，向教育部申请经费资助并批准。批准的资助用于人工费、设备费、咨询服务费等可直接归因于研究、培训活动的费用开支。那么，就该项目，大学或研究机构从政府获得的经费资助，是否属于一项销售商品或服务？对此，如果经费资助与服务提供或商品转让没有直接关联，答案就是否定的。意大利中央税务主管部门亦予以了否定，因为如果根据资助提供的机制和

---

① 参见《国家税务总局关于取消增值税扣税凭证认证确认期限等增值税征管问题的公告》（国家税务总局公告 2019 年第 45 号）。

资助合同的内容，这些资助的经费并不是大学因该项目开展所具体提供的服务或转让的商品的对价，例如，项目相关技术或产品的研发成功并投入使用，以及对相关技术人员的培训。[①] 换言之，政府资助的经费如果并非用于购买相关商品或服务，而是作为对科学技术研究和相关培训活动的支持，以实现一般性的公共目标，就不构成销售商品或服务，这一点与上述第一类例子类似。事实上，源于纵向科研项目，经费来自政府并实行预算管理，项目研究成果通常归属项目承担者，同时具有社会公共性，例如，关于我国增值税立法完善研究的项目，成果公开发表或被立法部门采用。当然，如果横向科研项目，经费可能来自企业也可能来自政府，在经费资助与服务提供或商品转让没有直接关联的情况下，也不应作为一项销售商品或服务。③ 企业向消费者单独收取的与其销售商品或服务无关的会员费。目前企业销售会员权属于销售无形资产，[②] 不过，这并不意味着企业向消费者收取的任何会员费都应当征收增值税。例如，如果企业收取 100 元会员费，但不用于经营活动，会员实际购买相关产品时，也不另外享受价格优惠，上述会员费就不征收增值税。相反，如果可以享受价格优惠，甚至只有缴纳会员费才能消费相关产品，会员费收取就与销售商品或服务有关，应当征收增值税。再如，一水果协会每年都组织各种水果促销活动，而协会的会员每年也向协会缴纳年费。那么，协会从会员取得的年费是提供促销服务所取得的经济利益或对价吗？对此，欧洲法院予以了否定，理由就是两者之间

① Cfr. Risoluzione Agenzia Entrate 16 marzo 2004，n. 42.
② 参见《实施办法所附注释》。

不存在直接关联性。① 具体而言，单个会员能从促销活动中获得利益，但是缴纳的年费数额与这个利益之间没有关系，同时促销活动是使整个水果行业受益，不仅仅是协会的会员。此外，提供促销服务的成本能从水果种植者那里得到补偿。因此，水果协会提供促销服务是无偿的。

二、非经营活动

在阐释非应税交易这类非应税行为之后，需要明确的是，一项行为即使属于销售商品或服务，即有偿转让商品或提供服务，也依然可能不构成非应税行为。根据本书第二章关于纳税人的论述，这是因为根据增值税应税行为的主体要件，对于不是法律特别规定的情形，只有那些在经营活动过程中实施的销售商品、服务，才可以构成应税行为。对此，视同销售商品、服务亦然。为此，销售商品、服务的主体需要是经营者，而很多情况下，某一主体虽然销售了商品、服务，但是据此不构成经营者，就不发生应税行为。这类非应税行为就是不构成经营活动的销售商品或服务，下文将着重阐释。当然，作为例外，存在非经营者销售商品、服务构成应税行为的情况，但无疑需要限制，对此，下文将先行阐释。

（一）作为非经营活动的应税行为限缩

增值税是在商品、服务生产、贸易环节征收的间接税，增值税法以销售商品、服务的经营者为纳税人，主要是基于征管效率

---

① See ECJ's Judgment of 8 March 1988 in Case C-102/86.

的考量，否则将产生法律适用严重不公的问题，为此要求销售商品、服务的经常性（或持续性）。同时，还是基于对增值征税、取得税收收入的考虑，为此要求销售商品、服务的营利性（不仅仅是有偿性）。这样，如果偶尔实施的销售特定商品、服务在征管上没有障碍且能产生可观增值的，也会被纳入应税行为的范围，例如，需要登记且能产生巨大净收益的房屋、土地使用权转让。但是这类应税行为只能作为例外，且需要严格限制，毕竟这类交易很多并不发生在经济生产、贸易环节之中。因此，构成增值税应税行为的非经营者有偿转让不动产、用益物权或其他极少数商品或服务，应当以立法上明确规定为限。换言之，相关特定的商品、服务必须在立法上明确规定，销售规定以外的商品、服务则必须由经营者实施才构成应税行为。目前，在我国，自然人转让房屋属于增值税应税行为，土地所有者出让土地使用权、县级以上地方人民政府或自然资源行政主管部门出让、转让自然资源使用权、个人转让著作权都享受增值税免税待遇，① 至少表明房屋、土地使用权、自然资源使用权、著作权的销售在不构成经营活动的情况下也是增值税的应税行为。不过，针对目前存在的这几类特定商品的销售，还可以进一步细化再区分，以限缩这类作为例外的应税行为范围。

首先，政府出让土地使用权、自然资源使用权，应当排除在应税行为范围之外，而不是给予免税待遇。除了本身不属于经营活动以外，相比于其他非经营者，政府实施这一行为的一个不同之处在于该行为属于政府筹集财政收入的行为，也是依据公法履行政府职能且出于公共目的。事实上，政府的一项财政收入不能从另一项财政收入中取得，换言之，不能以政府筹集其他税收收

---

① 参见《营业税改征征增值税试试点过渡政政策的规定》第 1 条。

入的行为为应税行为，毕竟征税是建立在财产私有制的基础上。否则，即使免税待遇可以从客观结果上避免征管成本徒增（未有实际收入增加）、地方财政收入削弱（增值税是中央地方共享税）等实践问题，也无法消除对征税机理的破坏。

其次，个人转让著作权，不管是有偿还是无偿，一概理解为构成应税行为但享受免税待遇的合理性也需要再审视。对此，在确定增值税应税行为主体要件一般规则的情况下，享受免税待遇的应当仅仅是那些作为经营者的个人转让著作权的行为。换言之，转让著作权有可能成为个人的一项经营活动，但是个人转让著作权应当区分不同作品的著作权以及不同的个人，这是因为有些作品的著作权转让，如果实施者是作为自然人的作者本人或其继承人，通常不能认定是在经营活动过程中实施的。例如，大学老师撰写一本学术专著或教材，相关著作权转让给出版社，并不构成经营活动。这样，这类个人著作权转让就应当构成非应税行为，不征收增值税。事实上，根据意大利《增值税总统令》第3条第2款第2项的规定，在经营活动过程中实施的著作权、工业发明、模型、外观设计、工艺、配方以及商标和标志等转让、特许、许可，属于服务提供，征收增值税。不过，就著作权，但建筑作品、图案作品、电影作品相关的著作权除外，上述第3条第4款第1项又明确规定由作者及其继承人或遗赠人实施的著作权转让、特许、许可不构成服务提供，不征收增值税。意大利增值税法如此规定的理由便是上述特定个人实施的建筑作品、图案作品、电影作品以外作品的著作权转让、特许、许可，很难确定符合增值税的主体要件，即有关经营活动的认定。①

---

① Cfr. Raffaele Perrone Capano，L'imposta sul valore aggiunto，Jovene，1977，p. 337.

（二）不构成经营活动的销售商品或服务

除上述特定的例外情形外，某一主体的一项行为构成销售商品或服务，还不一定构成应税行为，因为如果不是经营者实施的，依然是非应税行为。为此，对于非经营者的主体而言，判断其实施的销售商品或服务是否构成经营活动就变得至关重要。根据经营活动的特征，以下分别阐释几类典型的非经营活动。

1. 偶尔实施的销售商品或服务

为了构成经营活动，销售商品或服务首先应当具备经常性或持续性的特征。换言之，经营活动意味着主体通过销售商品或服务来获得主要的收入来源，从而构成一项职业。这样，非经营者偶尔实施的销售商品或服务，即使有营利，也不构成经营活动，例如，自然人销售的自己使用过的物品，不应该享受免税待遇，[①]因为属于非应税行为。具体而言，虽然这种销售属于有偿转让商品，但是对自然人而言很多情况下是偶尔发生的，同时也并不会取得营利。例如，出于更新换代的需要，自然人将自己使用 5 年的手机低价卖给他人。同时，从整体的角度看，由于自然人数量非常多，这种销售的数量不仅多且往往很隐蔽，对于税务机关而言，征管成本非常高，且难度也非常大。再如，公民的私人财产被征收、征用获得补偿，[②] 即使是源于公法的强制性，但是对财

---

① 目前，根据《增值税暂行条例》第 15 条和《增值税暂行条例实施细则》第 35 条的规定，自然人销售的自己使用过的物品属于免税行为。

② 我国《民法典》第 117 条规定，为了公共利益的需要，依照法律规定的权限和程序征收、征用不动产或者动产的，应当给予公平、合理的补偿。

产所有人而言，也分别属于有偿转让商品、提供服务。其中，征收是国家受让取得财产的所有权等权利，征用是国家取得财产的使用权。显然，财产的征收，除不动产、土地使用权等少数特定财产外，以及财产的征用，由于属于偶尔发生，不构成公民的一项经营活动，属于非应税行为。为此，同样不应当给予免税待遇。[①] 对此，《增值税法》第 6 条将"依照法律规定被征收、征用而取得补偿"行为纳入到不征收增值税的项目，值得肯定。又如，独立董事向企业有偿提供咨询等服务，大学老师向期刊、报纸有偿提供撰稿、审稿等服务，虽然可能是基于持续的合作关系提供服务，也是独立地实施，但是这些服务提供并不是相关主体基于一项职业所实施的。换言之，相关主体并不以这些服务提供来获取主要的收入来源，职业的构成与否成为对偶尔性判断的一个质的标准。这样，大学老师受邀在其他单位做讲座等自然人偶尔有偿提供服务，即使自然人可能在一段时间（例如 1 年）内会提供几次服务，也不能满足持续性的要求，这是因为持续性要求自然人基于一项职业的目的提供服务，即提供服务构成自然人的主要收入来源，否则也不构成经营活动。[②] 为此，不能对这类交易按次征收增值税。事实上，在 2018 年我国个人所得税实行综合所得计征制度以后，劳务报酬需要纳入综合所得适用累进税率，相关自然人的所得税税负很大程度上已经提高，基于不构成经营活动的原因对上述提供服务的行为不征收增值税，也与我国提高直接税比重的税制结构改革方向相符。

基于上述，还有必要对个人购买并持有债券是否属于非应税

---

① 目前，《营业税改征增值税试点过渡政策的规定》第 1 条将其纳入免税的范围。

② Cfr. Giuseppe Franco，*Giuda all'IVA*，Giuffre，2004，p. 263.

行为作专门的阐释。首先，可以肯定的是，个人购买并持有债券，相当于出借资金，能够取得固定利润或者保底利润，即利息，属于有偿提供贷款服务。根据《营业税改征增值税试点实施办法》的规定，应当征收增值税，不过，根据《营业税改征增值税试点过渡政策的规定》的规定，个人购买并持有政府债券取得利息收入免征增值税。据此，在我国，个人购买并持有各类债券取得利息，不管是否免税，属于增值税的一项应税行为。不过，除非法律明确规定个人持有债券取得利息作为一项例外，即不要求以构成经营活动为应税要件，成为一项应税行为还需要审视是否构成经营活动。对此，可以肯定的是，正如民间借贷，个人持有债券（尤其是政府债券）并不总是符合经常性、构成职业的要求，一律认定为个人实施经营活动而征税并不合理。事实上，根据欧洲法院的判决，单纯购买并持有债券而取得利息的行为，即不从属于其他商业活动或不是其他商业活动直接、必然的结果，不构成应征增值税的经营活动，持有主体也不是纳税人。① 例如，购买并持有债券不是从事债券买卖、对债券发行公司进行管理等活动的结果。意大利增值税法亦执行了这一处理。② 总之，对于个人购买并持有债券的行为，需要区别不同的情况，应当仅将其中构成经营活动的行为纳入应税行为范围。③

2. 非营利的销售商品或服务

经营活动的另一项特征是营利性，即以营利为目的有偿转让

---

① See ECJ's decision of 6 February 1997 in Case C-80/95.
② Cfr. Giuseppe Franco，Giuda all'IVA，Giuffre，2004，p. 271.
③ 针对个人持有债券取得的利息收入，如果不征收增值税，可以提高所得税的税负，例如，纳入综合所得范围。

商品或提供服务。换言之，有偿性并不等于营利性，只有当取得的经济利益大于为实施商品转让或服务提供所花费的成本，才可能具有营利性。不过，需要注意的是，鉴于经营活动的经常性特征，营利性并不意味着每一笔商品转让或服务提供都要营利，而是销售行为整体在客观上具有营利的可能性，且实施主体主观上具有营利目的。为此，营利性还意味着相关商品转让或服务提供是一种市场上的商业活动，收益将用于私人分配或消费。基于上述，在非营利的销售商品或服务中有以下两类疑难情形需要特别阐述。

（1）公共机构在法定职责范围内有偿转让商品或提供服务

首先，基于成本补偿销售商品或服务。典型的例子是政府、事业单位等公共机构根据法定职责有偿提供服务取得行政事业性收费，这是因为根据《行政事业性收费项目审批管理暂行办法》第3条和《行政事业性收费标准管理办法》第6条的规定，行政事业性收费应当按照（管理或服务）成本补偿和非营利原则来收取。再如，前文提到的公民私人财产被征收、征用获得补偿，从非营利性的角度也不属于非经营活动。此外，在教育部门的监督下，公办学校向学生提供的住宿、餐饮等服务，收费水平控制在相关成本之下，也应当归属于非经营活动。否则，应当纳入应税行为范围，但可以考虑给予税收优惠待遇。

其次，其他收益作为财政收入上缴国库的非商业活动。作为管理者，政府以及其他特定公共机构不应当实施商业活动。在市场经济下，政府与市场在商品、服务供应分配关系上有着明确分工，一些涉及社会公共需求的商品和服务，例如，水、燃气、电力、公共交通运输服务等供应，通常也是由国企在市场中来经营。当然，公共机构在法定职责范围内有偿转让商品或提供服务，且收益超过相关成本或没有成本，但是收益属于政府的财政收入并上缴国库的情形下，这类有偿转让商品或提供服务还是不属于商业活动。事实上，此时相关收益已经属于公共财产，不是私有财产，正如前文已经指出的，征税已经丧失了基础，同时，征税也将导致效率降低等问题。意大利《增值税总统令》第 4 条第 5 款甚至明确规定国家、大区、省、市和其他受公法管辖的机构在公共职权活动范围内实施的交易都不属于企业经营的商业活动。① 除了前文已经提到的政府出让土地使用权的行为，典型的例子还包括，政府将罚没财物依法拍卖的行为。对此，根据《中华人民共和国行政处罚法》第 74 条的规定，罚没财物应当进行拍卖或按照其他规定处理，同时，相关拍卖款项必须全部上缴国库。这样，政府的这类行为相当于将罚没财物变现，就是属于取得罚没收入的行为，实施的商品销售行为也是依照法定职责，不属于营利的商业活动。《财政部、国家税务总局关于罚没物品征免增值税问题的通知》（财税字〔1995〕69 号）第 1 条对此规定为不征税应当理解为不构成应税行为。再如，目前供应未经加工的天然水，如受地方政府管理的水库供应农业灌溉用水，不征收增值税。② 水库供应农业灌溉用水，虽然地方政府会征收水费，但是水费征收的标准、使用（用于公共事业）以及监督都受公法明确规定和约束，③ 并上缴国库，水库供应未经加工的天然水用

<hr>

① Cfr. l'art. 4，comma 5，del Decreto del Presidente della Repubblica 26 ottobre 1972, n. 633.

② 参见《国家税务总局关于印发增值税若干具体问题的规定的通知》（国税发〔1993〕154 号）。

③ 例如，参见《平罗县引黄灌区水费收缴使用管理办法》（平政规发〔2022〕2 号）。

于农业灌溉不是市场上的商业活动，不具有营利性。不过，需要强调的是，供应未经加工的天然水并不限于水库供应农业灌溉用水这种情形，也有可能企业开采、抽取地下水或地表水后直接将水销售给其他企业（例如，自来水公司），此时就可能构成经营活动，从而征收增值税。与此相关，城镇公共供水企业缴纳的水资源税所对应的水费收入，仅为了避免增加供水企业的负担，目前按照不征收增值税处理，^① 应当理解为构成应税行为但享受免税待遇。换言之，考虑到供水企业向用户销售水并取得水费收入，是基于经营活动的实施，^② 将其排除在应税交易之外并不合理。

与上述两个例子不同的是，彩票发行机构发行彩票取得的收入，虽然其中的一小部分（公益金）是作为财政收入被上缴国库的，但是发行彩票总体上属于彩票发行机构基于垄断在市场提供一类特殊的射幸服务，是一种营利的商业活动，超过50%以上的部分是作为发行经费留给发行机构，^③ 这部分目前也是享受企业所得税的免税待遇。这类似于国有企业在市场中销售商品或服务取得收入，虽然利润的一部分上缴国库，但这并不否定其营利的商业活动性质。

（2）非营利性组织等特殊组织依靠收取会费等收益实施的非商业活动

党派、共青团以及中科协、青联、台联、侨联等非营利性组

---

① 参见《国家税务总局关于水资源费改税后城镇公共供水企业增值税发票开具问题的公告》（国家税务总局公告 2017 年第 47 号）。

② 参见《中华人民共和国城市供水条例》第 19 条。

③ 参见《财政部公布 2021 年彩票公益金筹集分配使用情况》，载中国体彩网：https://www. lottery. gov. cn/xxgk/tzgg/zygg/20220920/10023535. html，最后访问日期：2023 年 7 月 6 日。

织向党员、团员、会员收取党费、团费、会费，实施开展组织活动等非商业活动，其中包括面向党员、团员、会员的商品转让或服务提供，当然党员、团员、会员不另外缴纳费用。对此，我国明确规定为非经营活动，不征收增值税。① 不过，与此不同的是，社会团体这类非营利组织在国家法律法规、政策许可的范围内收取会费，目前被纳入征税范围享受免税待遇。② 对该认定的科学性，需要作进一步的分析。这里以律师协会为例，协会每年向会员收取会费，同时，根据《中华全国律师协会会费管理办法》的规定，会费取之于会员、用之于会员，用于且只能用于维护会员合法执业权益、保障律师依法执业活动、为会员提供政治和业务学习资料、支援贫困地区会员活动、举办会员福利事业等非商业活动，会费收益自然也不能用于私人分配或消费。显然，这一社会团体收取会费也是属于非经营活动，不属于增值税应税行为。

3. 非独立实施的销售商品或服务

经营活动应当是主体独立实施的，该特征要求实施主体对生产、贸易活动的开展应当具有自主性，以自己的名义对外销售商品或服务，并承担相关责任。为此，如果某主体销售商品或服务不具有独立性，即使是有偿且经常实施（构成一项职业），还是不构成经营活动。对此，最典型的是单位或者个体工商户聘用的

---

① 参见《财政部、国家税务总局关于进一步明确全面推开营改增试点有关再保险、不动产租赁和非学历教育等政策的通知》（财税〔2016〕68号）。

② 《财政部、国家税务总局关于租入固定资产进项税额抵扣等增值税政策的通知财税》（财税〔2017〕90号）。

员工为本单位或者雇主提供取得工资的劳务，也就是服务，我国《营业税改征增值税试点实施办法》第 10 条规定的"非经营活动的情形"就包括此种情形，这是因为员工从事什么内容的劳动、劳动的条件、劳动的回报以及劳动的管理或责任都是由雇主来决定的，对外的责任（包括纳税义务）自然也由雇主来承担。此外，在取得工资的情况下，企业控制人作为企业内部管理人员（例如董事长）为本企业提供劳务，例如管理活动，也属于此种情形。需要指出的是，虽然企业生产、贸易活动的开展具体由管理人员决定，但企业控制人是基于企业内部的分工与职责，代表企业来决定，由企业来承担相关责任。企业控制人作为企业内部人员，并非基于相对于企业的独立且平等的主体向本企业提供劳务，例如，并非基于委托关系，为此，不具有独立性。与此类似的情形还包括合伙协议范围内合伙人提供的劳务。[①] 事实上，在我国，根据《中华人民共和国合伙企业法》（简称《合伙企业法》）第 16 条和第 64 条的规定，除了有限合伙人以外，合伙人可以以劳务出资。不过，有观点认为合伙人以劳务出资，换取了合伙收益分配权（其他经济利益），属于有偿提供服务，应该征收增值税。[②] 对此，应该予以否定，这是因为上述情形仅仅表明合伙人以劳务出资构成有偿提供服务，是否构成应税行为还需要满足经营活动的特征。为此，合伙人以劳务出资，相当于在合伙企业经营过程中在企业内部（对企业）提供劳务，与公司内部管

[①]　Cfr. Giuseppe Franco，*Giuda all'IVA*，Giuffre，2004，p. 267.

[②]　参见廖敏："趋势——合伙人服务出资"，载威科先行·法律信息库官　网：https://law. wkinfo. com. cn/professional-articles/detail/NjAwMDAyMTI4NTg% 3D，最后访问时间：2024 年 1 月 2 日。

理人员提供劳务类似，也是缺乏独立性，尤其是考虑到非法人组织可以自己的名义从事民事活动，同时从增值税的角度也是独立的纳税人。而《营业税改征增值税试点实施办法》第 10 条明确将员工为本单位或者雇主提供取得工资的劳务规定为非经营活动。对此，意大利《增值税总统令》第 3 条第 4 款第 4 项直接将劳务出资行为排除在应税行为之外。①

关于非独立地销售商品或服务，还有一类典型例子是在直接代理中代理人以被代理人名义销售商品或服务。此时，对于代理人而言，并不是独立地销售商品或服务，因为对外是以被代理人的名义实施，相关责任也是由被代理人承担，至于如何销售更是取决于被代理人。

三、未在境内和尚未销售商品或服务

即使是经营者销售商品或服务，依然可能不构成应税行为，因为还需要满足应税行为空间和时间要件。不过，不同于未满足客体和主体要件的非应税行为，未满足空间和时间要件的非应税行为是相对意义上的，不是绝对意义上的。具体而言，如果是未满足空间要件，应税行为不构成仅仅是对我国增值税法而言，在其他国家增值税法下很可能会构成；如果是未满足时间要件，应税行为不构成仅仅是对现在而言，在未来很可能会构成。以下将分别阐释这两类非应税行为。

---

① Cfr. l'art. 3, comma 4, del Decreto del Presidente della Repubblica 26 ottobre 1972, n. 633.

（一）未在境内销售商品或服务

1. 现行立法下未在我国境内销售情形的厘清

按照我国《增值税暂行条例实施细则》第 8 条和《营业税改征增值税试点实施办法》第 12 条的规定，根据不同类型的商品和服务，在我国境内销售商品或服务分别是指：① 销售货物，货物起运地或者所在地在境内；② 销售加工、修理修配劳务，劳务发生在境内；③ 销售不动产、自然资源使用权以及销售不动产租赁服务，不动产、自然资源在境内；④ 销售其他服务和无形资产，销售方或者购买方在境内。从中不难得出，销售商品或服务在境内标准的认定优先遵循属物原则。正如本书关于应税交易发生地的第五章所述，也就是根据交易客体所在地来确定发生地，毕竟增值税是对交易的课税，属于对物税。具体而言，如果销售有形财产（货物和不动产），就一律以有形财产的物理位置来认定；如果销售无形财产和服务，对于其中少数与有形财产紧密相关的，例如，加工、修理修配劳务、自然资源使用权和不动产租赁服务，也以相关有形财产的物理位置来认定。其中，关于加工、修理修配劳务，考虑到加工、修理修配肯定与货物相关，劳务发生地无疑可以通过识别货物被加工、修理修配时的所在地来认定。不过，除了遵循属物原则，属人原则也被采纳，[①] 即根据交易主体所在地来确定发生地，这是因为大部分服务和无形资产，由于本身是无形的，无法确定物理位置或可以存在于任何位置。

[①] 关于属人原则的提法，参见国家税务总局全面推开营改增督促落实领导小组办公室：《全面推开营改增业务操作指引》，中国税务出版社 2016 年版，第 25 页。

在这种情况下，基于征管便利，就以销售方或者购买方的所在地来认定。

　　基于上述，首先，第一大类未在我国境内销售商品或服务的情形包括：① 销售在境外的货物，当然货物也不入境，否则构成进口货物，也需要征收增值税；② 销售在境外的不动产、自然资源（包括使用权）；③ 在境外加工、修理修配货物，以及将在境外的不动产用于出租。上述三类情形与销售方或购买方在境内还是境外没有关系。当然，在《增值税法》下，由于加工、修理修配劳务被并入到服务之中，而在境内销售服务包括销售方为境内纳税人的情况，在境外加工、修理修配货物就可能属于在我国境内发生了。其次，对于剩下的无形资产和服务，第二大类未在我国境内销售商品或服务的情形为销售方和购买方都在境外的销售，即使销售的无形资产、服务在境内被使用或发生。但是在《增值税法》下，第二大类情形已经变为销售方在境外且未在境内消费。需要强调的是，目前金融商品归类于服务，境外企业购买在我国证券交易所上市的公司股票再销售给境外其他企业。不过，这类交易在我国不征收增值税的正当性存疑，毕竟这类交易是在我国发生，尤其是交易实施需要通过我国的证券交易所，利用并享受了我国的相关公共服务。对此，《增值税法》已经纠正。需要特别一提的是，根据《营业税改征增值税试点实施办法》第13条的除外规定，第二大类还包括一类特殊情形，即如果销售方在境外但购买方为境内单位或个人，销售完全在境外发生的服务、销售完全在境外使用的无形资产和出租完全在境外使用的有形动产。例如，意大利公民在意大利为我国企业在意大利销售货物提供代售货物、推广服务，意大利酒店向我国企业销售由我国企业在意大利的出差员工享受的住宿服务，意大利公司向我国企业转让一项专用于我国企业所属法国子公司在法国生产线上的专利技术，[①] 意大利汽车租赁公司店向我国企业销售由我国企业在意大利的出差员工在意大利驾驶的汽车租赁服务。上述规定属于贯彻属物原则对属人原则适用范围的限缩，即强调服务、无形资产的发生或使用与境内无关，同时，也可以认为是对属人原则适用的优化，即强调服务、无形资产的实际享受或使用者，不取决于名义上的购买方。当然，上述四个例子在《增值税法》下也不属于在我国境内销售。不过，对于何为完全在境外发生或使用，现行增值税法并没有作进一步界定，为此，有地方税务局解释为构成销售行为的全部要素都必须在境外，即应同时符合以下三个条件：销售方在境外提供，购买方在境外接受以及购买方接受境外应税行为时付款的地址、电话、银行所在地、服务发生地等要素均在境外。[②] 这样，按照第三个条件，在上述四个例子中，如果我国企业是从境内汇款，就不属于完全在境外发生或使用，需要代扣代缴增值税。事实上，增值税是对交易的课税，支付地不应当影响交易发生地的确定，就像所得税中所得的支付地不决定所得的来源地，对完全在境外发生或使用的界定不应当过于严苛，否则极易产生国际重复征税。对此，在《增值税法》下，对何为在境外消费的理解，也需要注意这一点。

由于自然人存在流动性，对于何为在境内的购买方也存在疑问。例如，我国居民在意大利旅游期间从意大利餐馆购买餐饮服

---

① 参见国家税务总局全面推开营改增督促落实领导小组办公室：《全面推开营改增业务操作指引》，中国税务出版社 2016 年版，第 26 页。

② 参见《福建税务发布 2020 年 2 月 12366 咨询热点难点问题集》，载税屋网：https://www.shui5.cn/article/8f/136845.html，最后访问日期：2023 年 7 月 6 日。

务，属于销售方、购买方都在境外的情形，还是属于境外单位向境内个人销售完全在境外发生的服务的情形？对此，虽然在上述例子中，不管基于何种理解，都不构成我国的增值税应税行为，但是，却存在我国居民属于在境外的购买方还是境内个人的不同理解。在实践中上述我国居民是作为境内个人来认定的，不属于在境外的购买方。[①] 而在《增值税法》下，上述例子属于我国居民在境外消费。当然，如果外国居民在我国境内短暂旅游期间销售其在本国的商品或服务给其本国的购买方，也属于境外个人销售，不属于销售方在境内的情况，属于未在我国境内销售。事实上，基于国籍或居民身份来确定是否在境内，也是属人原则适用的要求。

2. 未在我国境内销售情形认定的优化

根据前文所述，针对大部分服务和无形资产，现行增值税法对未在我国境内销售情形的认定还存在一定的不足和不明确，未在我国境内销售情形的认定存在优化的空间。对此，总体上，优化应当进一步贯彻属物原则，以单一标准来确定发生地，以尽可能避免国际重复征税。同时，考虑到增值税从经济上是对消费的课税，在贯彻属物原则中还应当强化消费地原则。

首先，对于销售货物，如果销售货物时货物的所在地不在我国，仅仅是销售前或销售后货物在我国，属于未在我国境内销售的情形。至于销售前或销售后，是否存在与该货物相关的增值税应税行为，属于另外的问题。此外，销售过（我国）境的货物、

---

① 参见国家税务总局全面推开营改增督促落实领导小组办公室：《全面推开营改增业务操作指引》，中国税务出版社 2016 年版，第 25 页。

存放在我国海关特别监管区的货物，也属于未在我国境内销售的情形。同时，这与上述行为可能构成货物进口这一特殊的应税行为并不矛盾。

其次，对于那些能够以固定的物理位置确定交易发生地的服务销售，应当像加工、修理修配劳务一样，以实际的服务提供地来确定是否在境内，从而不再适用属人原则，毕竟从经营活动实施的角度服务提供主要利用和享受了服务提供地的相关公共服务。例如，除了不动产租赁服务以外，还包括建筑服务等其他与不动产和土地等自然资源相关的服务，以及运输服务，通过餐厅这一固定物理场所提供的餐饮服务，与文化、艺术、体育、科学、教育、娱乐等活动相关的服务，包括交易会、展览会相关服务，等。此外，上述服务的履行地与服务的实际消费地是同一的，贯彻属物原则的同时也贯彻了消费地原则。这样，对于销售上述服务，如果服务的履行地在境外，不管是否为我国企业销售的，也不管对境内个人如何理解，都属于未在我国境内销售的情形。

再次，对于其他普通的无形资产和服务，例如，咨询服务、专利技术等，由于销售方并不限于在一个固定的物理位置提供，购买方也可以处于不同地区来消费，容易产生销售方所在地、购买方所在地与实际消费地不一致的情况。此时，如果单纯适用属人原则，难免产生交易的发生明明与我国有关，利用并享受了我国相关的公共服务，却属于未在我国境内销售进而不能征税的窘困。此外，采取销售方或购买方所在地的双重标准，也容易导致国际重复征税的问题。据此，总体上还是应当落实消费地原则，优先以服务、无形资产实际消费地来确定是否在境内。换言之，如果销售方、购买方都在境外，但是销售的服务、无形资产在境内被消费，例如，意大利公司向法国个人销售在我国消费的服务、无形资产，就属于在我国境内销售。《增值税法》已经认可了这一点。不过，由于服务、无形资产的无形性，消费地有时很难识别并确定，通常还是以购买方所在地来确定，除非实际消费地与之不同。此外，未来《增值税法》完善，考虑到需要采用单一标准，为避免产生国际双重不征税，消费地标准还应再附加购买方所在地标准，但是基于征管效率的考虑，这一标准仅限于B2B交易。对于B2C交易，还是以销售方所在地为确定标准，毕竟经营活动由销售方实施，相关公共服务由他利用和享受，当然也更便利征管。这样，未在我国境内销售服务或无形资产这类非应税行为会大量增加。需要特别指出的是，这类非应税行为包括以下情形：作为非居民纳税人的购买方或销售方在我国境内有固定机构，但并不是由该固定机构销售或购买（或消费）服务、无形资产。

最后，对于其他特殊的服务和无形财产，例如，金融商品、电子化服务（数字服务），需要考虑不按照上述无形资产和其他普通的服务来规定是否在境内销售的认定标准。以下分别阐释。① 金融商品，金融商品不应属于服务，而应属于无形财产，其特殊性在于金融商品是金融商品发行者基于资金融通的需要发行的能够满足购买方投资需求的金融工具，例如，股票、债券，因此对于金融商品消费（使用）的理解本身就存在困难。同时，金融商品通常会在一国境内特殊的交易场所发行，能够流通也是利用并享受了相关公共服务，因此，将认定标准从在境内消费改为在境内发行，更符合这类商品的特点，也便利征管。这样，如果境外企业销售我国企业在境外上市的股票，就属于未在我国境内销售。不过，是否还应当补充适用属人原则，即以销售方为境内纳

税人作为替代认定标准，例如，我国企业销售在境外上市公司的
股票是否应当纳入应税行为范围，存在讨论的空间。考虑到国外
对于金融商品交易虽然给予增值税免税待遇，但也可能征收其他
税收或费用，补充适用属人原则还是要谨慎，即还是以采用发行
地这一单一标准为原则。当然，对于那些可能存在的很难或无法
确定发行地的金融商品，补充适用属人原则是必要的。为此，目
前来看，《增值税法》第 4 条对在境内销售金融商品的界定是合
理的。② 电子化服务，例如，网站托管、在线电影和音乐等服
务，特殊性在于服务是通过互联网或其他现代信息网络提供，无
需或只需微小的人力投入，而是依靠信息技术实现自动提供。据
此，由于通过网络，电子化服务的提供和消费是不受地理位置限
制的，销售方可以向全球其他地区的消费者提供电子化服务，购
买方也可以在任何地区消费电子化服务。因此，电子化服务在境
内消费，也就是消费者通过本地网络消费，而本地网络（包括 IP
地址）受本地管控，在信息化、大数据背景下，征管也是可行
的。问题同样是，是否还应当补充适用属人原则，即以销售方为
境内纳税人作为替代认定标准。例如，我国供应商通过网络向境
外消费者销售电子化服务，服务在境外消费，是否应当属于在我
国境内销售。对此，考虑到许多国家普遍都已经肯定仅在消费地
征税，例如，欧盟国家，① 且已经成为国际趋势，② 为了避免国际
双重征税，作为一般规则，不宜再补充适用属人原则，上述例子

---

① 　Cfr. Giuseppe Melis，*Economia digitale e imposizione indiretta*，in Inno-
vazione e Diritto，n. 1，2015，p. 114.

② 　经济合作与发展组织在 1998 年就已经建议跨境数字服务交易应当
在消费地征税。See OECD，Electronic Commerce：Taxation Framework Condi-
tions，A Report by the Committee on Fiscal Affairs，8 October 1998.

属于未在我国境内销售。当然，可以引入特殊规则，即如果电子化服务是在未确立消费地征税的国家和地区消费，为避免国际双重不征税，应当补充适用属人原则。

（二）尚未销售商品或服务

某主体在经营活动过程中在境内销售商品或服务，从应税行为构成的角度，还存在最后一项要求的审查，即审查相关交易是否已经实际发生。换言之，需要明确一个交易发生的判断时间，在这个时间前，商品或服务销售属于未发生或还未发生，应税行为自然不构成或尚未构成。对此，首先需要强调的是，根据本书第六章关于应税交易发生时间的论述，商品或服务销售的发生并不等同于增值税纳税义务的产生，虽然两者发生的事由在一定程度上是重合的，但是商品或服务销售的发生是应税行为构成的一项要件，而基于国库利益或其他利益保护的需要，纳税义务在商品或服务销售尚未发生的情况下也有可能产生，同时也可能在商品或服务销售发生后产生。[①] 比较遗憾的是，目前我国增值税法仅仅规定了纳税义务产生的时间，并没有专门规定商品或服务销售发生的时间，但是不能否定部分纳税义务产生时间的事例可能就是应当界定为商品或服务销售发生时间的事例。事实上，从应税行为构成的角度，商品、服务销售的发生并不要求销售方和购买方各自履行完毕自己的给付义务，即分别指商品转让或服务提

---

① 这一点，在其他税种法中亦有体现。例如，《契税法》第 1 条规定的契税应税行为为单位和个人承受在境内转移的土地、房屋权属，而关于纳税义务产生时间，第 8 条则规定为签订土地、房屋权属转移合同或取得其他相关凭证的当日。为此，在决定权属转移的不动产登记前，即应税行为构成前，很多情况下契税纳税义务就已经产生了。

供完毕和价款支付完毕。否则，税款极有可能无法及时征收，甚至无法征收。这样，通常在一方履行了自己的给付义务时就应当认定销售的发生。对此，总体而言，应当优先从销售方履行给付义务的角度来理解商品或服务销售的发生，毕竟只有确定商品发生转让或服务被提供才能查实相应内容的商品或服务销售，同时，也更符合增值税对物税的属性。否则，如果仅仅先收到价款，相应内容的商品或服务销售是否真实发生客观上就无法查实。事实上，先收到价款通常作为纳税义务产生的事例更合适。而在视同销售商品或服务的情形，通常也只能从销售方履行给付义务的角度来理解。

首先，针对货物和不动产，意大利《增值税总统令》第 6 条对交易实施时间的界定，就是按照应税行为客体要件中的商品转让的内涵来规定的，即所有权或处分权发生转移的时间。该条第 1 款规定："不动产转让在合同订立之时实施，动产转让在财产交付或发货时实施。但是，不动产、动产所有权、处分权移转或创建的效力如果是在上述订立、交付或发送之后产生的，除第 2 条第 1 项和第 2 项所述的商品转让除外，[①] 不动产、动产转让在产生这些效力时实施，不过，动产转让在任何情况下为在交付或发送后一年时间届满时实施。"其中，在意大利，不动产转让就是发生在合同订立的时候。[②] 在我国，关于货物销售，虽然增值税法没有专门规定货物销售发生的时间，但在规定纳税义务产生时间

---

① 第 2 条第 1 项和第 2 项所述的商品转让分别是指保留所有权的销售和具有对双方当事人都有约束力的所有权移转条款的租赁等。

② Cfr. Angelo Greco, *Quando passa la proprietà di un bene?*, in La Legge per Tutti, il 24 Settembre 2017, disponibile nel seguente sito: https://www.laleggepertutti.it/176251_quando-passa-la-proprieta-di-un-bene.

时，事实上将货物销售发生与收到价款确立为纳税义务产生的事由，两者是替代关系。根据《增值税暂行条例实施细则》第 38 条的规定，除非先开具发票，纳税义务产生在收讫销售款项或者取得索取销售款项凭据的当天。其中，取得索取销售款项凭据就是指在购买方取得货物所有权后，销售方取得收取价款的权利，对应的就是货物所有权转移这一货物销售发生的事由。关于不动产销售，同样仅仅是将不动产销售发生与收到价款规定为纳税义务产生的事由，两者也是替代的关系。根据《营业税改征增值税试点实施办法》第 45 条的规定，除非先开具，纳税义务产生的时间为收讫销售款项或者取得索取销售款项凭据的当天。其中，关于取得索取销售款项凭据的当天，上述第 45 条规定为书面合同确定的付款日期，或在未签订书面合同或者书面合同未确定付款日期的情形下为不动产权属变更的当天。根据《民法典》第 209 条和第 224 条的规定，不动产转让（权属变更）在登记时发生，动产转让在交付时发生。当然，法律另有规定或当事人另有约定的除外。根据本书第六章的阐述，除了所有权保留以及国务院规定的其他情形以外，在法律另有规定或当事人另有约定的情况下，商品转让的效力并不是在登记、交付时产生，应税交易在商品转让的效力实际产生时发生。为此，在这之前，如果商品已经登记或交付，应税交易也尚未发生。当然，就货物、不动产销售，先开具发票、先收到销售款以及书面合同确定的付款日期，都应当理解为仅仅是纳税义务产生的时间，不是销售商品发生的时间。换言之，在一般情况下，如果货物尚未交付，不动产所有权变更尚未登记，就属于尚未销售商品，即使发票已经开具、销售款已经收到或书面合同确定的付款日期已经到期。事实上，如果事后销售商品最终并没有发生，或者实际销售的内容或数量并不一样，就已经履行的纳税义务需要进行征税的调整。[①] 这一调整也佐证了先开具发票等事例仅仅是纳税义务产生的事例。在我国现行增值税法中，房企销售自行开发的房地产项目预收款，被规定为不征税项目，[②] 就属于尚未销售商品，可以从未满足时间要件的角度来理解尚未构成应税行为。此时，虽然购买方已经签署了房屋买卖合同，但是相关房屋所有权尚未转移，甚至尚未建造。不过，对上述举例的情形，就像纳税义务可以先产生，应税行为尚不构成也不妨碍国家基于税收利益以预缴税款的名义先征收税款。[③]

其次，针对服务，是否也可以按照应税行为客体要件中的服务提供的内涵来规定销售服务发生的事例？即以服务提供完毕时为销售服务发生的时间？对此，至少理论上应当予以认可，本书第六章已经阐述。事实上，根据《营业税改征增值税试点实施办法》第45条的规定，如果销售方未收到销售款，也未开具发票，以及未签订书面合同或书面合同未确定付款日期，服务完成的当天为纳税义务产生时间。据此，不难发现，以服务提供完毕来界定销售服务的发生时间也是有依据的，此时与纳税义务的产生时间就重合了。当然，此时先开具发票、先收到销售款以及书面合同确定的付款日期，也都应当理解为仅仅是纳税义务产生的时间。不过，不同于货

---

① 例如，销售方开具红字专用发票，销项为负数，同时购买方作相应的进项税额转出处理。

② 参见《国家税务总局关于营改增试点若干征管问题的公告》（国家税务总局公告2016年第53号）。

③ 《国家税务总局关于发布〈房地产开发企业销售自行开发的房地产项目增值税征收管理暂行办法〉的公告》（国家税务总局公告2016年第18号）规定，纳税人采取预收款方式销售自行开发的房地产项目，应在收到预收款时按照3%的预征率预缴增值税。

物、不动产转让，服务提供有时需要一个持续的时间周期，甚至会长达几个月、几年，如果以服务提供完成来界定销售服务的发生，在服务开始提供起到提供完毕，这一期间依然属于尚未销售服务，也并不合理。甚至纳税人可能会不断"推迟"销售服务的发生，毕竟服务提供是无形的，完毕与否也很难确切、客观地查实。为此，对长期供应下的销售服务而言，服务提供开始后经过一段时间就应当认定为销售服务已经发生，无需等到服务全部提供完毕。对此，意大利《增值税总统令》第6条第3款规定，如果服务是周期性或连续性地提供，在服务提供的第二个月发生。至于纳税义务什么时候产生，可以规定与之重合，也可以规定为开具发票、收到销售款的时候，包括在服务提供前开具发票、收到销售款，以及在书面合同确定的付款日期、在服务提供完毕的时候，即取得索取销售款项凭据的当天，等。这样，一些提供居民日常服务的企业销售预付卡或接受持卡人充值而取得预收资金，就属于尚未销售服务，此时应税行为尚不构成。目前，我国增值税法就规定为属于不缴纳增值税项目，[①] 对此，更适合理解为未满足应税行为的时间要件。除非像针对建筑服务、租赁服务，增值税法明确规定纳税义务产生在收到预收款的当天，[②] 否则此时纳税义务也未产生。

最后，针对无形资产，转让的发生取决于权属是否发生变更，在无形资产权属变更前，就属于尚未销售无形资产，尚未构成应税行为。根据本书第六章的阐述，无形资产转让可以通过无形资产依法变更（权属）登记或转让合同签署来实现，为此，销售无形资产，但尚未依法登记或合同尚未签署，应税行为就尚未构成。至于

---

① 参见《国家税务总局关于营改增试点若干征管问题的公告》（国家税务总局公告2016年第53号）。

② 参见《营业税改征增值税试点实施办法》第45条第2款。

销售无形资产应税行为尚未发生与纳税义务产生的关系，这里不再赘述。

四、增值税法非应税行为条款的完善

围绕增值税应税行为的构成要件，前文对增值税非应税行为体系化分类的阐释，从增值税法解释论的角度，已经能够为分析实践中不少有争议的交易或行为是否构成应税行为提供清晰的思路与标准。不过，从阐释中也能发现，现行增值税非应税行为立法以及相关的解释适用规则还存在不足，需要进行立法的完善。

（一）立法内容规定的不足与完善

由于我国现行增值税法对应税行为部分构成要件的正向规定还不是很明确，例如，关于主体要件，未明确在一般的情况下应税的销售商品或服务需要在经营活动中实施的；再如，关于客体要件，商品、服务也缺乏明确的界定。这使得从反向规定非应税行为来明确增值税的征收范围就显得更有必要，以提高增值税法适用的确定性，并确保纳税人对自身交易的税收后果有更好的合理预期。同时，现行增值税法对非应税行为的规定，总体上存在法源位阶低、碎片化以及缺乏体系性的问题，不利于纳税人税收信息权的保护，[①]进而影响法律适用的确定性和合理预期。具体而言，作为行政法规的《增值税暂行条例》并没有专门关于非应税行为的规定，作为部门规章的《增值税暂行条例实施细则》第 12 条规定了几类代收保

---

① 参见翁武耀："论我国纳税人权利保护法的制定"，《财经法学》2018年第 3 期，第 90 页。

险费等价款的非销售商品或服务行为，作为基础部门规范性文件的
《营业税改征增值税试点实施办法》第 10 条规定了三类非经营活
动，第 13 条规定了三类不在境内销售商品或服务的情形，同时第
14 条规定了视同销售应税行为的除外情形，作为基础部门规范性文
件的《营业税改征增值税试点有关事项的规定》规定了存款利息等
几类非销售商品或服务行为，然后就是近 30 部具体税收规范性文
件规定了大概 30 类增值税不征税项目。至于缺乏体系性，主要是
源于规范碎片化的特点，没有很好地对不同的非应税行为进行集中
分类规定。换言之，目前未能在一个增值税法源中，分别规定因客
体要件、主体要件、空间要件和时间要件不满足的四大类非应税行
为，其中，因客体要件不满足的非应税行为还可以进一步分为非商
品转让、非服务提供和无偿转让商品、提供服务两类。基于上述立
法形式内容上的不足，未来《增值税法》完善对非应税行为的规定
应当作如下优化。

　　首先，提升法源位阶，集中在法律中规定非应税行为。如此立
法还因为规定非应税行为是界定应税行为的重要内容和方式，非应
税行为的规定也是应税行为规则的一部分，而应税行为规则是税收
基本规则，按照税收法定原则，应当由法律规定。对此，《增值税
法》第 6 条规定了四项非应税行为，已经实现了这一点，这是立法
的进步。当然，需要补充强调的是，并非所有的非应税行为都需要
在法律中列举，需要规定的是那些容易被误解为应税行为或具有代
表性的非应税行为，从而有助于明确应税行为相关要件的内涵，同
时，避免法律条文的冗长。这是因为对非应税行为具体情形的规
定，发挥的仅仅是宣示性的功能，未在法律或其他法源中规定，例
如，上述第 6 条规定的四项非应税行为以外的行为，并不意味着就
一定构成应税行为，如果不符合增值税法规定的应税行为构成要

件，自然也就是非应税行为。当然，《增值税法》第 6 条关于几项非经营活动不构成应税行为的规定并非发挥宣示性的功能，毕竟《增值税法》尚未明确对经营活动的课税。为此，非应税行为的规定主要发挥列举的功能。例如，为明确客体要件，规定货币转让、存款、劳务出资、企业向消费者单独收取的与其销售商品或服务无关的会员费等非应税行为，为明确主体要件，规定公共机构在法定职责范围内实施的有偿转让商品或提供服务等非应税行为，以及为明确空间要件，列举几项未在境内消费的行为。至于时间要件，在法律引入正向界定销售商品或服务的发生规则后，也可以规定一些特殊的非应税行为，例如，附停止条件的商品转让合同在条件成就前。事实上，考虑到实践中非应税行为的具体情形是无法穷尽的，法律以外的相关增值税法源依然有规定非应税行为的空间和必要性，属于对法律上相关非应税行为的延伸规定，整体上呈现出金字塔的法源结构，也是体系化立法完善的体现。

其次，从分类上体系化规定非应税行为。对此，需要先行指出的是，对非应税行为的体系化规定并非集中于一条并在这一条内部划分不同款项分别规定各类的非应税行为，这会杂糅不同类型的非应税行为，不利于发挥明晰应税行为构成要件的功能。例如，《增值税法》第 6 条规定了四类非应税交易，其中，员工为受雇单位或者雇主提供取得工资、薪金的服务等几项交易，更准确地说应当属于非经营活动，收取政府性基金行为属于未发生财产转让且也未提供服务，取得存款利息收入也可以属于这一类，归属非应税交易。换言之，立法上还是要将本身不属于销售商品或服务的非应税行为与属于销售商品或服务但不构成经营活动的非应税行为作区分，以及将非销售商品或服务与尚未销售商品或服务两类非应税行为作区分，毕竟在后者的情形还可以先产生纳税义务。为此，如果《增值税法》第 6 条还保留，建议删去"不属于应税交易"的表述，简化为"有下列情形之一的，不征收增值税"。当然，体系化规定应是在规范应税行为相关构成要件的条款中直接规定对应类型的非应税行为。具体而言，在界定应税交易的条款中，即在界定销售商品、服务的条款中，规定货币转让、存款等不属于销售商品或服务，在通过引入经营活动概念界定纳税人的条款中，规定公共机构有偿提供服务取得行政事业性收费等不属于实施经营活动，在界定在境内销售商品、服务的条款中，规定不属于在境内消费的情形，以及在界定销售商品、服务发生时间的条款中，规定商品转让的效力在实际产生前不属于销售发生的情形。

（二）非应税行为条款的设计

增值税领域要实现良法善治。为提高法律适用的确定性，明确应税行为的构成要件，以及配合增值税减税改革，未来《增值税法》完善对于非应税行为的界定及其体系化分类还需要进一步优化，学界也急需从体系化的角度对增值税非应税行为的界定进行研究。为提高立法的精细化、法律适用的确定性以及顺应降低间接税税负的税制改革方向，根据增值税对交易及其增值、经营活动征税等理论、考虑与他国征税的协调、考量征管效率以及参考域外有益立法经验，增值税法需要进一步完善应税行为的界定，将非应税行为的界定融于其中，并进行体系化分类，包括非商品转让、非服务提供、无偿转让商品或提供服务、非经营活动、未在境内销售以及尚未销售商品或服务。

首先，在应税交易条款中补充一些具有代表性的非应税交易，即规定相关的非商品转让、非服务提供行为。这是因为非应税交易的规定也应当是界定应税交易的一部分，有助于对应税交易构成要件的理解，同时，在完成应税交易的界定中也更好地满足了界定非应税交易的需求，尤其是体系化分类非应税交易的需求。据此，对应本书第三章设计的应税交易条款的三个款，包括以下三个方面：① 在界定销售商品的第 1 款中规定"转让货币、股权和债权（非以股票、债券的形式）、企业……不属于转让商品"；② 在界定销售服务的第 2 款中规定"股票、债券发行、存款……不属于提供服务"；③ 在界定有偿性的第 3 款中规定"取得与销售商品或服务的收入或者数量不直接挂钩的财政补贴……不属于取得与转让商品、提供服务相关的经济利益"。

其次，在纳税人条款中补充一些具有代表性的非经营活动，以此完整界定经营活动这一纳税人的核心构成要件。据此，在本书第二章设计的纳税人条款中，在界定经营活动的第 2 款中规定"企业员工为本单位或者雇主提供取得工资的服务、公共机构在法定职责范围内实施的有偿转让商品或提供服务……不属于经营活动"。

再次，在应税交易发生地条款中也需要规定一些具有代表性的未在境内销售的情形，例如，销售过境的货物、存放在海关特别监管区的货物。对此，本书第五章设计的应税交易发生地条款中的第 1 款已经规定。此外，还有一些代表性的未在境内销售的情形，例如，销售前或销售后货物在境内、但是销售发生时货物不在境内，再如，在我国境内有固定机构的非居民纳税人购买（或消费）或销售服务或无形资产、但并不是由该固定机构销售或购买（或消费）服务、无形资产，由于应税交易发生地条款中的第 1 款已经从正向规定了在境内销售的相关条件，补充上述这些情形并没有带来新的内容，没有必要再规定。

最后，在应税交易发生时间条款中本应当补充尚未发生销售商品的情形，即商品转让的效力实际尚未发生，即使相关商品已经交付、依法变更登记、签署转让合同或完成过户。不过，考虑到本书第六章设计的应税交易发生时间条款第 2 款已经从正向规定了在上述情形应税交易在商品转让的效力实际产生时发生，补充上述尚未发生销售商品的情形并没有带来新的内容，没有必要再规定。

第八章

金融商品交易

从 2016 年全面营改增下金融商品转让作为金融服务的一个子税目首次纳入增值税征收范围以来，有关金融商品交易如何征收增值税的讨论一直未有间断，现行规则也在应税行为构成要件等诸多方面存在问题，主要包括如下几大方面：① 在应税行为客体要件方面，金融商品的外延是否周延，征收范围是否明确，内涵如何界定，税目定位是否合理；② 在应税行为主体要件方面，对于资产管理产品（简称资管产品）营运过程中的金融商品交易，纳税人如何确定；③ 在应税行为时间和空间要件方面，金融商品交易发生时间和发生地是否应当特别界定，引入差异化规则；④ 相比于其他商品交易，金融商品交易是否具有特殊性，能否从特殊的差额计征方式改为税扣税的普通计征方式，即一般计税方法；⑤ 金融商品交易的免税规则是否合理；⑥ 对金融商品交易中的高频交易征税如何回应。事实上，增值税是我国第一大税种，增值税的征收对金融商品交易的开展会产生很大的直接影响。而金融商品交易是金融业的重要组成部分，显然，金融商品交易增值税规则的构建是否科学、合理，不仅关系到国家税收利益与税负分摊的公平性，也关系到我国金融业以及金融市场的稳定、健康发展。

当然，关于金融商品交易的增值税规则，就上述相关问题，学界近些年来一直有所关注，并已经开展了卓有成效的研究。不过，既有研究对规则问题的分析更多是从局部的角度开展，并关注重点问题，全面、体系性的分析还有所不足。例如，免税、高频交易征税等一些问题尚未获得应有的关注，计征方式、金融商品界定、资管产品营运中相关纳税人确定、免税等部分相关问题间的关联性分析有待加强，对作为应税交易客体的金融商品的界定未结合增值税纳税人构成要件分析，对规范金融商品及其交易的相关金融法、民商法关注也不够，等。为此，关于金融商品交易增值税规则，相关主要问题还有待进一步深入研究，包括实践中还有不少金融工具是否构成金融商品有待理论检验、资管产品作为纳税人是否存在现行法律上的障碍等。此外，免税、高频交易征税等其他问题也需要专门关注和研究。研究需要特别关注部分相关问题的关联性，结合基于经营活动课税理论的增值税纳税人构成要件，以及以规范金融商品种类、流通性、高频交易等内容的金融法、民商法为基础。为更好地贯彻这一研究思路，下文在以课税的公平性为总的检视原则基础上，还将特别从宏观和顶层的角度，分析金融商品交易增值税征收的基本理念，为全面、体系性解决相关问题进而完善相关规则奠定基础和提供指引。

一、金融商品交易增值税规则发展回顾与问题

（一）增值税规则发展回顾

在 2016 年全面营改增以前，对金融商品交易一直征收的是主要面向服务业的营业税。首先，关于征收范围，1993 年《中华人

民共和国营业税暂行条例》（简称《营业税暂行条例》）第 5 条一开始规定仅限于"外汇、有价证券、期货买卖业务"，其中，期货是指非货物期货。① 随着交易市场中金融商品种类的增加，2008 年暂行条例修改以兜底的方式补充了"金融商品"概念，修改为"外汇、有价证券、期货等金融商品买卖业务"。此外，1993年《中华人民共和国营业税暂行条例实施细则》（简称《营业税暂行条例实施细则》）一开始排除了非金融机构和个人实施的金融商品买卖业务，第 3 条第 1 款将其规定为不征税交易。不过，2008 年《营业税暂行条例实施细则》修改后，删除了这一规定，将非金融机构和个人从事金融商品交易纳入征税范围，同时赋予个人从事金融商品交易免税待遇。② 其次，关于征收机制，1993年《营业税暂行条例》第 5 条一开始就确立了差额计征方式，规定为"以卖出价减去买入价后的余额为营业额"，即税基（营业额）不是间接税通常采用的交易额。此外，差额计征的特殊性还进一步体现为，卖出价减去买入价在不同金融商品交易之间可能出现的正负差可以相抵，且仍出现负差的可以结转下一个纳税期相抵，但不得转入下个年度。③

　　2016 年全面营改增以后，金融商品交易改征增值税，但基本上沿用了营业税的征收规则，包括延续了营业税的征收机制。首先，关于征收范围，仅仅是通过列举的方式明确了外汇、有价证

---

　　① 参见《营业税暂行条例实施细则》（财法字〔1993〕第 40 号）第 3条第 2 款。

　　② 参见《财政部、国家税务总局关于个人金融商品买卖等营业税若干免税政策的通知（财税〔2009〕111 号）。

　　③ 参见《国家税务总局关于金融商品转让业务有关营业税问题的公告》（国家税务总局公告 2013 年第 63 号）。

券、非货物期货以外的金融商品的外延。根据《营业税改征增值税试点实施办法》所附的《销售服务、无形资产、不动产注释》（简称《实施办法所附注释》）的规定，其他金融商品包括基金、信托、理财产品等各类资管产品和各种金融衍生品。其次，关于征收机制，根据《营业税改征增值税试点有关事项的规定》的规定，金融商品交易增值税的征收实施上述营业税时适用的差额计征方式，并被明确要求"不得开具增值税专用发票"，强化了差额计征方式的特殊性。最后，关于资金信托、投资基金等资管产品运营过程中发生的金3融商品转让等交易，营改增以后的征收规则更加明确，包括明确纳税人为资管产品管理人，[①] 详细列举资管产品的外延以及规定暂适用简易计征方式，即简易计税方法。[②]

综上，现行金融商品交易增值税规则简单地将之前营业税规则平移过来，仅是税种名称的改变而已，没有特别从增值税的特点来设计征收规则，并在很多方面有违课税的公平性。事实上，作为全面营改增试点的产物，为改革顺利完成，现行规则只能作为过渡性或临时性措施，这无疑为下文关于现行规则问题的分析奠定了基础。

（二）增值税规则问题

1. 征收范围不明确和不周延

课税的不公平首先体现在征收范围的不明确、不周延，金融

---

① 参见《财政部、国家税务总局关于明确金融房地产开发教育辅助服务等增值税政策的通知》（财税〔2016〕140号）。

② 参见《财政部、税务总局关于资管产品增值税有关问题的通知》（财税〔2017〕56号）。

商品概念缺乏界定，导致相关情形按照金融商品应当征收而没有征收或不应当征收而征收的不公平问题，这主要源于《实施办法所附注释》对金融商品的规定仅仅是外延的列举。具体而言，列举的金融商品仅限于外汇、有价证券、非货物期货和其他金融商品，而其他金融商品仅限于资管产品和金融衍生品，未进一步使用兜底的立法技术。此外，上述每一大类的金融商品，也缺乏界定，例如，对于资管产品，《财政部、税务总局关于资管产品增值税有关问题的通知》（财税〔2017〕56号）也仅仅是列举了资管产品的外延，且同样没有使用兜底的立法技术。在征收范围的规定上，这至少属于相对封闭式的立法。这样，面对金融产品的多样性以及不断且快速的创新，尤其是互联网金融业迅猛发展，相关创新的金融产品会不断出现，单纯列举的规定难免存在无法周延征收范围、留下征收范围缺漏的风险。例如，无追索权保理中，应收账款债权人将债权转让给保理商是否构成金融商品交易一直存在争议，而根据现行规则所列举的金融商品，这一债权转让不能构成金融商品转让。不过，也有观点提出应当构成金融商品转让，主要理由是保理债权也具有流通性，体现为保理商也可以在受让债权后再进行转让，保理合同发挥着流通凭证的作用。[①]显然，单纯列举的规定也会引起法律适用上的不确定性。

当然，就上述几大类金融商品，存在税法以外相关基础法规的规范，例如，规范有价证券的《证券法》和规范非货物期货、金融衍生品的《期货和衍生品法》。可以依据相关基础法规来确定纳入增值税征收范围的金融商品。不过，即使如此，不明确性

①　参见刘剑文、丁健鸽："《民法典》保理新规纳入增值税立法的思考"，《税务研究》2021年第1期，第8-10页。

依然存在。例如，关于有价证券，《证券法》并没有关于证券概念的界定，仅在第2条列举了相关金融商品，包括股票、公司债券、存托凭证、国务院依法认定的其他证券、政府债券、证券投资基金份额、资产支持证券和资管产品。而后三类虽然属于由该法规范或依照该法原则规范的金融商品，但不能归属于增值税法上的有价证券。其中，证券投资基金份额、资产支持证券也应归属于资管产品。^① 为此，依然有疑问的是，增值税法上的有价证券是否仅限于包括限售股、可转换债券等一些特殊股票、债券在内的股票、债券以及存托凭证。换言之，有价证券是否仅限于狭义的有价证券，即资本证券？还是也包括提货单、运货单、仓库栈单等商品证券和银行汇票、本票和支票等货币证券？对此，商品证券应排除在金融商品之外，这是因为其属于代表商品的证券，功能在于表明对商品的拥有，商品证券销售按照证券所代表的相关商品（即货物）销售征收增值税。不同的是，股权、债权等资本证券所代表的权益转让本身并不征收增值税。不过，货币证券是否属于增值税法上的有价证券，就存在疑问。对此，需要立法界定金融商品的特征，并结合具体类型的货币证券来确定。此外，在现实中还存在一些所谓的投资份额或权益分享，例如，某企业出售用于农林开发的土地使用权，约定购买人可以获得丰厚回报，源于该企业管理下农林相关产品收益，有学者将其称为无证券之名、但有证券之实的金融工具，^② 那么这类金融工具是否属于增值税法上的有价证券？再如，关于金融衍生品，《期货

① 参见《财政部、税务总局关于资管产品增值税有关问题的通知》（财税〔2017〕56号）。

② 参见朱锦清：《证券法学》，北京大学出版社2022年版，第51-52页。

和衍生品法》也没有关于金融衍生品概念的界定，仅在第 3 条规定金融衍生品包括互换（即掉期）合约、远期合约和非标准化期权合约，并对这三类衍生品进行了界定。不过，这三类金融衍生品都属于基础衍生品，其与股票等基础金融商品可以相结合，形成复杂的金融衍生产品，即结构化产品。那么，结构化产品是否属于增值税法上的金融衍生品？以上都需要立法界定金融商品的特征来确定。此外，即使某项金融产品在名称上属于某项具体的有价证券、资管产品或金融衍生品，但能否构成金融商品，还要符合纳入增值税征收范围的金融商品的特征，而这也有待立法上的界定。例如，源于私法自治或金融监管的需要，某项金融产品的转让可能会受到严格限制，成为像股权、债权转让这样的增值税非应税交易。

2. 金融商品税目定位不准确

目前，根据《实施办法所附注释》的规定，金融商品是金融服务的一项子税目。鉴于金融商品和金融服务存在的差异，这样的定位并不准确。将金融商品置于服务及金融服务之下，通常就基于服务或金融服务的一般规则来征税，不便给予税收特别措施等差异化待遇，对课税的公平性有一定的影响。例如，根据《营业税改征增值税试点实施办法》第 12 条的规定，即在境内销售服务是指服务的销售方或者购买方在境内，如果境外企业将持有的在我国证券交易所上市的企业股票销售给境外其他企业，我国就无法征收增值税，至少征税缺乏明确依据。事实上，这一定位的不准确性与前文所述缺乏对金融商品概念的界定有一定的关联，即立法上没有从商品的角度准确界定金融商品，使得金融商品的属性有些模糊化。具体而言，作为一种商品，金融商品是经营者基于履行给予义务销售的金融产品，其中，给予的客体是相关财产的所有权，例如，股票、债券的所有权。换言之，金融商品是作为一项财产而存在的，具有所有权属性，其所有权也能够转让，营利的方式是通过转让而谋取买卖差价。《营业税改征增值税试点实施办法》第45条在界定纳税义务产生时间时，将金融商品转让区别于销售服务单独进行规定，并界定为所有权转移的当天。而服务是相比于商品而言的，金融服务是经营者基于履行作为义务销售的金融产品，其中，作为是指除转让或给予相关财产所有权以外的其他积极行为，包括允许他人使用自己的财产。例如，将资金贷与他人使用，对他人资产进行管理，等。对此，澳大利亚1999年《商品与服务税法案》虽然将买卖证券和贷款服务等金融业务也是一并规定，但将上位税目的名称使用了一个更为抽象的概念，即金融供应（financial supplies），而非金融服务。①

3. 资管产品运营过程中金融商品转让纳税人确定存在争议

对于以资管产品管理人为纳税人的现行规则，主要问题包括两方面。① 资管项目的财产如果不足以履行增值税纳税义务，管理人作为纳税人就要以自身其他财产来履行，不合理地扩大了管理人的责任。② 这有违课税的公平性，毕竟金融商品转让形成的投资收益归投资人所有（包括根据投资人指示分配给受益人），管理人仅取得管理费且取得管理费也需要纳税。事实上，管理人作为扣缴义务人更合适。② 原始权益人或发起人为取得不动产、

---

① See the Division 40-Input taxed supplies of A New Tax System（Goods and Services Tax）Act 1999 of Australia.

② 参见刘继虎、殷煌："金融商品转让的增值税法规制研究"，《中州大学学报》2021年第5期，第35页。

信贷资产等基础资产而承担的增值税进项税，管理人作为纳税人自然无法抵扣，造成抵扣链条断裂。[①] 目前资管产品运营过程中的金融商品交易等应税交易适用简易计征方式与之存在一定关联。

事实上，已有学者提出，源于基于信托关系所形成的资管资产的独立性，以及增值税纳税人不以其是否具有民事主体资格为前提，应当以资管产品项目本身作为增值税纳税人。[②] 不过，问题在于现行增值税法规定的纳税人由单位和个人构成，其中，《营业税改征增值税试点实施办法》第1条规定单位包括"企业、行政单位、事业单位、军事单位、社会团体及其他单位"。能否将资管产品项目解释为作为增值税纳税人的单位的特殊形式，立法上至少是不明确的，毕竟超出了"单位"的应有语义，即指机关、团体或属于一个机关、团体的各个部门。[③] 当然，剩下的第三种方案便是以投资人作为纳税人，但这样问题便集中于征管效率和可行性上，这是因为许多资管产品的投资者众多、分散且具有高度流动性，相关金融商品转让很难与投资者相匹配。

4. 免税等税收特别措施规则有待完善

目前，享受免税待遇的金融商品交易集中于一些境外特殊投资者实施的以证券为主的部分金融商品转让以及个人实施的所有

---

① 参见汤洁茵："资管产品增值税的纳税人之辨——兼论增值税的形式主义"，《法学》2018年第4期，第146页。

② 参见汤洁茵："资管产品增值税的纳税人之辨——兼论增值税的形式主义"，《法学》2018年第4期，第148-149页。

③ 参见中国社会科学院语言研究所词典编辑室编：《现代汉语词典》，商务印书馆2016年版，第254页。

金融商品转让。① 对此，存在两方面有待完善。首先，对于个人
金融商品交易免税，鉴于涉及所有金融商品，可以笼统地理解为
国家旨在鼓励个人参与金融市场。不过，说服力并不足，相反会
产生课税不公平的问题。一方面，个人从事黄金、不动产的交
易，增值税并非一概免税，个人从事普通货物的销售，更是需要
征收增值税，对个人从事金融商品交易一概免税，造成不同行业
之间税负的差异。另一方面，存在征税的漏洞，因为企业可以通
过操作以个人的名义来从事金融交易。据此，对个人交易一概免
税，既有违征税的普遍性原则，也会限制增值税征收应发挥的抑
制过度投机的功能，且无法基于征管效率来正当化。这是因为金
融商品交易很难通过地下、隐匿的方式开展，以个人从事股票交
易为例，个人需在交易所开立账户并通过交易系统从事交易，基
于征管协助，税务机关对个人从事的交易都有据可查。从一定程
度，个人金融商品交易免税与下文将提到的适用差额计征方式存
在的税负重问题也有关。其次，缺乏以特定金融商品为交易对象
的免税，例如，那些公益性的金融商品。对这样的金融商品交易
免税，例如，旨在保护生物多样性的资管产品等，有助于实现特
定的社会、经济政策。

　　除了免税外，还存在加重税负的税收特别措施，即加重课
税。而对金融商品高频交易尚未引入特别加重课税规则。高频交
易是一种基于信息算法产生并自动完成的交易，通过对特定金融
商品极度频繁的买卖和很小的价差来获取利润。高频交易往往出
于投机目的在非常短的时间内下达购买和出售指令，同时会在半
秒以内修改或取消指令，从而影响金融商品的价格。高频交易对

---

① 参见《营业税改征增值税试点过渡政策的规定》。

金融市场带来的负面影响还远不止于此，并对金融监管带来了很大的挑战。[1] 目前，在我国金融市场，金融商品高频交易已经初露端倪。2015 年 10 月，证监会起草的《证券期货市场程序化交易管理办法（征求意见稿）》虽然未提到高频交易，不过，大部分内容都是针对高频交易的。[2] 换言之，对高频交易，证监会以程序化交易监管的名义已经着手监管，试图控制高频交易产生的负面影响。为此，至少从辅助的角度，为限制高频交易，征税应当对金融商品高频交易进行特别规制。不过，目前我国增值税法对高频交易缺乏必要的回应。事实上，对于高频交易，由于与其他普通的金融商品交易相比存在显著的差异，不给予体现差别课税的税收特别措施，也有违实质的公平性。

5. 差额计征方式等特殊计征方式有违增值税核心特征

通过销项税的转嫁与进项税的抵扣，纳税人不承担税负是增值税的核心特征，也就是通常所说的中性原则，体现税制整体上安排的公平性。不过，除了资管产品运营过程中金融商品交易适用简易计征方式有违增值税核心特征外，差额计征方式也有违这一特征。金融商品交易实施差额计征方式，在卖出价和买入价都是含税价格的情况下，增值税的税负据此也能够转嫁，由买方承担。不过，由于只有当金融商品转让时才可以减去买入价，这不同于进项税可以在相关应税交易未实际发生时就在当期抵扣，纳税人还是至少负担现金流的不利益。此外，不同于企业所得税下

---

[1]　参见吴伟央："高频交易及其监管政策探析"，《证券法苑》2019 年第 3 期，第 953-955 页。

[2]　参见邢会强："证券期货市场高频交易的法律监管框架研究"，《中国法学》2016 年第 5 期，第 158 页。

企业亏损可以结转下一个年度再扣除，同时，也不同于增值税普通计征方式下留抵进项税可以在下个年度再抵扣，在差额计征下，卖出价减去买入价出现的负差不能转入下个年度。这无疑实质上加重了金融商品交易纳税人增值税的负担，加剧了对增值税核心特征的背离。金融商品交易的差额计征方式，是真正的作为例外的特殊计征方式，有违上述增值税的核心特征，且很难得到正当化。具体而言，背离增值税基于抵扣的普通计征方式，适用差额计征或简易计征方式，往往存在于纳税人进项税无法抵扣或进项成本不含进项增值税的情况。例如，小规模纳税人适用简易计征，自然人销售 2 年以上非普通住房适用差额计征和简易计征，[①] 房地产开发企业中的一般纳税人销售其开发的房地产项目适用差额计征，可扣除受让土地时向政府部门支付的土地价款。[②]而鉴于目前个人从事金融商品转让享受免税，金融商品交易的纳税人主要就是一般纳税人。同时，买卖金融商品，进项成本主要就是金融商品的购买成本，而金融商品出售是征增值税的，这就不同于政府出让土地使用权不征收增值税。事实上，对销售货物，基本上不存在适用差额计征的情况，这与销售货物进项成本以货物购买成本为主且征收增值税有关。需要特别指出的是，按照差额计征得出来的应纳税额，相当于在普通计征方式下销项税额减去（抵扣）进项税额得出来的应纳税额，而这个应纳税额本身是不能抵扣的。为此，金融商品交易产生的应纳税额只能开具

---

① 参见《营业税改征增值税试点过渡政策的规定》。

② 参见《房地产开发企业销售自行开发的房地产项目增值税征收管理暂行办法》（国家税务总局公告 2016 年第 18 号）。

普通发票，由卖方缴纳，且不能被买方抵扣。① 这样，如同所得税的净所得课税，容易被认为是由纳税人承担税负，至少在形式上，相比于普通计征方式，差额计征方式在贯彻增值税核心特征上也并不理想。

二、金融商品交易增值税征收的基本理念

对现行金融商品交易增值税规则进行检视和问题分析之后，接下来有必要阐释在贯彻课税公平总的原则下金融商品交易征收增值税应当遵循的基本理念，以为解决上述现行规则相关问题进而完善规则奠定基础和提供指引。当然，金融商品交易应当在满足本书前面章论述的增值税应税行为相关基本构成要件的前提下征收增值税，对此，不再赘述。

（一）符合税制结构安排的需要

对金融商品交易的征税，增值税仅仅是其中的一项，在现行税制结构下，源于不同的征税对象，还包括其他税收，以下以最为典型的股票、债券交易予以说明。首先，从直接税的角度，即对交易的结果而言，销售股票、债券会产生所得，因此，股票、债券交易需要征收所得税。具体而言，股票、债券销售主体需要基于财产转让所得或经营所得缴纳个人所得税或企业所得税。其次，从间接税的角度，即对交易本身征税而言，销售股票、债券除征收增值税以外，销售股票还需要基于成交金额的 0.1% 征收

---

① 事实上，买方在后手交易中通过减去含税的买入价来实现普通计征下的进项税抵扣。

印花税。不过，根据《印花税法》第 3 条，目前也仅股票和以股票为基础的存托凭证销售需要征收印花税。此外，关于股票、债券发行，由于企业发行股票、债券是企业的融资行为，目的是解决企业融资的要求，并不是为营利而实施的商品或服务销售，因此不是为取得用于分配的企业利润而作，不产生营利所得，同时，因为缺乏营利性，也就不构成经营活动。事实上，发行股票和发行债券筹集的收入不是计入企业会计的损益类科目，包括主营业务收入、其他业务收入等。因此，股票、债券发行既不在所得税的征收范围内，也不在对经营活动课征的增值税的征收范围内。关于后者，在欧盟增值税制度中，也是如此。①

综上，基于税制整体上安排的公平性，虽然上述所得税、增值税和印花税都是以金融商品销售方作为法律上的纳税人，但是并不重复或不完全重复，作为对金融商品交易的主体间接税，增值税的征收需要符合现行税制结构安排。首先，金融商品交易征收的增值税，应当对交易本身或销售额（全额）征税，避免对交易的结果或净所得或类似结果征税，否则会与所得税重复。换言之，对金融商品交易的增值税，如果按照普通的计征方式征收，取消差额计征方式，并减少适用简易计征方式，能够更好地贯彻增值税中性原则，确保与所得税相区分，就符合以所得税、增值税为主体的现行税制结构安排和税制公平性要求。其次，因为印花税也是间接税，也是对交易征收，在征收增值税的情况下要严格限制印花税的适用范围，保持绝大部分的金融商品交易不征收印花税，同时也要确保印花税 0.1% 或更低的税率以控制规模。

---

① See Caroline Heber, "Issue of Shares and Partnership Interests, and the Look-through Approach Within the Scope of VAT and GST", *World Journal of VAT/GST Law*, n. 2 (1), 2013, p. 24.

（二）符合征税普遍性原则的需要

增值税理论上是一种一般化的消费课税，因为覆盖所有的商品和服务、任何主体实施的交易以及经济链中所有环节的交易，能很好地贯彻征税普遍性原则，即对任何体现负税能力的主体都应当公平征税，并根据负税能力大小给予不同的税负。对金融商品交易征收增值税需要进一步贯彻征税普遍性原则。不过，问题在于如何贯彻。对此，考虑到增值税是基于交易构成经营活动而征收并据此确定纳税人，应当从经营活动的构成入手。事实上，不管是企业还是个人，出于金融投资的目的，购买股票、债券等金融商品并出售，赚取差价，与买卖普通货物，甚至与同样出于投资并买卖黄金本质是一样的，都可以成为一种经营活动，体现负税能力。其中，黄金交易不管是否通过黄金交易所销售，都需要征收增值税。[①] 相比于黄金交易，金融商品交易的反复性、连续性或持续性更强，频率也更高，更能满足经营活动的特征。需要补充的是，经营者体现负税能力，是因为其特别利用了来自国家提供的相关公共服务，例如，环境或市场创造、保护等，经营活动得以开展和便利化，[②] 经营者从而得以取得收益和创造财富。其中，一项典型的例子就是经营者在国家通过设立、管理证券交易所创建的证券市场中从事的证券交易经营活动。为此，高频交

---

① 只不过目前通过黄金交易所交易黄金享受即征即退的优惠待遇。参见《国家税务总局关于印发〈黄金交易增值税征收管理办法〉的通知》（国税发明电〔2002〕47号）和《财政部、国家税务总局关于黄金税收政策问题的通知》（财税〔2002〕142号）。

② Cfr. Raffaele Perrone Capano，*L'imposta sul valore aggiunto*，Napoli，1977，p. 207.

易由于能够保障更稳定的收益并增加收益，一定程度上也体现更大的负税能力。与此相关，股权转让之所以不在增值税的征收范围内，同一企业或个人无法反复买卖有限责任公司股权是重要原因，[①] 债权转让情况类似，即股权、债权很难认定为是为交换而生产出的产品，缺乏相关交易市场。而股票作为股份有限公司股权的代表形式（凭证），债券作为债权的代表形式（凭证），在证券市场对两者买卖的限制，尤其是交易对象方面，基本上就不存在，甚至可以匿名交易，使得股票和债券极具市场流通性，也就具备了"商品"的特征，在一定程度上也可以被认定为为交换而生产出的产品。[②] 换言之，对金融商品概念进行界定，需要考虑上述经营活动、市场流通性等关键因素，以解决金融商品交易增值税征收范围不明确、不周延的问题，从而更好地贯彻征税的普遍性原则。此外，资管产品运营过程中的金融商品转让，还是应该以体现负税能力的主体为纳税人，而资管产品管理人并非为自己实施金融商品转让，并非相关负税能力体现者。

（三）符合税收利益维护与宏观调控的需要

在特定的方面，维护税收利益和实施宏观调控也有助于贯彻课税的公平性。首先，在满足增值税应税交易基本条件的基础上，从维护国家税收利益的角度，需要对金融商品交易征收增值税，而非给予免税待遇。具体而言，目前我国金融商品交易市场是巨大的，仅以 2023 年上海地区的金融市场交易额为例，就达到

---

① 例如，根据《中华人民共和国公司法》第 71 条的规定，股权转让的对象就受到一定的限制。
② 参见中国社会科学院语言研究所词典编辑室编：《现代汉语词典》，商务印书馆 2016 年版，第 1142 页。

了 3373 万亿元，比上年增长 15.0%。[①] 而在 2022 年，上海证券交易所总成交额为 496.09 万亿元。[②] 显然，金融商品交易是国家一项重要的税源，对其征收增值税能给国家带来可观的税收收入。其次，对于整个金融商品交易市场而言，在现行税制结构以及征税的普遍性原则下，给予金融商品交易增值税豁免的待遇缺乏正当的政策目的，否则对其他征收增值税的市场交易或行业显然不公平。相反，考虑到金融商品交易市场的进入门槛较低，流动性又很大，企业和个人的投机行为存在过度的可能，增值税豁免会加大投资或金融风险，并引发资本泡沫，降低金融商品交易理应带来的资源配置效率。正如前文所述，目前对个人金融商品交易一概免税就存在相关问题。因此，从宏观调控的角度，也需要征收直接对交易本身征税的增值税，至少可以抑制短期内资本迅速、大量流入金融市场，进而减少投机性金融商品交易，促进金融市场的健康发展。[③] 再次，征收增值税可以发挥宏观调控的功能无疑与限制高频交易是一致的。事实上，鉴于高频交易体现更大的负税能力，特别加重课税在贯彻实质课税的公平性的同时，作为一种特别调控手段，也实现了对高频交易的限制。在我国股票市场，相比于期货等其他金融商品市场，高频交易之所以更难

---

① 参见刘惠宇："去年上海金融业增加值 8646 亿元"，载人民网：http://sh.people.com.cn/n2/2024/0508/c176738-40836356.html，最后访问时间：2024 年 8 月 28 日。

② 参见上海市统计局："2022 年上海市国民经济和社会发展统计公报"，载上海市统计局官网：https://tjj.sh.gov.cn/tjgb/20230317/6bb2cf0811ab41eb8ae397c8f8577e00.html，最后访问时间：2023 年 4 月 6 日。

③ 参见刘继虎、殷煌："金融商品转让的增值税法规制研究"，《中州大学学报》2021 年第 5 期，第 34 页。

以施展，与额外还征收印花税存在紧密关联。① 最后，对金融商品交易征收增值税并不否定对特定的金融商品交易或特定主体实施的金融商品交易可以给予免税待遇，以扶持特定范围内的金融商品交易。例如，为鼓励证券投资基金的发展、境外机构投资国内证券市场等，此时给予相关交易免税待遇也是一种特别调控手段。

（四）域外金融交易税的可参考性

不管是欧盟征收的增值税，还是一些英美法系国家征收的商品与服务税（本质同增值税），对金融商品交易以及金融服务都是赋予免税待遇。其中，欧盟《2006 年增值税指令》第 135 条规定股票、债券等金融商品交易免征增值税，但买卖确立货物所有权的凭证以及赋予持有人对不动产享有所有权、占有权或用益物权的股票或权益除外。② 新加坡《商品与服务税法案》附表 4 规定了股票、债券等金融商品转让享受免税待遇，③ 澳大利亚 1999 年《商品与服务税法案》第 40 节规定的免税交易包括金融供应，④ 买卖股票等其他证券就包括其中。⑤ 对此，上述这些国家和

---

① 参见邢会强："证券期货市场高频交易的法律监管框架研究"，《中国法学》2016 年第 5 期，第 157 页。

② See the art. 135 of Council Directive 2006/112/EC.

③ See the Fourth Schedule Part Ⅰ "Exempt Supplies" to the Goods and Services Tax Act 1993 of Singapore.

④ See the Division 40-Input taxed supplies of A New Tax System（Goods and Services Tax）Act 1999 of Australia.

⑤ See Australian Taxation Office，"Financial Supplies"，in website of Australian Taxation Office，on June 15 of 2015，available at the following link：https：//www. ato. gov. au/Business/GST/When-to-charge-GST-（and-when-not-to）/Input-taxed-sales/Financial-supplies.

地区赋予金融商品交易免税的待遇，并非出于特殊的社会、经济政策目的，即非出于公共利益的考量，而是出于应用的技术问题。[①]换言之，对金融商品交易以及金融服务按照增值税普通的计征方式征收增值税存在困难，而免税避免了这一困难，同时源于与免税交易相关的进项税抵扣的禁止，免税也并不会带来显著的税收收入下降，属于相对中性的措施。此外，金融商品交易享受免税待遇，而不是不征税待遇，说明在这些国家和地区金融商品交易首先被肯定为增值税或商品与服务税下的经营活动。

　　不过，金融商品交易免征增值税，并不意味着没有其他间接税的征收。事实上，同样为了应对金融市场的不稳定性、规制投机行为以及取得税收收入，截止到2021年，法国、意大利、英国等10多个欧洲国家就股票、债券及其衍生品等销售开征了金融交易税（financial transaction tax）。[②]这里以意大利金融交易税为例进行简要说明。意大利在2012年底颁布了第228号法律，[③]首次引入了金融交易税，应税交易包括三类，分别是股票和其他投资性的金融工具的所有权转移、衍生金融工具和其他有价证券的交易以及关于上述金融工具的高频交易，按照每天、不同金融工具分别计征。关于第一类应税交易，税基是交易额，即购买的金融工具的数量乘以加权平均价格，税率为0.2%，如果是在规范的

---

　　① See European Commission's Green Paper on the Future of VAT: Towards a Simpler, More Robust and Efficient VAT System, COM（2010）695.

　　② See Elke Asen, "Financial Transaction Taxes in Europe", in Tax Foundation Europe, on February 4 of 2021, available at the following link: https://taxfoundation. org/financial-transaction-taxes-europe-2021.

　　③ Cfr. Legge 24 dicembre 2012, n. 228.

市场或多边交易系统中交易，税率为 0.1%，纳税人为购买方。[①]
关于第二类应税交易，其中，衍生金融工具包括就股票及相关收
益、指数或数量的期货合约、期权合约、掉期合约、远期合约
等，其他有价证券包括债券等。关于税额，针对每一类不同的金
融工具，根据合约价值大小分成 7 档，确定大小不同的固定应纳
税额。例如，针对期货合约，前两档分别是价值低于 2.5 千欧的，
应纳税额为 18.75 欧元，价值在 2.5 至 5 千欧的，应纳税额为
37.5 欧元，最后一档为价值超过 100 万欧元的，应纳税额为 1.5
万欧元，纳税人为交易双方。关于高频交易，税基是取消或修改
的指令超过全部输入的指令（还包括购买、出售指令）60% 的部
分对应的金融工具数量乘以购买、出售或修改指令的加权平均价
格，税率是 0.02%，纳税人是取消或修改指令执行受益的主体。[②]
税基与纳税人的规定围绕取消或修改指令来设计，这是因为高频
交易商主要通过在发出购买、出售指令后在极短时间内（例如半
秒内）取消或修改指令来影响价格，体现出这部分金融交易税限
制高频交易的特殊目的。

综上，在其他国家征收的金融交易税可视为一种替换增值税
的新税种。该税种计征方式的简化，主要体现为以交易额为税基
或以合约价值为基础，且没有抵扣。同时，源于纳税人主要是金
融商品购买方，税基的计算也没有扣除，金融交易税与证券转让
所得税或资本利得税存在明显的差异。此外，金融交易税也是对
全部金融商品交易征收，尽管税率或固定应纳税额换算后的大概

① Cfr. Valentino Amendola Provenzano etc. , *La tassazione degli strumenti finanziari*，Egea，2018，pp. 261-265.

② Cfr. Valentino Amendola Provenzano etc. , *La tassazione degli strumenti finanziari*，Egea，2018，pp. 270-275.

税率要比增值税税率低很多，但是源于没有抵扣，收入规模应该相当，且稳定。何况，针对金融商品，不像我国仅限于股票及相关存托凭证，在意大利也有印花税（imposta di bollo），不过属于财产税，按年计征，税额为证券账户中证券价值（相当于余额）乘以税率 0.2%。[①] 据此，我国征收增值税与其他国家征收金融交易税是一致的，后者也是对金融商品交易征收的间接税，符合征税普遍性原则，取得税收收入的同时也用于宏观调控。为此，我国金融商品交易增值税相关征收规则的完善可以从其他国家金融交易税征收规则中获取可参考性的经验。当然，征收规则如果得到完善，显然征收增值税是优先考虑的选择，至少可以避免新税种的开征带来税制的复杂。

三、增值税法金融商品交易征税规则的修正

金融业的良好发展对保障国民经济的良性循环以及推动社会的进步和稳定至关重要。金融商品交易作为金融业发展中越来越重要的一部分，征税规则是否合理，对金融业的良好发展有着重要影响。目前，在金融商品交易的征税规则中，作为第一大税种的增值税征收规则无疑是争议最大的，也最受关注。事实上，金融商品交易作为增值税应税行为所涵括的一项特殊交易，继续沿用原来营业税的征收规则，已经与增值税的现代化改革要求不符。因为不仅是在应税交易客体、纳税主体、交易发生地和发生时间、税收特别措施等有关纳税义务产生与否及数量的实体方

---

① Cfr. l'art. 13，comma 2-ter，della tariffa，parte prima，allegata al Decreto del Presidente della Repubblica 26 ottobre 1972，n. 642.

面，还是在征收机制方面，现行金融商品交易增值税规则都存在一定的问题，有损增值税征收的实质公平性以及法律确定性、中性原则。这样，从良法善治促进金融业良好发展的角度看，有关金融商品交易的增值税之良法供给目前还存在不足。据此，我国应当全面、体系性地对金融商品交易增值税规则进行检视与完善。面对现行规则存在的六大方面问题，除应当满足增值税应税行为基本构成要件外，规则的完善还应当符合税制结构安排、贯彻征税普遍性原则、维护税收利益、兼顾宏观调控以及参考相关域外经验。同时，规则的完善还应当特别关注相关问题的关联性，遵循经营活动课税理论，以及以金融法、民商法相关规范为基础。具体规则的完善主要包括界定金融商品概念、准确定位金融商品税目、变更资管产品运营过程中金融商品交易的纳税人、调整税收特别措施以及修改征收机制。具体而言，在增值税法中，金融商品交易征税规则的完善主要包括：① 基于经营活动课税理论，对金融商品概念进行界定，突出流通性特征；② 将金融商品在税目上与货物、服务等并列，配合引入界定金融商品在境内销售以及交易发生时间的差异化规则；③ 以资管产品项目确定为资管产品运营过程中金融商品转让的纳税人；④ 取消个人从事金融商品交易一概免税的待遇，但提高免税额并降低征收率，在个人从事股票交易征收增值税的情况下免征印花税，并增加公益性的金融商品交易免税待遇，以及对高频交易适用更高的税率；⑤ 原则上对金融商品交易改为普通计征方式征收增值税。对此，下文将予以详细阐释。

（一）金融商品的界定

对金融商品进行界定，基本的思路是结合商品的特征和金融的属性，并对外汇、有价证券、非货物期货、资管产品和金融衍生品这五大类金融商品提取公因式。

首先，从金融商品产生的角度，金融商品是一种资金融通工具，其价值由将来可能的收益决定，[①] 具有相关书面凭证作为载体。为此，从最初需求的角度，购买金融商品是出于投资的需求，不是基于消费或使用的目的，因为金融商品能给持有金融商品的主体带来盈利预期。不过，盈利主要取决于他人的努力，而非持有人本身的努力。[②] 例如，外汇能否升值，主要取决于发行外币国家通胀率、政治稳定性等因素。再如，股票能否带来股息、红利分配或股价上涨，主要取决于发行股票的公司的经营状况，这与企业购买原材料、加工品，自己生产成品从而创造新的价值不同。据此，金融商品属于金融性质的投资形式。对此，外汇、股票、债券等有价证券、非货物期货、投资基金等资管产品、期权等金融衍生品都符合这一特征。汇票等票据也符合这一特征，因为票据投资也是我国目前一种重要的投资渠道。

其次，金融商品应具有流通性，即根据商品的可自由交换特征，金融商品能够像其他商品那样在不同主体之间交换，从而构成在市场中自由交易的客体。进一步而言，根据本书第三章关于商品特征的论述，商品对应着一个交易市场，在该市场中具有流通性，即快速买卖这种商品不会导致价格大幅波动，或者商品在市场中的供给量和需求量通常都较大，这也为买卖这种商品能成为经营活动奠定基础。据此，并非所有的金融产品或工具都是金融商品，金融商品的外延要小于金融产品或工具。这是因为一些

---

① 参见黄达、张杰编著：《金融学》，中国人民大学出版社 2020 年版，第 202 页。

② 参见朱锦清：《证券法学》，北京大学出版社 2022 年版，第 62 页。

金融产品或工具并不具有流通性，例如，银行活期账户、作为互联网金融产品的余额宝等，这些金融产品也就不属于金融商品。而限售股票在解禁之前，由于不能自由交易，不具有流通性，也不属于金融商品。事实上，金融商品源于金融的属性，国家在创造、维护相关市场的同时，出于金融监管的需要，大部分金融商品的可交易性（即流通性）往往在相关法规中被确认和规范。例如，《外汇管理条例》第29条和第30条规定了外汇的可交易性，即在外汇交易市场交易，《证券法》第37条规定了证券的可交易性，即在证券交易所等交易，《期货和衍生品法》第11条分别规定了非货物期货的可交易性，即在期货交易场所交易，和金融衍生品的可交易性，即通过协议交易等方式。再如，关于资管产品，《中华人民共和国证券投资基金法》（简称《证券投资基金法》）第46条、第61条规定了公募投资基金份额和私募投资基金份额的可交易性，即在证券交易所或其提供的交易平台交易。[①]当然，具有流通性的资管产品还有很多，例如，保险资管产品，可在保险交易所交易。需要特别指出的是，出于金融监管的目的，不同于其他普通的商品，金融商品的流通性可能会受到一定的限制，例如，根据《证券法》第63条，投资者持有有表决权股份达到5%，一定期限内不得再买卖相关股票，再如，根据《证券投资基金法》第92条第2款，私募投资基金份额转让，交易对象限于合格投资者，且总数不超过200人。但这类限制并不会实质性地排除金融商品的流通性，只不过区分了不同金融商品之间流通性的大小，在不同的范围内，相关金融商品依然可以作为反

---

① 参见朱锦清：《证券法学》，北京大学出版社2022年版，第41-42页。

复交易的客体，使得买卖相关金融商品可以构成一种经营活动。因此，仅仅是可以转让，像股权、债权本身，达不到流通性的要求，不能成为金融商品。

基于上述，以下一些金融产品或工具是否构成金融商品，需要分别说明。① 关于汇票、银行承兑票据等货币证券，只要可以在货币市场中交易，具有流通性，也应当属于金融商品，纳入有价证券的范围。对于这类证券，欧盟 2004 年《金融工具市场指令》第 4 条将其直接界定为在"通常在货币市场上交易的各类工具"。① 在意大利，票据被归为非典型证券，票据交易买卖也属于增值税的免税交易，② 这表明票据交易首先被肯定为是一种经营活动内容，即应税交易。当然，我国《中华人民共和国票据法》第 27 条也是肯定了汇票以背书方式的可转让性。据此，汇票作为持票人主张出票人、承兑人支付票据相关金额的权利凭证，除非明确记载不得转让，否则汇票可以转让给不特定的多数他人，从而具有流通性。支票、本票等其他票据可根据同理确定是否构成金融商品。② 关于可转让大额定期存单，首先，存单的发行本身属于吸收存款行为，③ 不构成金融商品转让，也不构成营利的金融服务提供。其次，虽然存单也有所有权，投资人或持有人也可以转让给其他企业或个人，但成为金融商品还需要满足流通性的要求。具体而言，如果通过买卖赚取差价的空间非常有限，存单

---

① See the art. 4 of Directive 2004/39/EC of the European Parliament and of the Council of 21 April 2004 on markets in financial instruments.

② Cfr. l'art. 10，comma 1，del del Decreto del Presidente della Repubblica 26 ottobre 1972，n. 633.

③ 参见《大额存单管理暂行办法》（中国人民银行公告〔2015〕第 13 号）第 2 条第 1 款。

的市场供应量和需求量还非常有限，尤其是后者，就难以达到流通性的要求，转让存单也就难以成为经营活动。目前，在我国很大程度上就是这样一种现状，因此，存单不属于金融商品。事实上，在我国增值税法尚未明确规定实施经营活动的主体才能构成纳税人的一般规则下，金融商品外延的确定需要审慎，实践中尚未达到流通性要求的金融产品应当排除在外。③ 关于无追索权保理，应收账款债权人转让债权，虽然也是为融通资金，保理商也有可能出于投资的考虑而购买，但是这与转让给非保理商的其他企业或个人没有实质差异，此时依然应当认定为是债权转让，而非金融商品转让。对此，需要强调的是，虽然保理债权具有流通性，但这种流通性是对于保理商购买债权再转让而言的，即保理债权可以是保理商为交换而生产的产品，保理商再转让债权应当按照金融商品转让认定。但对于应收账款债权人而言，债权是销售货物或服务产生的，并非是基于交换而产生的产品，转让是为了获取资金使用的时间利益，转让金额也往往低于债权金额，缺乏营利性，很难成为一项经营活动的内容。④ 关于投资份额，显然单纯的投资份额转让与股票转让体现的流通性也相差甚远，如股权或合伙份额转让，也不应当构成金融商品转让。权益分享亦如此。需要特别指出的是，私募投资基金不仅有信托制，还有合伙制。对于合伙型私募投资基金，虽然基金转让属于合伙份额转让，但可能构成金融商品。具体而言，如果是有限合伙人的基金份额，根据《合伙企业法》第 73 条，合伙协议没有特别约定的话，可以不经其他合伙人的同意而转让，加上投资基金本身的流通性，可以成为金融商品。⑤ 关于结构化产品，由于互换合约等基础金融衍生品和股票等基础金融商品都具有流通性，结构化产品作为这些基础金融衍生品和基础金融商品相结合的产物，自然具有流通性，应当纳入金融商品的范畴。

最后，基于上述金融商品核心特征的阐释，《增值税法》增加附件《销售货物、服务、无形资产、不动产和金融商品注释》，保留目前金融商品五大类列举的规定并修改为兜底条款（增加"等"）的基础上，对金融商品概念进行如下界定："源于资金融通需要产生、承担投资工具功能且具有流通性的权益凭证，其买卖能成为一项经营活动。"其中，流通性特征的规定至关重要，有助于避免增值税应税交易的不当扩大。

（二）金融商品税目的纠正

金融商品具有区别于其他商品、服务和无形资产的特征，现行增值税法规定的四大税目，即货物、服务、无形资产和不动产，金融商品都无法纳入其中。首先，正如前文所述，金融商品与其他商品一样，具有所有权的属性，例如，外币的所有权、股票、债券的所有权，投资基金份额的所有权，且可以转让，据此与金融服务相区别，前文基于具有流通性的权益凭证和买卖对金融商品概念的界定也予以了确认。其次，金融商品从形式上看是凭证，但实质上是凭证代表的一种权益，例如，股权、债权及其带来的股息分配、利息取得等利益，具有无形性，据此与包括黄金在内的货物和不动产这些其他商品相区别，即与有形的、物理化的财产相区别。事实上，虽然证券等金融商品具有纸质凭证，但是金融商品的价值并不在于凭证，而是凭证所代表的权益，权益是无形的，何况凭证的形式也呈现电子化的趋势。此外，货币也呈现无形化的趋势，包括外汇交易更是以电子化的方式开展。最后，金融商品虽然也可以归为广义的无形资产，但是从税法的角度，例如，根据《中华人民共和国企业所得税法实施条例》

（简称《企业所得税法实施条例》）第 65 条以及《实施办法所附注释》，无形资产限指狭义的无形资产，更多是指企业为生产产品、提供劳务、出租或者经营管理而持有的没有实物形态的非货币性长期资产，包括专利权、商标权、著作权、土地使用权、非专利技术、商誉等。根据对金融商品概念的界定，金融商品更多是用于买卖，买卖金融商品也成为经营活动的内容本身，很难被认定为为生产产品、提供劳务、出租或者经营管理而持有的长期资产。

综上，需要将金融商品从服务这一税目中移除出来，并与货物、服务、无形资产和不动产并列为第五大税目。对此，根据本书第三章提出的应税交易条款规定，未来《增值税法》完善对商品的外延应当规定为包括货物、不动产、无形资产、金融商品。例如，对金融商品交易，就可以自然引入关于界定在境内销售和发生时间的差异化规则。对此，正如《增值税法》第 4 条所规定的，销售金融商品在境内发生可以被界定为"金融商品在境内发行，或者销售方为境内单位和个人"。不过，基于本书第五章和第七章关于金融商品交易发生地的阐释，未来我国增值税法对于应税交易发生地的确定应采取单一标准，对于销售金融商品，在围绕交易客体能确定的情况下，建议仅保留金融商品发行地标准。此外，基于金融商品交易的特殊性，关于金融商品交易的发生时间，同样需要特别界定，以区别于一般的应税交易发生时间。对此，基于本书第六章关于金融商品交易发生时间的阐释，金融商品完成过户时为交易发生时间。

（三）资管产品运营过程中金融商品转让纳税人的修改

确定资管产品运营过程中金融商品转让的纳税人，存在三个选择，即分别以资管产品管理人、资管产品项目和投资人为纳税人。而这三个选择，根据前文所述，都存在一定的问题，不过，以资管产品管理人为纳税人的问题在于过于基于征税便利而牺牲实体上纳税义务确定的公平性。以投资人为纳税人虽然更符合实体上纳税义务确定的公平性，但是在征管效率和可行性上存在明显缺陷。在当前技术下，面对高频、大量的金融商品交易以及交易对手在经纪人入场并经系统撮合成交，以投资人为纳税人确实存在难以识别以及难以与交易匹配的问题。而这种匹配又十分重要，毕竟投资人的不同地位影响税收待遇，例如个人投资人作为纳税人，可以享受更多免税。此外，很多自然人购买资管产品，仅属于私人投资，是对自己财富的"静态"管理，不构成增值税法中的经营活动，[①] 这类投资人也不应当构成纳税人。

综上，以资管产品项目为纳税人是最佳选择，为确保课税的公平性和征管效率，应当优先考虑。事实上，根据本书第二章关于纳税人构成要件的论述，资管产品项目即使不具有民事主体资格，但从增值税征收的角度看，也可以成为纳税人，这是因为增值税纳税人构成的关键在于实施的活动属于经营活动，即重心在于活动本身，任何主体只要实施了经营活动，从而体现负税能力，就可以成为纳税人。而实施活动主体的法律形式和地位并不重要，毕竟增值税是一种间接税，同时注重征管效率。在欧盟增值税指令下，纳税人的法律形式或外延并没有被限定，只要基于

[①]　Cfr. Innocenzo Maria Genna，Carlo Geronimo Cardia，*Trust e presupposto soggettivo dell'IVA*，in *Rivista Tributi del Ministero delle Finanze*，1998，p. 82.

信托名义执行的活动是经营活动，信托就可以成为纳税人。[①] 资管产品通常体现的就是一种信托关系，因此资管产品项目在我国也可以成为纳税人，毕竟每只资管产品都有产品代码，[②] 不同资管产品有着独立性，同时，在资管产品运营过程中，金融商品的交易也是以每只资管产品投资名义实施的。[③] 而不管是现行增值税法，还是《增值税法》，对纳税人法律形式或外延所作的限定（单位和个人），即可能的障碍，也可以通过立法修改予以排除。对此，可以借鉴法国《税法典》（第二编第一章"增值税"）第256A 条第 1 款关于纳税人的规定，即"独立从事经营活动的主体，不论其法律地位、其他税种缴纳情况以及介入形式或性质如何，均应缴纳增值税"，[④]《增值税法》应补充纳税人界定的条款，并应当以实施经营活动来界定纳税人，对外延不再限定为单位和个人，以"主体"来界定纳税人，在解释时将信托或资管产品作为纳税人的特殊形式明确规定下来。

（四）免税等税收特别措施规则的完善

首先，正如前文所述，不管是从征税的基本理念还是可行性，个人从事金融商品交易一概免税的规则应当取消，即个人销售金融商品在构成经营活动的情况下也要缴纳增值税。事实上，

[①]　Cfr. Maddalena Cecci，*Profili di rilevanza del trust in ambito IVA*，in Trusts，2022，p. 150.

[②]　参见《金融机构资产管理产品统计制度》（银发〔2018〕299 号）。

[③]　参见《中国人民银行、中国银行保险监督管理委员会、中国证券监督管理委员会、国家外汇管理局关于规范金融机构资产管理业务的指导意见》（银发〔2018〕106 号）。

[④]　Voir l'article 256 A du Code général des impost（CGI 2024）．

意大利金融交易税也没有专门针对个人从事的金融交易一概免税的规定。不过，根据《增值税暂行条例实施细则》第 29 条的规定，个人作为小规模纳税人按照简易计征方式纳税。此外，《增值税法》第 9 条也已经规定年应征增值税销售额不超过 500 万元的纳税人都为小规模纳税人。据此，在完善免税额和征收率的情况下，这一征税不会给个人带来过重的遵从成本。一方面，个人从事金融商品交易可以享受免税额待遇。目前，小规模纳税人实施增值税应税交易，免税额是月销售额 10 万元。[1] 当然，针对个人从事金融商品交易，为实现从免税渐进过渡到征税，免税额可以考虑提高，例如，提高至月销售额 15 万元或 20 万元，使众多交易额较小的个人金融商品交易免于增值税的征收。另一方面，在差额计征方式取消后，需要降低简易计征下的征收率，例如，降至 0.5% 或更低税率，降低个人从事金融商品交易增值税的税负，同时在个人从事股票交易征收增值税的情况下免征印花税。事实上，意大利金融交易税税率只有 0.1% 或 0.2%，而简易计征方式与金融交易税征收方式是一致的。考虑到目前除股票（以及相关存托凭证）交易以外，其他金融商品交易都不征印花税，至少对个人从事的大部分金融商品交易，通过较高的免税额和较低的征收率征收增值税是较为稳妥的。此外，当股市比较低迷之时，也可以考虑单就个人股票交易赋予免税待遇。换言之，对于个人股票交易，可以考虑保留免税待遇。

其次，在《增值税法》第 24 条规定的免征增值税的项目中，增加关于特定金融商品的项目，例如前文提到的一些具有公益性

---

[1]　参见《国家税务总局关于增值税小规模纳税人减免增值税等政策有关征管事项的公告》（国家税务总局公告 2023 年第 1 号）。

的金融商品。在意大利，旨在履行道德或社会责任的投资基金份额的交易就享有金融交易税的免税待遇。① 对此，考虑到具有公益性的金融商品在现实中具有多样性和变化性，不宜在法律中直接列举具体的金融商品，《增值税法》可以简单规定"用于公益事业的金融商品"，由国务院根据通过解释来确定哪些具体的金融商品，这样也便于适时调整。对此，《增值税法》第 24 条第 2 款关于免税项目具体标准由国务院规定的规定，已经给予了法律依据。

最后，关于金融商品高频交易增值税征收的特别加重措施，为简化，不需要像意大利金融交易税那样专门针对特定的价格操作手段征税，总体上，就按照金融商品交易增值税的一般规则征收，尤其是按日来计征。当然，出于对高频交易特别规制的需要，同时，也是基于高频交易反映更大负税能力，应当对高频交易征收更高的税率。例如，在《增值税法》关于税率的第 10 条中，将高频交易纳入到第 2 项的 9% 这一档税率之中。事实上，在税目上将金融商品与服务并列之后，更有利于对金融商品的高频交易规定税收特别措施。

（五）征收机制的修改

首先，征收机制的修改内容主要在于计征方式的转变。当然，由于个人从事金融商品交易实施简易计征方式，这里的转变针对的是金融机构等企业从事金融商品交易以及资管产品营运过程中金融商品交易的计征方式。对此，对于前者适用的差额计

---

① Cfr. Valentino Amendola Provenzano etc. , *La tassazione degli strumenti finanziari*, Egea, 2018, p. 283.

征，原则上，或者作为未来改革的目标，为贯彻增值税中性原则，计征方式应当改为普通计征方式。关于普通计征方式的实施，需要补充的是，金融机构等企业通常都是增值税一般纳税人，本身就可以实施抵扣。事实上，金融机构从事黄金交易，就是实施销项税减进项税的普通计征方式。[①] 考虑到买进金融商品所承担的进项税都可以在当期抵扣，即使买进的金融商品数量要大于卖出的数量，鉴于可以抵扣的进项税并不局限于实际用于应税交易的进项成本，[②] 同时，跨年度也可以结转抵扣，可以更好地避免纳税人承担增值税税负。另一方面，在实施抵扣机制下，金融商品的买方承担增值税税负更为明确，在增值税税目确定为五大税目后，《增值税法》第 16 条第 2 款在界定进项税额时，建议补充"金融商品"，即包括纳税人（买方）购进金融商品而支付或者负担的增值税税额。这样，发挥了与意大利金融交易税主要以购买方作为纳税人来调节市场一样的功能，且能够更好地与资本利得税相区别，避免税制的重复。此外，在上述基础上，加之纳税人修改为资管产品项目，对于资管产品运营过程中金融商品交易简易计征，自然也应当修改为普通计征方式，同时也可以减轻税负。需要特别一提的是，不同于《营业税改征增值税试点实施办法》第 18 条第 2 款规定一般纳税人发生财政部和国家税务总局规定的特定交易可以选择适用简易计征方式纳税，《增值税法》第 8 条没有再规定非小规模纳税人的纳税人还可以适用简易计征方式的一般性规则。据此，针对特定交易，非小规模纳税人

---

① 参见《国家税务总局关于金融机构开展个人实物黄金交易业务增值税有关问题的通知》（国税发〔2005〕178 号）。

② 参见翁武耀："论增值税抵扣权的范围"，《北京工商大学学报（社会科学版）》2015 年第 3 期，第 59 页。

的纳税人继续适用简易计征方式可能的法律依据就是《增值税法》第25条关于授权国务院制定税收优惠政策的规定，但以税收优惠的形式存在，简易计征的税负就需要确保比在普通计征方式下征收的税负低。这样，不管是否以税收优惠的形式存在，上述金融商品交易简易计征方式的修改将更具有可期待性。

其次，上述金融商品交易增值税征收机制的修改，除了会带来税收收入的整体下降外，还存在一些不能回避的问题或难点。例如，考虑到证券、部分资管产品等金融商品发行环节不征收增值税，换言之，纳税人如果从一级市场买进相关金融商品再在二级市场销售，没有对应的进项税可以抵扣，需要全额缴纳销项税。这样，针对一部分金融商品，相比于差额计征可以减去买入价，实施普通计征方式在这个交易初始环节税负会更大。又如，金融商品交易实施普通计征方式，卖方开具、买方取得增值税专用发票很重要。不过，一些金融商品交易存在匿名的特点，例如，在股票市场，即使是金融机构等企业，卖方也可能不知道将股票卖给谁，买方也可能不知道从谁购得股票，这无疑阻碍了发票的正常开具和取得。① 再如，鉴于《增值税法》第21条已经引入留抵进项税可作退还处理的一般规定，股票市场等一些特定的金融商品交易市场，行情出现持续下跌，国库可能会面临大规模、持续退税的压力。综上，对金融商品交易增值税计征方式的修改，会与增值税立法总体上采取税制平移的思路、保持现行税制框架和税负水平基本不变有所冲突，并会妨碍《增值税法》的尽快出台。为此，需要渐进式推进，对股票等部分金融商品交易

---

① 事实上，在现行规则下，金融商品交易也存在发票的开具，只不过不得开具专用发票。

可以规定继续采用差额计征方式，在其他金融商品交易采用普通计征方式征收增值税积累经验、规则成熟之后，再修改计征方式。不过，需要特别指出的是，《增值税法》第17条对销售额的界定，就仅指销售而取得的全部价款，没有像《营业税改征增值税试点实施办法》第37条在界定销售额时规定"财政部和国家税务总局另有规定的除外"那样规定例外规则。事实上，《中华人民共和国增值税法（草案）》（二审稿）第16条在界定销售额时是规定了"国务院对特殊情况下差额计算销售额另有规定的，从其规定"的例外规则，以为目前金融商品交易适用差额计征方式提供法律依据。《增值税法》删除了这一规定，同时在第8条关于计税方法的规定中也没有授权国务院在特殊情形可以规定适用差额计征。为此，在《增值税法》下，一方面，差额计征方式的适用范围会缩小，甚至完全取消，另一方面，差额计征方式继续适用可能的法律依据也是《增值税法》第25条关于授权国务院制定税收优惠政策的规定。而作为税收优惠政策，差额计征就必须要确保征收的税负要低于在普通计征方式下征收的税负，这也符合差额计征方式引入的初衷，也有利于缩小差额计征方式的适用范围。以上变化，无疑与前文关于修改金融商品交易增值税计征方式的论点相符。此外，如果修改为普通计征方式，留抵退税可以先不适用于金融商品交易，即留抵进项税按照结转抵扣处理。对此，国务院根据《增值税法》第21条的授权在制定相关规定时可以作相应规定。当然，不同大类的金融商品之间，留抵进项税与销项税也可以相互抵扣。

第九章

数字经济交易

当前，伴随互联网、大数据、云计算、人工智能等技术的兴起和不断创新，它们被广泛应用于经济领域，数字经济这一新的经济形态已经在全球蓬勃发展起来。在数字经济下，不仅产生了新的交易客体，即数字化的新产品，也使得传统产品（不管是商品还是服务）向数字化转型，[①] 经济发展得到了极大推动。在我国，2023 年数字经济核心产业增加值估计超过 12 万亿元，占 GDP 比重 10% 左右，以云计算、大数据、物联网等为代表的新兴业务收入也逐年攀升。[②] 不过，考虑到增值税、所得税等主体税收制度是与农业经济、工业经济相适应而建立起来的，面对数字经济，这些税收的征收事实上正面临着很大的挑战。换言之，从维护税收利益、公平课税以及简化征管的角度，各国传统的税收制度可能无法有效应对数字经济。为此，很多国家已经开始实施基于应对数字经济的税制改革。例如，近些年，奥地利、法国、

---

① 为此，数字经济可以包括数字产业化和产业数字化两方面。参见林毅夫："推动数字经济健康发展"，《人民日报》，2022 年 3 月 28 日（11 版）。

② 参见薛蕾："《数字中国发展报告（2023 年）》发布 数字中国将进一步体质提速"，载金融投资网：https://www.jrtzb.com.cn/346yw/202407/82558335.html，最后访问日期：2024 年 8 月 30 日。

意大利等国家新开征间接税抑或直接税属性不明的数字服务税。^①
不过，数字服务税源于单边措施的属性，极易引起国际税收冲
突。目前，数字服务税以及其他相关类似单边措施已经被许多
国家所摒弃。^② 再如，从已开征税收的角度，例如增值税，欧
盟对跨境销售数字产品从销售地征税改为消费地征税原则，^③
同样，澳大利亚等国家也已经对销售给澳大利亚消费者的数字
产品在本国征收商品与服务税^④。而我国目前不仅没有新开征数
字服务税，也尚未在增值税领域颁布专门的法规，来应对数字
经济。

　　增值税在我国是第一大税种，基于现行增值税法，研究是否
需要为应对数字经济进行修法以及如何修法具有重要的意义。事
实上，如何应对数字经济无疑构成增值税立法（包括未来《增值
税法》完善）中的一项重点也是难点问题。数字经济给增值税征

---

① See Peer Schulze，Erik van der Marel，"Taxing Digital Services-Compensating for the Loss of Competitiveness"，*Ecipe Policy Brief*，n. 11，2021，p. 2.

② 参见经济合作与发展组织（OECD）2021 年 10 月发布的《关于应对经济数字化税收挑战"双支柱"方案的声明》（Statement on a Two-Pillar Solution to Address the Tax Challenges Arising from the Digitalisation of the Economy）。

③ See Council Directive 2008/8/EC of 12 February 2008 amending Directive 2006/112/EC as regards the place of supply of services. 具体而言，根据欧盟增税指令向私人消费者销售服务的一般规则，向私人消费者销售电子服务原本是在销售方所在地征税。此外，向企业销售服务的一般规则，征税地就在接受服务的企业所在地。See the art. 44 and the art. 45 of Directive 2006/112/EC on the common system of value added tax.

④ See Tax and Superannuation Laws Amendment（2016 Measures No. 1）Bill 2016 of Australia.

收带来了跨境交易税收征管难度提高，尤其是境外企业向境内销售的情形，除此之外还有很多问题需要增值税立法回应。这些问题不仅涉及税收征管的程序问题，还涉及应税行为、税率等实体问题，有待体系而深入的全面研究。具体而言，主要有以下几个方面的问题：① 数字经济总体上是一个含义相对宽泛的概念，在应税行为客体要件方面，区别于传统商品和服务的数字产品应当如何界定，在现行增值税法中应当归属于哪类客体（货物、服务抑或无形资产）；② 在应税行为空间要件方面，现行相关规则是否确立了消费地征税原则，如果确立，是否覆盖数字经济以及是否应当覆盖国内交易；③ 消费地征税是通过增值税应税交易发生地的界定来实现，交易发生地应当以什么标准来进一步确定，如果以购买方所在地为标准，购买方所在地又具体表现为哪些标准；④ 在区分 B2B 和 B2C 交易的情况下，购买方的身份（属于私人消费者还是企业）如何来确定；⑤ 相比于传统的商品和服务，数字化的新产品与和数字化的传统产品，在增值税税率等方面是否应当分别作相同或不同对待；⑥ 在跨境交易实施消费地征税的情况下，如何简化征管、降低遵从成本，包括如何减轻关于购买方所在地及其身份的举证责任；⑦ 如何与其他国家和地区应对数字经济的增值税规则进行协调，以避免对跨境交易的双重征税或不征税。

一、数字经济交易的要点

（一）数字经济交易及相关概念梳理

数字经济是以数据资源为关键要素，以现代信息网络为主要载体，以信息通信技术融合应用、全要素数字化转型为重要推动力，促进公平与效率更加统一的新经济形态。[①] 据此，数字经济作为一种新的经济形态，是相对于农业经济、工业经济这种传统的经济形态而言的。当然，不管何种经济形态，都面临征税的问题。不过，从税收立法的角度，不可能直接以经济形态作为法律上的应税行为，需要根据不同税种，以具体的经济事实、行为或结果为应税行为。而增值税从法律的角度是对交易的征税，例如，《增值税暂行条例》第 1 条规定为销售货物、服务、无形资产、不动产，《增值税法》第 3 条则用抽象的概念将上述几类行为直接规定为应税交易。为此，本书采用数字经济交易这一概念来指称针对数字经济的增值税应税行为，并以此展开讨论。考虑到在数字经济这一新经济形态下，交易的客体为数字产品，与非数字化的传统商品和服务相区别，数字经济交易即为销售数字产品。需要特别指出的是，这里以数字产品来指称数字经济交易的客体，是在尚未对数字产品进行界定并按照现行增值税法中的货物、服务或无形资产进行归类的情况下的模糊称谓。事实上，产品一词可以包含商品和服务，其中，商品一词又可以包含货物和无形资产，[②] 本书即采取此语义上的逻辑关系，因此，不宜用数字商品或数字服务来指称，以避免先入为主。

---

① 参见《国务院关于印发"十四五"数字经济发展规划的通知》（国发〔2021〕29 号）。

② 例如，关于应税交易，意大利《增值税总统令》第 2 条规定了商品转让和服务提供。根据解释，商品转让包括无形资产的转让。Cfr. Giuseppe Melis, *Economia digitale e imposizione indiretta*, in *Innovazione e Diritto*, n. 1, 2015, p. 109.

（二）数字经济交易的特征

增值税立法如何应对数字经济，实质在于如何适应数字经济交易的特征以及符合数字经济交易的本质，从而对数字经济交易进行合理征税。事实上，数字经济作为一种新的经济形态，是建立在数据这一新的生产要素基础上，相关交易必然有着与建立在土地、资本、劳力、技术等传统生产要素基础上的传统经济形态下交易不同的特征。对此，可以从数字经济交易的客体和方式两个方面进行阐释，进而得出数字经济交易的本质特征。

1. 客体的特征

数字经济交易的客体为数字产品，可以分为数字化的新产品和数字化的传统产品。前者包括网站托管（web hosting）、数据在线存储（例如云盘）、软件供应及其更新、数据供应及数据库管理等，这些数字产品之所以称为新产品，是源于这些产品在互联网、大数据等技术兴起前并不存在。后者是指将期刊、书籍、电影、音乐、游戏、培训、广告等传统商品、服务转化为数字产品，例如，在线期刊、电子书籍、在线电影和音乐、在线游戏、在线远程自动教学、网页广告等。此时，源于大数据等技术的应用，可能还伴随辅助服务的提供，例如根据客户的自身兴趣向客户提供相关产品信息。不同于数字化的新产品，数字化的传统产品对应的传统产品在互联网、大数据等技术兴起前就已经存在，但源于这些技术，传统产品改变了存在或供应形式，即数字化了，成为数字产品，尽管对消费者而言产品的核心功能不变。

关于数字产品的特征，首先，相比于传统商品中的有形动产

（即我国增值税法所称的货物）和不动产，数字产品不是有形资产，因为是无形的，即存在形式实现了去物理化，也就没有了具体的物理位置空间。据此，不难得出，数字产品有着明显不同于货物、不动产的特征，并在无形的特征方面与无形资产（例如技术、商标等）和服务有着相同之处。其次，尽管如此，相比于无形资产和服务，数字产品还是有着一些不同的特征。例如，数字产品可以被无数或数量更多的使用者使用或享受，或者可以被反复、多重使用，数字产品边际成本极低。而无形资产和服务的使用者数量是有上限的，每增加一人的使用会降低他人的使用性或价值，换言之，无形资产和服务的供应通常是有限的。事实上，虽然服务和无形资产都是无形的，但是根据《企业所得税法实施条例》第 65 条的界定，[①] 无形资产作为企业的长期资产，同固定资产一样，用于生产货物、服务，无形资产的销售以及使用者数量更有限。

2. 方式的特征

传统的商品和服务，交易通常以物理的形式实施，即在特定的地点，交易双方面对面实施销售和购买，同时，大部分交易发生在一国境内，尤其是服务销售。不过，数字经济下，基于现代信息网络诞生了一个新的市场，即电子市场，交易不再被地理距离或国家边界所限制，交易双方也不需要物理接触，同时，跨境交易变得更加便利，销售方可以和更多国家和地区的不特定买方

---

① 该条规定："企业所得税法第十二条所称无形资产，是指企业为生产产品、提供劳务、出租或者经营管理而持有的、没有实物形态的非货币性长期资产，包括专利权、商标权、著作权、土地使用权、非专利技术、商誉等。

实施交易。当然，对于传统的商品和服务而言，通过互联网以及其他电子通讯工具，交易也可以以非物理接触的方式以及在跨境层面展开，不过，其与以数字产品为交易客体的数字经济交易相比，交易方式依然属于传统的方式。具体而言，互联网仅仅发挥了一个联络的功能，传统的商品依然以线下的方式被寄送，例如商品的远程销售，传统的服务依然以人工的方式被提供，例如远程培训。此时，相关交易可以被称为是一种间接电子商务。[①] 事实上，间接电子商务也被称为离线之网上交易，其实施与传统经济交易并无差别。[②] 而在数字经济交易下，即所谓直接电子商务，互联网等信息网络支配、决定数字产品的内容，数字产品在线上完成交付，甚至交易的所有阶段都在线上完成。同时，源于大数据、云计算、人工智能等技术的应用，数字产品的提供更加自动化，尤其是服务提供，人力的参与不再是单项交易实施中的核心部分。

源于数字经济交易实施方式的上述特征，数字经济交易无疑变得虚拟化。具体而言，交易并非在一个实体空间中实施，而是在网络这个虚拟的环境中实施的，交易双方从磋商、签订合同到支付都无需当面进行。换言之，数字产品在网络中被销售和购买，数字产品的销售和接收通常也就不需要销售方和购买方的物理存在。这也与人力的参与不再是核心部分有关，在相反的情形，则必然需要依赖一定的物理存在，如机构、场所等，也就是

---

① Cfr. Sebastiano Maurizio Messina, *La nuova disciplina delle vendite a distanza di beni*, in AA. VV., *La fiscalità dell'economia digitale tra Italia e Spagna*, a cura di Adriano Di Pietro e Piera Santin, Cedam, 2021, p. 158.

② 参见黄茂荣：《税法各论》，植根杂志社有限公司 2007 年版，第 254 页。

固定机构。为此，结合数字产品本身具有的流动性，数字经济交易也体现出高度的流动性，即高度的移动化，包括买方的流动性，如买方可以方便地在不同地区或国家购买、接收或使用数字产品，以及销售方的流动性，如销售方可以灵活在一国内或全球安排业务，使得实际运营地可以在不同地区或国家间进行变动。与此相关，数字经济交易也具有一定的隐匿性，尤其是对 B2C 交易，最终消费者通常是匿名的。当然，最终消费者购买传统商品和服务也可以隐匿，但隐匿性更小。此外，由于数字经济交易实施的便利化，数字经济交易还体现出碎片化的特征，即交易数量众多、但单项交易价值小。数字经济交易的上述特征，无疑会使得交易信息的核实变得更加困难，同时，也使得交易发生地或数字产品消费地的确定变得十分困难，甚至购买方所在地都很难确定。

3. **本质的特征**

基于上述对数字经济交易特征的阐释，不难得出，相比于传统经济形态，数字经济改变的仅仅是交易的客体和方式，降低交易实施的成本、提高交易实施的效率，但并不会改变交易的商业本质。尤其是作为数字经济生产要素的数据，相关数据资源持有权、数据加工使用权以及数据产品经营权也已经被确立。[①] 换言之，数字经济并不是超越市场的经济形态，[②] 数字经济交易的实施依然是基于买卖等民商事法律关系，并以此向客户有偿提供其

[①]　参见 2022 年《中共中央、国务院关于构建数据基础制度更好发挥数据要素作用的意见》。

[②]　参见张译心："经济法学服务数字经济发展"，《中国社会科学报》2023 年 11 月 20 日（A02 版）。

所需的商品或服务，进而取得盈利。对此，需要进一步阐释的是，出于便捷的考量，数字经济交易会呈现出复合式的特征，即多项交易通过现代信息网络组合在一起。例如，网络游戏，可能会涉及游戏开发商、移动营运商、APP 应用商店以及数据服务商多个销售主体。具体而言，个人玩家通过手机等移动设备在应用商店下载一款游戏，虽然玩家是与游戏开发商签订游戏提供合同，但是玩家需要将价款支付给移动营运商，在移动营运商基于提供支付服务、应用商店基于提供网络平台、数据服务商基于提供游戏数字产品收取相关对价后，剩下的价款才由游戏开发商取得。① 显然，数字经济交易的复合式特征，除了改变现金流并进而导致其与商品或服务流会不一致以外，在细分相关交易的基础上，并不阻碍根据现有民商事法律对相关交易性质的认定。这也决定了对数字经济交易完全可以根据已有的增值税等税种进行征税，开征所谓数字服务税、比特税或网络税等新税种并非必要，②不开征也可以避免税制复杂与协调的困难。

不过，数字经济总体上是一个涵义相对宽泛的概念，同时，源于商业本质没有发生改变，税法需要对数字经济交易作限定，即根据交易客体和方式的特征，对数字经济交易的本质特征进行界定。具体而言，数字经济交易应当限于数字化或数字化提供的交易，这种数字化包含了产品本身。至于何为数字化，可以界定为通过电子工具（例如互联网或其他信息网络），即网络化、信息化。为此，正如欧盟委员会在 2000 年 11 月 24 日所建议的，数

---

① 参见薛伟："数字经济下的增值税：征税机制、避税问题及征收例解"，《财会月刊》2021 年第 9 期，第 159 页。

② 参见郭昌盛："应对数字经济直接税挑战的国际实践与中国进路"，《法律科学（西北政法大学学报）》2022 年第 4 期，第 64 页。

字经济交易（数字产品供应）可以限定为通过电子工具的（产品）供应（supplies by electronic means），即依靠特定的数据加工（包括数字压缩）和储存设备在一端发送并在另一端目的地被接收的传送（transmission）。① 这样，间接电子商务应当排除在数字经济交易之外，即不属于下文将阐述的给增值税法适用带来困境的数字经济交易。

二、数字经济交易增值税征收的困境

（一）数字经济交易客体界定尚不明确和周延

不同于所得税，增值税的征收并不需要过多考量纳税人的居民或非居民身份，征收主要取决于交易的客体以及发生地。因此，对数字经济交易征收增值税，立法首要的任务是明确数字经济交易在应税交易中的界定和归类，即根据《增值税暂行条例》第 1 条的规定，销售数字产品属于税目中的销售货物、服务还是无形资产，抑或构成独立的一项税目，并准确界定。这一任务的重要意义在于，不同类型的应税交易面临不同的课税待遇，也可以避免特定的数字经济交易游离于课税的范围之外。

首先需要指出的是，至少部分数字产品已经纳入我国现行增值税法的应税范围，并按照服务或无形资产课税。其中，数字化

① See Commission proposal，COM（2000）349 final，for a Council directive amending directive 77/388/EEC as regards the value added tax arrangements applicable to certain services supplied by electronic means.

的新产品相对明确，例如，根据《实施办法所附注释》的规定，①
网站托管、数据在线存储、软件供应及其更新、数据供应及数据
库管理等数字产品属于第六项现代服务项目中的信息技术服务。
相反，数字化的传统产品，例如，在线期刊、电子书籍、在线电
影和音乐、在线游戏、在线远程自动教学、网页广告等，属于服
务还是无形资产就模糊许多，甚至并没有被归入到某类服务或无
形资产之中。例如，个人在某网络平台观看电影，如果是通过付
费取得 VIP 会员得以观看，相当于某网络平台销售会员权，属于
《实施办法所附注释》规定的销售无形资产。② 不过，如果相关网
络平台不是以 VIP 会员方式收费，而是按影片定价收费，那么就
应当按照《实施办法所附注释》规定的现代服务中的广播影视服
务，即通过互联网播放影视作品，③ 这种差别处理是否合理，有
待思考。又如，关于电子书，虽然《增值税暂行条例》第 2 条将
电子出版物认定为货物，但是根据 2008 年《电子出版物出版管理
规定》第 2 条的规定，电子出版物是指非纸质但拥有其他物理载
体（如光盘、硬盘）的图书，不包括线上存储、云阅读的电子
书。这样，电子书是应当类推按照电子出版物征税，还是归属某
类服务或无形资产征税，目前在增值税法中并不明确。事实上，
目前征管实践将电子书作为货物按照电子出版物征税，④ 不过鉴

---

① 参见《财政部、国家税务总局关于全面推开营业税改征增值税试点
的通知》（财税〔2016〕36 号）。

② 参见国家税务总局全面推开营改增督促落实领导小组办公室编：
《全面推开营改增业务操作指引》，中国税务出版社 2016 年版，第 90 页。

③ 参见国家税务总局全面推开营改增督促落实领导小组办公室编：
《全面推开营改增业务操作指引》，中国税务出版社 2016 年版，第 86 页。

④ 参见欧阳天健："数字经济背景下电子书增值税制优化"，《编辑之
友》2021 年第 1 期，第 55 页。

于电子书是无形的，这一做法并不合理。次如，不同于属于服务的软件开发，如果纳税人销售自己的软件，即消费者在线购买并下载软件，是否属于销售服务或货物？根据《财政部、国家税务总局关于软件产品增值税政策的通知》（财税〔2011〕100号）的规定，销售软件适用17%（自2019年4月1日起调整为13%）的税率，应当属于销售货物，征管实践亦是如此。对此，鉴于软件无形的特点，合理性同样存疑。再如，销售传统的音像制品（磁带、碟片等）属于销售货物，而从互联网上下载数字化的音乐、电影，是否也应当按照销售货物征税存疑。

　　其次，基于上述，不难发现，数字化的新产品在现行增值税法下都将被归类到信息技术服务之中，即界定为服务，应当是合理、明确的，毕竟都具有无形的特征。不过，鉴于数字经济交易的本质未变，对于数字化的传统产品，现行增值税法一般是按照传统产品的性质来归类，尽管立法上对此并没有明确规定。具体而言，非数字化的产品属于货物（或服务），数字化的同一产品也就按照货物（或服务）来征税，而问题也就主要存在于此。这是因为虽然都属于数字产品，不同的数字化传统产品会分别基于货物、服务或无形资产被征税，而销售货物、服务和无形资产在增值税法中存在诸多不同的待遇，可能形成课税的不公平。具体而言，例如，销售货物适用的税率一般是13%（其中，电子出版物是9%），销售服务适用9%或6%的低税率（其中，现代服务是6%），销售无形资产适用6%的低税率。[①]再如，销售货物和服务，通常需要在构成企业经营活动（销售体现连续、反复的特

---

　　① 参见《财政部、税务总局、海关总署关于深化增值税改革有关政策的公告》（中华人民共和国财政部、国家税务总局、中华人民共和国海关总署公告2019年第39号）。

征）的情形下才产生纳税义务，而销售无形资产（如同销售不动产），甚至是个人偶然实施的一项转让行为，也会产生增值税的纳税义务。[①] 此外，跨境销售货物（即进口货物）需要征收关税，销售服务和无形资产不征收关税，同时，对数字产品跨境销售征收关税难度太大，实践中也并不征收。综上，我国现行增值税法对于数字化的传统产品并没有专门的归类和界定，对于数字产品也就缺乏统一的规定，这就产生了征税不周延（特定的数字产品可能会游离于增值税征收之外）、不明确和不公平的问题。

（二）发生地有待明确和细化

除了客体的性质和归类之外，现行增值税法对数字经济交易发生地的确定也尚不完善。交易发生地的确定，属于增值税应税行为的空间要件，表现为是发生在境内还是境外。例如，根据《增值税暂行条例》第 1 条的规定，我国仅对发生在我国境内的应税交易征税。显然，确定数字经济交易在哪里发生具有重要的意义，其决定了交易的征收管辖地，进而决定了税源的归属。换言之，对于跨境数字经济交易，发生地决定了由哪国来征税。此外，根据《营业税改征增值税试点实施办法》第 46 条的规定，非固定业户（即没有固定生产经营场所的经营户）从事应税交易，在交易发生地纳税。据此，对于国内数字经济交易，发生地也可以决定由哪个省或地区来征税。

根据上述现行增值税法关于数字经济交易的归类，数字经济

[①] 例如，根据《营业税改征增值税试点过渡政策的规定》第 1 条的规定，个人转让著作权免征增值税，作为优惠政策，显然以个人转让著作权征收增值税为前提。何况，企业转让著作权征收增值税，不享受免税待遇。

交易发生地的现行规则需要分别从销售货物、无形资产和服务来审视。首先，关于交易发生地在我国境内的判断标准，就销售货物，《增值税暂行条例实施细则》第 8 条规定的是货物的起运地或所在地，就销售服务和无形资产，《营业税改征增值税试点实施办法》第 12 条规定的是销售方或购买方所在地。其次，关于国内交易发生地的判断标准，就非固定业户销售货物，《增值税暂行条例》第 22 条规定的是销售地，就非固定业户销售服务和无形资产，《营业税改征增值税试点实施办法》第 46 条规定的是交易发生地。而就固定业户从事应税交易（包括销售货物、服务和无形资产），《增值税暂行条例》第 22 条和《营业税改征增值税试点实施办法》第 46 条忽略交易发生地的规定，而是直接规定销售方在其机构所在地或居住地纳税。据此，针对数字经济交易，现行增值税法关于发生地的规定相关问题如下。

首先，跨境交易的问题包括：① 若在数字产品被归类为货物的情况下，由于数字产品的去物理化特征，起运地或所在地标准无法适用；② 若在数字产品被归类为服务或无形资产的情况下，由于我国同时确立了来源地征税和消费地征税原则，这样，在其他国家对跨境数字经济交易采消费地征税的情况下，就会导致重复征税。尤其是考虑到现行增值税法规定的适用零税率或免税待遇的跨境销售服务、无形资产非常有限，涉及数字产品则更少，例如，零税率仅涉及软件服务、信息系统服务等，免税仅涉及广告投放地在境外的广告服务、无形资产等。[①] 此外，由于数字产品的销售和接收通常不需要销售方和购买方的物理存在，销售方不需要依靠固定机构，其所在地很难确定，除非个人可以按照居

---

① 参见《跨境应税行为适用增值税零税率和免税政策的规定》。

住地来确定，而购买方所在地为何处更是难以确定，尤其是 B2C
交易下的私人消费者，现行增值税法缺乏进一步的明确规定。事
实上，关于购买方所在地的判断标准，如果与其他国家和地区不
协调，很有可能被两个以上国家（地区）都认定购买方所在地在
本国或本地区，从而又导致重复征税。

其次，国内交易的问题包括：① 对于非固定业户，而数字产
品供应方也很有可能属于这一类业户，不管是销售地还是交易发
生地，现行增值税法都没有进一步规定判断标准。对此，源于数
字经济交易的虚拟化，销售地、交易发生地更是难以确定。[①] 事
实上，如果税务机关参考合同履行地来确定，即《民法典》第
511 条关于"合同履行地以当事人约定为准，没有约定，为履行
义务一方所在地"的规定，在没有约定的情况下，或有约定但实
际履行地与约定不符的时候，又只能根据作为履行义务一方的销
售方或购买方所在地来确定，还是会产生上述销售方或购买方所
在地不明确的问题；② 对于固定业户或未在销售地或交易发生地
纳税的非固定业户，现行增值税法为便利征管而直接规定在销售
方的机构所在地或居住地纳税，但数字经济交易的实施可以不受
地域的限制，非常容易产生税源过于集中在一省或一地区（实践
中通常为销售方注册登记地）的问题，导致地区间税收收入的不
平衡。

（三）与传统经济交易存在差别待遇

不管将数字化的传统产品界定为货物、服务还是无形资产，

––––––––––

① 例如，A 省的商家通过互联网平台或 APP 向 B 省消费者提供数字产
品，交易发生地不管是认定 A 省还是 B 省似乎都有理由又都缺乏足够说服
力。

都需考虑，相比非数字化的传统产品，对应的数字产品的增值税待遇是否应当一致？例如，《财政部、税务总局关于延续实施宣传文化增值税优惠政策的公告》（财政部、税务总局公告 2023 年第 60 号）规定，图书在批发、零售环节免征增值税，电子出版物在批发、零售环节需按照 9% 征收增值税。再如，《财政部、税务总局关于延续实施支持文化企业发展增值税政策的公告》（财政部、税务总局公告 2023 年第 61 号）规定，传统的电影放映服务免征（在农村放映）或按照 3% 的征收率征收增值税（在城市放映），但通过互联网等现代信息网络传播电影需按照 6% 的税率征收增值税。征税待遇上，增值税法至少区别对待部分数字产品和传统产品，这种差别对待是否公平、合理，即相关税收优惠待遇不适用于数字经济交易是否不利于数字经济产业的发展，有待审视。在 2018 年以前，欧盟《2006 年增值税指令》也排除对直接电子商务适用低税率（优惠税率），但之后规定数字化的图书、期刊、报纸销售被允许享受低税率。①

（四）税收征管面临挑战

除了上述增值税法在实体层面的适用困境外，在税收征管方面，数字经济交易也给增值税法的适用带来了很大挑战。源于数字经济交易的去物理化以及高流动性、匿名性和复合性的特征，同时，数字经济交易数量众多（尤其是 B2C 交易）且可以跨境实施，这种挑战集中体现为税务机关因为很难取得交易的真实信息

---

①　See Council Directive（EU）2018/1713 of 6 November 2018 amending Directive 2006/112/EC as regards rates of value added tax applied to books，newspapers and periodicals.

（包括销售方、购买方、交易内容、交易发生地等）或因为遵从成本过大，无法对数字经济交易应征尽征，从而导致国家税款的流失以及课税的不公平。换言之，相比于传统经济形态，数字经济交易给增值税的征管带来了更大的难度，具体包括以下两个方面。

1. 消费地征管的难度

从理论上，增值税是对消费的课征，但是，对消费的课征是通过经济上的转嫁来实现的，在法律上，纳税人还是销售方，购买方（消费者）只是负税人。如此构建税制与征管效率有关，如果以消费者作为纳税人，面对数量庞大的私人消费者和交易量，同时大量交易的金额又很小，征管资源、手段有限的税务机关基本上无法应征尽征，尤其是线下现金交易，会产生大量逃漏税行为。我国目前对至少部分数字经济（跨境）交易已经确立了消费地课税，这是因为源于数字产品的高流动性，如果仅仅基于来源地征税，数字产品提供者很容易将企业转移至低税率或不征增值税的国家或地区，从而导致国家税款流失。事实上，如果考虑到我国还存在地区性的增值税优惠政策，[①] 特别是海南自由贸易港

---

① 例如，根据《财政部、税务总局关于支持个体工商户复工复业增值税政策的公告》（财政部 税务总局公告 2020 年第 13 号），湖北省增值税小规模纳税人享受免税待遇，而其他省份的增值税小规模纳税人减按 1% 征收率纳税。又如，根据《齐齐哈尔市梅里斯达斡尔族区条例》第 25 条的规定，梅里斯达斡尔族区新办企业和老企业开发的新产品从投产之日起，增值税地方分成部分先征后返，期限为 1 年，期满后纳税仍有困难的，增值税地方分成部分征收后，可再返回 50%，期限为 2 年。再如，根据《武汉市科技创新促进条例》第 46 条的规定，属于国家级、省级、市级的新产品项目计划的新产品经鉴定投产后，在 2 年或 3 年内，向企业奖励新增值税地方留成部分的 60%。

将不再征收增值税（改为仅在零售环节征收销售税，税率也更低），① 目前在销售方所在地征税，国内的数字经济交易也会造成国家税款流失。为此，问题便在于对数字经济交易根据消费地来征税，在征管上是否可以确保应征尽征。

首先，需要指出的是，根据《营业税改征增值税试点实施办法》第 6 条的规定，境外销售方在我国境内发生销售数字产品在内的应税交易，在境内未设有经营机构的，以包括私人消费者在内的购买方为扣缴义务人。据此，为贯彻消费地征税，跨境数字经济交易的纳税人还是销售方，即由销售方来纳税，但在税收征管上引入了代扣代缴机制，即为便利征管，由在我国境内的购买方来履行扣缴义务。毕竟，如果销售方完全在境外，不主动纳税，鉴于国内征管相关法律不具有域外效力，境内税务机关无法对其采取征税措施。不过，代扣代缴机制的有效性显然局限于购买方是在我国境内注册登记的经营者，即对于 B2C 交易，事实上依然存在上述征税效率的问题，B2C 数字经济交易方式也构成增值税征管最困难、最复杂的一种交易方式。需要特别指出的是，因为购买方是最终消费者，代扣代缴的税款无法作为自身的进项税进行抵扣，其也就没有了扣缴税款的积极性。这样，就会在数字产品境内供应商和境外供应商之间产生税负上的差异，因为消费者通过前者购买（下载软件）会负担增值税税款。此时，显然还得依靠境外销售方来主动申报，② 但是缺乏对应的机制来保障。此外，对于代扣代缴机制本身，是否完全有效也值得讨论，毕竟

---

① 参见《海南自由贸易港法》第 27 条。

② 参见孔庆凯："数字经济对跨境服务贸易增值税征管的挑战与应对"，《国际税收》2018 年第 9 期，第 78 页。

如果数字产品购买方不履行扣缴义务，税务机关也只能向纳税人追缴税款，对购买方只能处以不履行扣缴义务的行政处罚，无法像纳税人不履行纳税义务那样给予刑事处罚。^① 事实上，在（他国）逆向征收机制（对应我国目前实施的代扣代缴机制）下，销售方在零售环节之前的交易链中的增值税缴纳义务中断了，使得增值税的自我征收（self-enforcement）功能减弱，毕竟相比于购买方直接缴纳税款，销售方缴纳由购买方承担的税款，遵从度更高。^②

2. 纳税人遵从成本的问题

根据上述，纳税人遵从成本主要见于境外销售方向境内私人消费者销售数字产品的情形，即跨境 B2C 交易，当然也包括个人对私人消费者交易（C2C 交易）。此时，如果适用简易登记制度，如欧盟在 2015 年实施"迷你一站式服务"机制（Mini-One-Stop-Shop，简称 MOSS 机制），^③ 要求数字产品的境外销售者在境内通过特定网站登记注册增值税税号，以此申报并缴纳所有在境内各地区产生的税款，对于偶然向境内私人消费者提供数字产品的小

①　《中华人民共和国税收征收管理法》（简称《税收征收管理法》）第69条规定："扣缴义务人应扣未扣、应收而不收税款的，由税务机关向纳税人追缴税款，对扣缴义务人处应扣未扣、应收未收税款百分之五十以上三倍以下的罚款。"

②　See Marie Lamensch,"Are 'Reverse Charging' and the 'One-Stop-Scheme' Efficient Ways to Collect VAT on Digital Supplies?", *World Journal of VAT/GST Law*，n. 1，2012，p. 6.

③　See European Commission,"Guide to the VAT One Stop Shop", available at the following link：https://vat-one-stop-shop. ec. europa. eu/system/files/2021-07/OSS_guidelines_en. pdf，最后访问日期：2024 年 8 月 30 日。

企业或个人，遵从成本还是很高。与此相关，如果增值税法对数字经济交易区分 B2B 交易和 B2C（包括 C2C，为简化以下不再赘述）交易，适用不同的征管措施，纳税人就需要识别消费者的身份以及承担相应的举证责任。考虑到 B2C 数字经济交易数量众多以及单笔交易金额微小，加上数字产品远程且自动化地提供，确定每一项交易的消费者身份（核实消费者提供的信息的正确性）是一项不小的负担。何况，数字经济交易存在虚拟化、隐匿性的特点，负担将变得更重。在消费地征税，事实上还涉及要识别消费者（购买方）的所在地，同上述识别消费者身份一样，这对纳税人（尤其是小企业和个人）而言同样是一项沉重的负担。此外，纳税人的遵从成本还体现在发票开具义务方面。根据《发票管理办法》第 18 条的规定，包括数字产品销售在内的经营活动，销售方应当要向购买方开具发票。考虑到销售方很难获取开票的必要信息，发票开具义务对于从事国内或跨国的数字经济交易纳税人而言，也是一项不可忽略的负担。

三、数字经济交易增值税征收规则的完善目标

面对上述数字经济交易征收增值税的困境，增值税法完善势在必行。具体而言，增值税法需要针对数字经济交易在应税行为客体、空间等实体规则以及税收征管程序规则进行完善。鉴于涉及增值税征收的诸多基本制度，有必要结合现行增值税法在数字经济交易征收增值税上的困境，先行阐释增值税法完善应当实现的目标。

（一）国库利益维护与税源合理分配

源于传统经济增长的放缓以及对特定产业实施的减免税，来自对传统经济产业征税的税收收入在下降，而数字经济已然成为新的经济增长点，来自对数字经济征税的税收收入就成为保障国家税收利益以及财政收入增长的关键。其中，考虑到增值税是一种一般化的消费课税，覆盖所有的商品和服务，任何主体实施的交易以及经济链中所有环节的交易，能很好地贯彻征税的普遍性原则，对数字经济征收增值税无疑是上述关键中的关键。为此，为实现征税的周延，增值税法的完善首先需要确保在应税交易范围上要明确涵盖数字经济交易，换言之，在应税交易客体上要明确包含数字产品。具体而言，现行增值税法在应税客体的规定上并不能明确包含现存或潜在的所有数字产品。数字化的新产品通过兜底条款全部纳入信息技术服务是否可行暂且不论，数字化的传统产品层出不穷，而现行增值税法关于每项货物、无形资产和服务的界定并不都包含"有通过互联网或其他信息网络提供的情形"这类兜底规定。这样，税务机关很有可能因为没有明确界定和依据，而忽视对某项数字产品的征税。其次，增值税法完善需要确保对跨境数字经济交易的管辖和征税，打击增值税的国际税基侵蚀行为，避免税款向其他国家或地区流失，或者因为混合错配（指的是不同国家之间交易定性及管辖地等征收规则的差异）产生国际双重不征税。具体而言，目前对于跨境 B2B 数字经济交易，代扣代缴机制或逆向征收机制是否完全有效存疑，而对 B2C 数字经济交易，现行增值税法尚未引入足够有效的征管措施。即使引入像欧盟 MOSS 机制（目前已经被另一种"一站式服务"机制所替代，但仅仅是适用范围的扩大①）的简易登记制度，鉴于很难对（向境内销售数字产品的）境外销售方不登记行为进行查实和处罚，实践中还是会有大量境外销售方不登记，从而逃避缴税税款。②当然，如果境内外销售方通过相关平台销售数字产品，加强对平台的税收征管可以有效解决征管困难的问题。对此，不仅可以通过增加平台在程序法上的协助义务来实现，还可以从完善应税行为立法的角度来实现。正如本书第四章关于服务委托代销的阐释中所指出的，平台就销售数字产品单方面地设定或决定与数字产品提供相关的基本要素，就可以推定平台以自己的名义代销数字产品，视为平台对实际购买方销售数字产品。平台也就成为该视同应税交易的纳税人，征管可以得到更有效加强，以下不再赘述。此外，为避免因混合错配而产生的国际双重不征税，我国增值税法完善需要协调其他国家和地区增值税法关于数字经济交易的界定及其征税规则。最后，为应对数字产品销售方利用地区性增值税优惠政策或有利差异课税导致的税款流失问题，增值税法完善还要考虑国内数字经济交易发生地规则的修改。

事实上，对于跨境数字经济交易，在来源地征税的同时规定消费地征税来保护国家税源，那么，既然跨境交易可以在购买方所在地征税，税收收入归属相关省份或地区，对于国内数字经济

---

① 从2021年7月1日起，MOSS机制已经被推广适用于所有的B2C服务（包括数字产品）以及欧盟内部商品远程销售等，从而形成了一个更大的"一站式服务"(One-Stop Shop)机制。See European Commission, "VAT One Stop Shop", available at the following link: https://vat-one-stop-shop. ec. europa. eu/index_en. , 最后访问日期：2024年8月30日。

② See Marie Lamensch, "Are 'Reverse Charging' and the 'One-Stop-Scheme' Efficient Ways to Collect VAT on Digital Supplies?", *World Journal of VAT/GST Law*, n. 1, 2012, p. 8.

交易，也可以引入消费地征税。这不仅是为解决上述国内数字经济交易税款流失的问题。具体而言，鉴于目前增值税收入的 50% 归地方，① 同时伴随增值税缴纳的城市维护建设税等附加税费收入都归地方，现行增值税法直接规定由销售方所在地征税，在一国之内，会使得税源过于集中。因此，在确保税收利益的同时，不管是通过修改交易发生地规则抑或修改征管规则，增值税法完善也需要考量税源的合理分配，不仅在国与国之间，还在一国之内的不同省份或地区之间。当然，相比于通过财政转移支付进行二次分配来解决地区间财力不均衡的问题，通过完善征税这个一次分配来解决这一问题是首选，至少更有助于保障地方税收收入自主性。

（二）纳税人权利保护与课税公平

基于国家税收利益，应当加强、完善对数字经济交易及其跨境交易的增值税征收，使传统经济产业和国内数字经济产业在征税上得到公平对待，避免不利于传统经济产业和国内数字经济产业的竞争扭曲。接下来的问题是增值税法完善如何保护数字经济交易纳税人（产业）的正当利益，以避免其承受不合理的税负和遵从成本。

1. 避免不合理的税负

数字经济交易纳税人面临的不合理税负包括税负过重和不公平两个方面，增值税法需要从实体规则上进行完善。首先，避免税负过重，是出于促进数字经济发展的考量。具体而言，在国家

---

① 参见《国务院关于印发实施更大规模减税降费后调整中央与地方收入划分改革推进方案的通知》（国发〔2019〕21 号）。

大力发展数字经济的战略下，鉴于数字经济交易的特征，消费者可以非常便利、低廉地使用、享受相关产品，人民的生活质量得以提高。为此，数字经济交易需要征收增值税，但是基准纳税义务意义上的税负要适中。与缺乏对数字经济交易专门界定相关，现行增值税法没有专门对数字经济交易规定税收待遇，从集中反映税负大小的税率来看，部分数字产品适用 13% 和 9% 两档税率，税负整体水平偏高。尤其是考虑到包括数字化的传统产品在内的数字产品，属于新兴产业以及现代技术类的产业，同时不同于销售货物，数字产品销售方的可以抵扣进项税较少，对数字经济交易应当适用更低档的税率。此外，对于我国跨境数字经济交易而言，不合理的增值税负担还表现在重复征税，即在其他国家和地区根据消费地征税的情况下，我国现行增值税法同时确立了来源地和消费地征税。为此，在经济全球化的大背景下，我国无疑要促进数字产业要走出去，这样，增值税法完善需要考虑如何消除对数字产品境外销售的重复征税问题，具体而言，包括以下两个方面：① 对按照货物征税的数字产品，向境外销售是否应当也适用零税率？不过，考虑到这类销售（源于去物理化）并不通过海关，并不按照出口货物对待，因而无法享受零税率待遇。② 对按照服务、无形资产征税的数字产品，向境外销售是否应当也适用零税率或享受免税待遇？根据 2016 年财政部和国家税务总局发布的《跨境应税行为适用增值税零税率和免税政策的规定》的规定，目前只有部分跨境数字经济交易享受零税率或免税的待遇。相反，在欧盟，跨境数字经济交易就仅在消费地征税，即欧盟不对欧盟企业向欧盟外消费者销售数字产品征增值税。① 此外，对

---

　　①　Cfr. Giuseppe Melis，*Economia digitale e imposizione indiretta*，in Innovazione e Diritto，n. 1，2015，p. 114.

于境外企业向境内销售数字产品，增值税法完善不仅需要在数字经济交易的界定上与其他国家和地区立法协调或统一，否则也容易产生双重征税，还要考虑对消费地的认定标准要与其他国家和地区的认定标准协调，尤其是避免购买方存在于在两个以上国家和地区，从而产生重复征税。

其次，避免税负的不公平，一方面是源于目前不同数字产品按照货物、服务和无形资产适用不同增值税待遇，另一方面是源于销售数字产品能享受的税收优惠政策少于销售同类的传统产品。关于后者，具体而言，现行增值税法规定的特定税收优惠往往仅赋予非数字化的传统产品，这可能不利于同类数字化产品销售的公平竞争。不过，这是否也可以解释为数字产品销售属于不同的一类产业，需要另行统一规范。此时，正如上文所述，在对数字经济交易统一适用更低档的（基准）税率下，就无需再适用针对特定传统产品的税收优惠了。此外，对于跨境数字经济交易，不仅要避免双重征税，还要避免可能存在的双重不征税，避免对其他交易征税产生的不公平。具体而言，对向境外销售数字产品，增值税法完善应当确保该交易仅在消费国征税，同时，对向境内销售数字产品，对消费地的认定标准也要与其他国家和地区的认定标准相协调，避免购买方不存在于任何一国家或地区的情形。

2. 避免不合理的遵从成本

数字经济交易纳税人面临不合理的遵从成本也可以包括两个方面，分别是规则适用上的不确定性和税款申报缴纳的复杂性，增值税法需要分别从实体规则和程序规则上进行完善。事实上，从大力发展数字经济的角度，纳税人增值税遵从成本的降低也非常重要，尤其针对跨境数字经济交易。

首先，提高增值税规则适用上的确定性，除了在征税范围上要明确覆盖各类数字经济交易外，还需要特别明确数字经济交易的发生地，尤其是在消费地征税原则下购买方所在地的认定标准。这有助于确保增值税法的内在确定性，尤其是其中关于增值税法的明确性。其次，降低税款申报、缴纳方面的遵从成本。事实上，不管是目前规定的代扣代缴机制（特别是针对国内 B2B 交易也适用的），还是针对跨境 B2C 交易建议引入的简易登记注册制度，遵从成本都还是很高，尤其阻碍了中小企业进入数字经济市场，进而妨碍数字经济的发展。关于逆向征收机制，纳税人的遵从成本主要来自于查实数字产品购买方的身份和所在地（是否在他国或其他地区）很难，而这些信息决定了是否适用逆向征收机制以及税负的大小。换言之，在数字经济交易下，对于销售方而言，购买方的身份是否取决于其税务登记号或其他证据，购买方的所在地是否取决于固定机构地、经常居住地或其他认定标准，不仅存在适用上的不确定性，也很难举证。关于简易登记制度，这里还是以欧盟 MOSS 机制为例，对于登记的纳税人而言，遵从成本还是来自于查实购买方的身份和所在地。具体而言，难度在于纳税人在定期的申报中需要注明对每一个消费国或地区的销售额和税款（包括每笔交易根据消费国税率及相关减免税待遇计算的税款），而纳税人未必能取得购买方的支付信息（通常通过第三方支付）用于查实相关信息。此外，当购买方在一个以上国家或地区居住，或者固定机构地在一处，经常居住地在另一处，这样就需要查实实际的消费（或使用、享受）地，这对于纳税人而言是非常难以实现的。例如，消费者下载数字电影观看，有可能在经常居住地，也有可能在其他居住地。① 当然，对于我国而言，关键在于查实购买方的所在地在我国境内，至于在我国具体哪个省份或地区，鉴于增值税的征收在我国适用统一的税率和减免税待遇，对纳税人税额的计算和申报并不重要，除非特定省份或地区实行地区性优惠政策或有利差异课税。

（三）以贯彻中性原则为总体目标

众所周知，作为最重要的间接税，增值税之所以在全球被广泛应用，原因在于其是实现税收中性原则最理想的税种。② 换言之，增值税征收的核心特征就是贯彻中性原则，包括经济中性、法律中性、竞争中性和外部中性四个方面，③ 应对数字经济的增值税法完善无疑也应当贯彻中性原则。事实上，上述阐释的增值税法完善应当维护国库利益、合理分配税源、保护纳税人权利和课税公平，都从不同方面反映了贯彻中性原则的要求。例如，降低纳税人遵从成本，贯彻了经济中性的要求，即增值税纳税人不承担税负、减少纳税负担。又如，同传统经济经营者、境内数字产品销售者一样，分别加强对数字经济经营者、境外数字产品销售者的征税，贯彻了法律中性的要求，即基于交易主体的相同与

---

① See Marie Lamensch, "Are 'Reverse Charging' and the 'One-Stop-Scheme' Efficient Ways to Collect VAT on Digital Supplies?", World Journal of VAT/GST Law, n. 1, 2012, pp. 6-8.

② 参见班天可："增值税中性原则与民事制度",《法学研究》2020年第4期，第112页。

③ See Oskar Henkow, Financial Activities in European VAT: A Theoretical and Legal Research of the European VAT System and Preferred Treatment of Financial Activities, Kluwer Law International, 2008, p. 59.

否给予同等或不同对待。次如，减少不同数字产品之间的税收待遇差异（尤其是适用不同的税率），贯彻了竞争中性的要求，否则即产生消费或生产替代。再如，对向境外销售数字产品的交易，给予零税率或免税待遇，避免重复征税，贯彻了外部中性的要求，即保持该境内生产的产品在境外与当地产品税负的一致。据此，为有效应对数字经济给增值税征收带来的困境，我国增值税法完善总体上应当以贯彻中性原则为目标，体系化地修改增值税应税行为、税率以及税收征管等相关规则。为此，以下将结合《增值税法》，对应对数字经济的未来增值税法完善提出建议。

四、数字经济交易增值税征收规则的完善路径

随着信息技术革命的发展，我国乃至整个人类社会都已逐步进入数字经济时代，数字化技术已经向社会经济生活全面渗透，并成为经济增长的新动能。从征税的角度，一方面数字经济提供了新的重要税源，另一方面数字经济的发展需要立足于合理的税收待遇，而我国以增值税为主体税种的现行税收制度对数字经济的征税并不能满足相关的要求，包括有效维护国家税收利益和保护纳税人权利。为此，需要在分析数字经济交易特殊性的基础上，包括去物理化、虚拟化、移动化、碎片化、全球化等，全面审视数字经济交易在现行增值税法律制度下征收的困境。总体上，为解决数字经济交易客体界定尚不明确和周延、与传统经济交易间存在不合理的差别待遇、消费地征税原则下发生地有待明确和细化、征管措施不健全以及国际双重征税或不征税等问题，增值税法完善应当贯彻中性原则，以实现数字经济交易征税的确

定性、高效、公平和简化的目标，并与其他国家和地区应对数字经济的增值税法相协调。

（一）数字经济交易客体的界定与归类

1. 客体的界定

作为新兴技术在经济领域应用的产物，数字产品所具有的共同特征（即上文指出的数字化特征）无疑从增值税的角度界定数字产品奠定了基础。而为精准发展数字经济，尤其是考虑到有关特定非数字化传统产品的增值税优惠政策并不覆盖同功能的数字产品，在增值税法中界定数字产品并对其赋予统一的税收待遇也有着现实需要。对此，其他国家或地区增值税法对数字产品的界定基本上是一致的，尤其是以欧盟的界定为代表。欧盟《2011年执行条例》第 7 条对《2006 年增值税指令》第 58 条中"以电子化方式提供的服务（electronically supplied services）"概念进行了解释，指"通过互联网或电子网络交付的服务，这使得服务的供应本质上是自动的，只需最小化的人力介入，同时，如果没有信息技术，不可能确保供应"。① 新加坡国内税务局 2021 年公布的关于商品与服务税的电子税收指南对"数字服务（digital services）"的界定采用了上述欧盟的界定，并作了细微修改，即"任何通过互联网或其他电子网络供应的服务，这使得服务的供应本质上是自动的，无需或只需最小化的人力介入，同时，如果

---

① See the art. 7 of Council Implementing Regulation（EU）No 282/2011 of 15 March 2011 laying down implementing measures for Directive 2006/112/EC on the common system of value added tax.

没有信息技术的使用，不可能供应"。① 据此，在借鉴上述域外立法，结合前文引用《国务院关于印发"十四五"数字经济发展规划的通知》（国发〔2021〕29 号）对数字经济的界定，可以将数字产品界定为：通过互联网或其他现代信息网络供应，无需或只需微小的人力投入，依靠信息技术以及大数据、云计算、人工智能等新兴技术实现本质上自动供应的产品。其中，自动化覆盖合同缔结（包括交易双方主体的确定和特定对价给付义务的明确）、交易的实施以及为此带来交易的完成。② 这样一些交易核心要素的自动化决定了交易本质上是自动化的，这也是关于本质上自动供应的解释。此时，即使存在人力的介入，例如，在合同缔结之前的阶段向潜在的客户介绍产品的特点和合同细节，也不影响数字产品的构成。据此，可以明确的是，数字产品的供应通过互联网不取决于人力，即人力因素不发挥决定性的作用，而是取决于信息技术或相关新兴技术，没有这些技术，就不可能存在相关数字产品。此外，依靠人力产出和销售的产品，哪怕利用了互联网或其他现代信息网络，也不是数字产品，从而限定数字产品的范围。这样，数字产品的核心特征在于供应的方式，至于供应（数字化）的客体，并没有特别的限制。

---

① See Inland Revenue Authority of Singapore, "GST: Taxing imported remote services by way of the overseas vendor registration regime", in Iras. gov. sg, on July 30 of 2021, available at the following link: https://www. iras. gov. sg/media/docs/default-source/e-tax/etaxguide _ gst _ taxing-imported-services-by-way-of-an-overseas-vendor-registration-regime. pdf, 最后访问日期：2024 年 8 月 30 日。

② Cfr. Maria Grazia Ortoleva, *L'imposta sul valore aggiunto sul commercio elettronico diretto*, in AA. VV., *La fiscalità dell'economia digitale tra Italia e Spagna*, a cura di Adriano Di Pietro e Piera Santin, Cedam, 2021, p. 126.

当然，为增加增值税法适用的确定性，除了上述数字产品的界定外，还有必要对数字产品的外延进行正反两方面的列举（包括兜底条款）。首先，关于从正向列举的数字产品，前文提到的典型的数字产品（包括数字化的新产品和传统产品）都可以一并列举，即网站托管、数据在线存储、软件供应及其更新、数据供应及数据库管理以及在线期刊、电子书籍、在线电影和音乐、在线游戏、在线远程自动教学、网页广告等。其中，需要特别说明的是，提供电子书籍或其他电子文档下载，之所以属于数字产品供应，是因为其具有数字产品供应的首要特征，即既是通过互联网供应，也源于没有任何有意义的人力介入干预，完全是自动地供应。① 其次，关于从反向列举的非数字产品，需要列举的项目通常也有利用互联网等其他现代信息网络或其他电子工具的特征，为避免产生混淆进而增加增值税法适用的确定性，列举显得尤为重要。据此，有必要通过举例指出哪些产品需要列举以及说明其不构成数字产品的原因。根据与相关货物、服务等非数字产品混淆程度从小到大，包括如下：① 存储电子文件（例如电子书籍、音乐、软件等）的光盘、软盘、优盘或硬盘，这些产品本身是物理化的，属有形介质（即货物）。② 通过电子邮件的通讯，通过互联网的人工咨询服务，在这些产品的供应中，人力的贡献依然处于中心地位并发挥实质性作用。③ 教师线上（网络或APP）教学，即授课内容并非通过使用软件或完全自动化的程序来提供，而是网络仅仅是作为辅助和交流的工具，授课内容依然

---

① Cfr. Piera Santin, *Il commercio elettronico e l'IVA, ovvero dell'(apparente) scomparsa delle cessioni di beni*, in AA. VV., *La fiscalità dell'economia digitale tra Italia e Spagna*, a cura di Adriano Di Pietro e Piera Santin, Cedam, 2021, p. 144.

由具体某位教师讲授，[1] 因此仅仅属于远程教学服务。④ 广播、电视服务，这些服务的供应还是依靠传统的传播系统，即广播系统或电视系统，同时，面向不特定的社会公众同时供应，且在基于一般化的编辑计划（例如电视节目表）下供应。相反，在互联网或流播平台上供应视频或音频产品，针对的是单个订约人（不是不特定的公众），且在客户决定享受的时候被供应。同时，供应的产品是多样化的，不是根据一项一般化的编辑计划或者一个固定顺序被推荐播放，而是根据消费者兴趣的预测评估来决定，体现个体化，即通过算法的使用来实现的，不需要人力的介入。[2] ⑤ 文化、艺术、体育、展览等类似活动门票的在线预订，或住宿、餐饮、客运等服务在线预订，尽管也具有通过互联网、自动化等特征，但不具有独立性，仅仅是通过互联网自动化地购买门票或住宿等服务，文化等活动或住宿等服务并不是通过互联网供应的。换言之，数字产品并不取决于在线购买，而是取决于在线接收，此时主服务依然是非数字化的。[3] 相反，共享经济（例如

---

① Guidelines Resulting from Meetings of The VAT Committee up until 10 July 2024，available at the following link：https：//taxation-customs. ec. europa. eu/system/files/2024-01/guidelines-vat-committee-meetings_en. pdf，最后访问日期：2024 年 8 月 30 日。

② Cfr. la Circolare 22/E del 2016 dell'Agenzia delle Entrate（意大利税务局2016 年颁布的一项通告，关于数字服务征税，相当于我国国家税务总局发布的税收规范性文件）。

③ See Pierre Arman，Brian Conn，"Applying VAT to electronic services in the UAE"，in Thomson Reuters，on May 30 of 2022，available at the following link： https：//mena. thomsonreuters. com/content/dam/openweb/documents/pdf/mena/white-paper/electronic_services_vat_whitepaper_with_bdo. pdf. ，最后访问日期：2024 年 8 月 30 日。

不动产租赁或货物销售）互联网平台企业提供数字产品，是因为其作为第三方链接销售方和购买方，提供的服务属于中介服务，具有独立性。① 同时，平台也相当于向销售方出售将其货物或服务置于平台上销售的权利。当然，中介服务是自动化供应的，即在该平台上潜在的购买方通过一项自动化的程序做一个报价，一项交易达成的通知是通过电脑自动化生成并通知给双方的。⑥ 作为生产要素的数据本身，尤其是经过企业加工的数据（衍生数据），与土地、资本、技术一样，也可以成为一项资产并进行交易，从而被征收增值税。这样，数字产品不包括数据本身，虽然数据可以成为商品，并归为无形资产。事实上，上述提到的正反两方面列举的数字产品和非数字产品，与目前欧盟等其他国家和地区增值税法列举的以电子化方式提供的服务是一致的，② 这也有助于我国与其他国家和地区在数字经济交易增值税制度间的协调，进而实现中性征税，即消除双重征税或双重不征税，促进中欧等跨境数字经济交易往来。

2. 客体的归类

在对数字产品进行统一界定之后，接下来的问题是数字产品应当归属于增值税应税交易的哪类客体，即属于现行增值税法规定的货物、服务抑或无形资产，还是像金融商品一样，将数字产

---

① 欧洲法院在 2019 年 12 月 19 日作出的一项判决明确认可了这一点，指出共享经济平台企业提供的服务属于以电子化方式提供的服务。See ECJ' Judgment in Case C-390/18（Airbnb Ireland）.

② 关于欧盟相关立法，see the art. 58 and Annex II of Directive 2006/112/EC on the common system of value added tax and the art. 7 of Council Implementing Regulation（EU）No 282/2011 of 15 March 2011 laying down implementing measures for Directive 2006/112/EC on the common system of value added tax.

品也规定为独立的一类客体，成为第六大税目？对此，需要肯定的是，不同于目前不同数字产品分别归属于不同的客体，在统一界定数字产品之后，对符合统一界定的数字产品而言，客体的归类也应当是统一的，即仅能归属于一类客体。对此，本书认为数字产品应当归属于服务，尽管属于一种特殊的服务，理由如下。

首先，不宜将数字产品规定为新的一类独立客体，这是因为销售数字产品征收增值税并不适用特殊的规则。这一点不同于金融商品，之所以将金融商品从金融服务中单列出来，是因为外汇、有价证券、非货物期货等金融商品与贷款服务、直接收费金融服务等金融服务存在显著差异。同时，还因为销售金融商品适用差额（税基）征收机制，即销售额是卖出价扣除买入价后的余额，[①] 不是增值税一般的税扣税征收机制，即以交易价格全额为销售额确定销项税，并实施进项税抵扣。而大部分数字产品与服务并没有客体上的性质差异，不同的仅仅是供应的方式。其中，网站托管等数字化的新产品现在就归属于服务（现代服务中的信息技术服务），数字化的传统产品，例如，网页广告等，本身就是服务的数字化产品。同时，与销售货物、服务一样，销售数字产品也应当适用增值税一般的征收机制。

其次，对于像电子期刊、书籍这样的数字产品，即货物的数字化产品，之所以不能归类为货物，是因为在去物理化后，在判决这类数字产品是否属于境内销售时针对货物的起运地或所在地标准无法适用，同时，跨境交易的情况下也不可能征收关税。对此，意大利税务局曾解释指出电子期刊应当认定为服务，即销售方允许消费者进入期刊的网址、寻找已发表的文献的服务，同时

---

① 参见《营业税改征增值税试点有关事项的规定》。

还提供信息检索、内容更新等辅助服务。① 此外，目前同样按照货物处理的软件，也应当改为归类为服务，这是因为消费者购买、下载并使用杀毒、翻译等软件实质上是仅取得了软件所有者的使用许可，享受使用软件带来的电脑杀毒、翻译等服务，并不伴随软件著作权的转移。② 据此，从增值税的角度销售供社会公众使用的软件是销售服务。③

再次，对于某网络平台这样以收会员费名义在线提供数字产品的，需要从销售无形资产改为销售服务，是因为这类销售的客体实质还是影视、音乐等服务，这也是消费者旨在享受的服务，会员费仅仅是企业收费的一种方式或名称。换言之，任何企业都可以设置无限量的会员资格来销售其产品，如何征收增值税还是应当根据业务实质，不是根据收费方式。这样，也可以确保与非以会员费名义销售数字产品的企业平等对待，实现增值税中性原则。此外，需要特别注意的是，将数字产品归类为服务，而不是无形资产，主要还是因为数字产品很难成为企业的长期资产，用于生产或经营其他货物和服务，增值税法在界定无形资产及其外延时需要与企业所得税法保持一致。④ 同时，销售方偶然的无形资产转让构成应税交易，而销售服务应税交易的构成以交易持续性、反复性为条件，这也更符合数字经济交易数量众多的特点。

---

① Cfr. la Risoluzione n. 186 del 2003 dell'Agenzia delle Entrate.

② 根据《著作权法》第 3 条的规定，软件也属于著作权保护的作品。

③ Cfr. Giuseppe Melis，*Economia digitale e imposizione indiretta*，in Innovazione e Diritto，n. 1，2015，p. 106.

④ 目前，《实施办法所附注释》列举的无形资产包括技术、商标、著作权、商誉、自然资源使用权（例如土地使用权）和其他权益性无形资产（例如经营权），与《企业所得税法实施条例》第 65 条列举的无形资产也是一致的。

当然，需要特别注意的是，在软件销售伴随着作权的转移的情形，通常发生于企业之间，销售软件就属于销售无形资产。

最后，将数字产品归类为服务，也是其他国家和地区的普遍做法。例如，上述欧盟就将数字产品命名为以电子化方式提供的服务，新加坡则相对简化，命名为数字服务。此外，阿联酋增值税法将数字产品命名为电子服务（electronic services）。① 为此，我国增值税法可以将数字产品归类为服务，同时，根据前文对数字经济交易本质的界定，即通过互联网等电子工具的（产品）供应，可以将数字产品命名为电子化服务，这也可以与欧盟等其他国家和地区增值税法关于数字经济交易征税的规则进一步协调，实现中性征税。

综上，未来《增值税法》完善对商品的外延规定为包括货物、不动产、无形资产、金融商品后，《增值税法》应当像《营业税改征增值税试点实施办法》一样增加附件《销售货物、服务、无形资产、不动产和金融商品注释》，在该附件中将电子化服务置于服务之下，同时，鉴于是利用现代技术，进一步归类为现代服务，并根据上述对数字产品的界定，对电子化服务的界定："通过互联网或其他现代信息网络供应、无需或只需微小的人力投入，依靠信息技术以及大数据、云计算、人工智能等新兴技术实现本质上自动供应的服务。"在界定之后，紧跟如下正反列举："包括网站托管……，但不包括存储电子文件的光盘、软盘、优盘或硬盘……"

---

① See the art. 23 of UAE Cabinet Decision No.（52）of 2017 on the Executive Regulations of the Federal Decree-Law No（8）of 2017 on VAT. 该条将电子服务界定为"通过互联网、电子网络或电子市场自动交付的服务"，外延也包括在线期刊、软件供应和更新、网页广告等。

（二）发生地的确定

1. 跨境数字经济交易的发生地

（1）明确消费所在地

对于跨境数字经济交易，一国的增值税仅对在境内实施的交易征收，因此，交易的发生地决定了一国是否有权对跨境交易征税。对此，正如本章一开始所指出的，目前国际上许多国家都已经肯定了消费地征税原则，即跨境数字经济交易的发生地为数字产品的消费所在地。其中，经济合作与发展组织在 1998 年就已经建议跨境数字经济交易应当在消费地征税。[①] 事实上，相比销售所在地，将交易发生地确定为消费所在地，也更符合中性原则，这是因为各国对数字产品适用的增值税税率或其他税收待遇是存在差异的。此外，交易双方所在国如果都确立这一交易发生地标准，也可以避免双重征税或不征税。据此，我国也应当延续这一原则，根据《营业税改征增值税试点实施办法》第 13 条规定的"境外单位或者个人向境内单位或者个人销售完全在境外发生的服务"不属于在境内销售，《营业税改征增值税试点实施办法》第 12 条针对跨境服务（包括命名为电子化服务的数字产品，下同）规定的购买方所在地，即指购买方消费时的所在地。值得一提的是，《增值税法》第 4 条不再规定购买方所在地，而是修改为"在境内消费"，无疑更是明确了消费地征税原则，值得肯定。不过，针对跨境服务，与《营业税改征增值税试点实施办法》第

---

① See OECD, Electronic Commerce: Taxation Framework Conditions, A Report by the Committee on Fiscal Affairs, 8 October 1998.

12 条一样，《增值税法》第 4 条同时也规定了来源地征税原则，即先规定了"销售方为境内单位和个人"。不过，根据本书第五章关于应税交易发生地的论述，销售服务发生地需要采用单一标准，区分 B2B 和 B2C 交易，分别采用购买方所在地和销售方所在地标准。当然，这是关于销售服务发生地确定的一般规则。正如本书第七章也已经指出，就销售数字产品发生地的确定，需要规定特殊规则，即不区分 B2B 和 B2C 交易，同时，不仅删除来源地征税，而且不采用购买方所在地标准，而是采用消费地标准。考虑到跨境销售数字产品消费地征税在很大程度上也被其他国家和地区所确立，从国际趋势来看，也适合引入上述特殊规则。当然，如果保留来源地征税，增值税法就需要针对跨境销售数字产品完善避免双重征税的措施，这一点下文还将进一步阐述。

（2）细化消费所在地的确定标准

在明确消费所在地为数字经济交易发生地之后，未来《增值税法》完善还需要进一步明确消费所在地具体的确定标准。对此，根据难易程度，可以就 B2B 交易和 B2C 交易分别进行规定。

首先，关于 B2B 交易，因为消费者是企业，企业通常有固定的经营场所，其购买并消费数字产品无疑也是固定在其经营场所，因此，消费所在地具体表现为企业的机构所在地（也就是注册登记地①）。当然，对于境外企业，如果在我国有固定机构，且通过该固定机构购买并消费数字产品，即与该固定机构在我国从事经营活动而相关的消费，消费所在地也表现为该固定机构所在地。其中，与企业所得税法相协调，固定机构也包括境外企业的

---

① 参见国家税务总局全面推开营改增督促落实领导小组办公室编：《全面推开营改增业务操作指引》，中国税务出版社 2016 年版，第 64 页。

营业代理人。^① 需要特别指出的是，在数字经济下，由于数字产品的接收不需要购买方的物理存在，对于固定机构需要取消固定场所与设施或人员等物理存在的限制性要求，例如在线经营平台。不过，从另一个角度，为避免就同一购买方存在两处以上的消费地，这种虚拟固定机构的构成也要受限制，例如设置一个最低持续时间；再如，要求"显著经济存在"。^② 显然，这需要与所得税视角下应对数字经济常设机构认定标准完善相协调。事实上，在取消对跨境销售数字产品的来源地征税的情况下，从保护我国税收利益的角度，未来《增值税法》完善在解释"在境内消费"时，规定以上关于境外企业在我国境内消费地的确定标准尤为重要。当然，从税收中性的角度，上述规则也应当适用于我国企业在境外设立固定机构的情形。此外，如果企业（或经营者）没有固定的经营场所，则参照以下 B2C 交易下消费所在地的确定。

其次，关于 B2C 交易，因为消费者是私人消费者，即自然人，具有流动性，消费所在地的确定就显得困难和复杂得多。对此，考虑到数字产品消费便利性，自然人通常在其经常居住地通过现代信息网络就可以从全球或全国各地购买、消费数字产品，消费所在地具体表现为自然人的经常居住地。不过，自然人具有流动性，有可能时常基于出差、旅游、探亲等目的去往其他国家或地区，此时，购买、消费数字产品的所在地会不同于自然人的经常居住地。为此，针对私人消费者，未来《增值税法》完善在

---

① 参见《企业所得税法实施条例》第 5 条。

② 参见赵洲、周洁："'虚拟常设机构'的税收协定规则构建研究——公平分享'一带一路'倡议下跨境数字经济税收利益"，《西安交通大学学报（社会科学版）》2020 年第 3 期，第 27 页。

解释"在境内消费"时，除规定经常居住地外，还应规定当自然人购买数字产品的所在地不同于其经常居住地时，应当以购买数字产品所在地为消费所在地，例如，互联网协议地（IP 地址）、手机信号归属地、用户身份识别（SIM）卡的移动国家代码标识地。此外，消费者在购买数字产品时所填写的地址（即账单地址）、其支付信息所提供的地址，也可以作为补充。事实上，上述消费所在地的确定标准，包括上述 B2B 交易下消费所在地的确定标准，与欧盟所确定的标准，[①] 总体上是一致的，这样有助于避免同一消费被两个以上国家或地区认定消费所在地在本国或本地区，从而避免重复征税。当然，上述确定的消费所在地标准是中性的，故而我国税收利益能够得到维护，换言之，我国作为数字产品的消费大国，根据这些所在地标准，我国的征税权得到了保障。不过，对于未确立消费地征税以及确立消费地征税但消费所在地确定标准不一致的国家和地区，为更好地贯彻中性原则（避免双重征税或不征税），对跨境数字经济交易，如同所得税税收协定那样，我国需要与这些国家和地区签订关于增值税的避免双重征税和防止偷漏税协定，对数字产品的消费地征税以及消费所在地确定标准进行明确规定和协调。[②]

综上，未来《增值税法》完善在解释本书第五章设计的应税交易发生地条款中的"电子化服务在境内消费"时，可以规定："购买方如果是企业，是指企业的注册登记地在境内；如果境外

---

①　See the art. 24 of Council Implementing Regulation（EU）No 282/2011 of 15 March 2011 laying down implementing measures for Directive 2006/112/EC on the common system of value added tax.

②　事实上，在数字经济背景下，增值税双边国际税收协定的签订变得越来越重要。

企业在中国境内设立固定机构，基于在中国境内从事经营活动的需要，由该固定机构购买电子化服务，属于在境内消费"以及"如果购买方是个人，是指个人的经常居住地在境内；如果个人购买电子化服务时的所在地不同于其经常居住地，是指个人购买电子化服务时的所在地在境内。其中，购买电子化服务时的所在地包括互联网协议地、手机信号归属地、SIM 卡的移动国家代码标识地等"。当然，未来《增值税法》完善可以对境外企业在我国境内设立的固定机构作进一步解释，例如，规定："包括……受托在中国境内从事经营活动的营业代理人以及虚拟固定机构；虚拟固定机构的构成条件，国务院另行规定。"以上解释内容在增值税法实施条例或其他法源中规定亦可。

2. 国内数字经济交易的发生地

鉴于属于增值税应税行为构成要件的同一内容，对于跨境数字经济交易，发生地明确为消费所在地之后，对于国内数字经济交易，从协调的角度，自然引出发生地是否也应当明确为消费所在地的问题。对此，应当予以肯定，一方面，更符合中性原则，毕竟国内也存在增值税低税负地区。另一方面，更为重要的是，数字产品的消费者（作为"产销者"）也是数字经济交易重要的价值创造主体，消费者所在地政府因为为消费者提供相关公共服务也应当取得源于数字经济交易的增值税收入，这样就可以避免税源在不同地方间的不合理分配问题。[1] 为此，未来《增值税法》完善在解释应税交易发生地时，需要进一步规定："如果电子化

---

① 参见李建军、杨帆、陈盈润："数字经济时代增值税地区间横向分配机制研究"，《税务研究》2022 年第 6 期，第 5 页。

服务在境内消费且销售方为境内企业和个人，交易发生地为消费所在地。"至于消费所在地的确定标准，则参照针对跨境数字经济交易的规定。这样，根据《增值税法》第29条（对应《营业税改征增值税试点实施办法》第46条）的规定，无固定生产经营场所的纳税人就直接在消费所在地纳税。不过，对于有固定生产经营场所的纳税人，基于当前的征管手段，从征管便利的角度，依然在其机构所在地或居住地纳税，并享受消费所在地税收政策待遇，即如果消费所在地实行地区性增值税优惠政策或有利差异课税且覆盖数字产品消费的话。据此，现阶段也无需在区分出 B2B 交易的情况下，对其适用替代代扣代缴机制的逆向征收机制，这也避免了纳税人识别购买方身份的遵从成本。当然，这并不违反数字经济交易发生地为消费所在地的规则，这是因为消费所在地规则是有关纳税义务的实体规则，其本质上确定的是税收收入的归属，销售方在何处纳税是程序规则。为此，根据上述实体规则，销售方所在地税务机关征收的增值税（地方部分）需要通过中央分配给消费所在地政府，这对于国内数字经济交易完全是可行的。当然，销售方所在地政府可以保留一部分收入，毕竟数字产品的生产者也是交易的价值创造主体。

（三）税率及减免税待遇的确定

关于数字经济交易，在增值税法完善有关纳税义务的定性规则之后，即统一界定为销售数字产品以及确定交易发生地后，接下来需要完善有关纳税义务的定量规则，即明确适用哪档税率以及是否享有相关减免税待遇。

1. 税率

除针对出口和特定跨境销售的零税率以外，《增值税法》第
10 条延续了现行增值税法 13%、9% 和 6% 三档税率的规定。关
于销售服务，除特别列举的几项服务适用 13% 和 9% 税率以外，
包括现代服务在内的大部分服务都适用 6% 的税率。对此，销售
数字产品应当适用 6% 的税率。当然，如果未来 9% 和 6% 两档税
率合并为一档，销售数字产品即适用这一档税率。这样，对于像
电子书籍这样的数字化的传统产品（目前按照货物征税），税负
会下降，而鉴于数字产品生产的进项成本较少，为促进数字经济
发展，这也是合理的。

2. 减免税待遇

销售数字产品在统一适用 6% 低税率之后，数字产品整体上
不应当再享受减免税待遇，以确保与传统产业征税的公平以及财
政收入。这里，需要回应的是，针对特定的数字产品，源于相关
特定的传统产业享受减免税待遇，是否也应当一并享受同等待
遇。例如，前文提到的，电子书籍是否应当和图书一样享受增值
税免税待遇，再如，在线电影是否应当和传统电影放映服务一样
享受增值税免税待遇。对此，应当予以否定，即维持现行的差别
征税是合理的，理由如下：① 销售电子书籍和普通书籍已经分属
销售服务和货物，且销售电子书籍适用的税率已经从 9% 下降到
了 6%，税负的差异已经缩小。欧盟之所以允许数字化的图书等
像普通书籍一样适用低税率，是因为服务与商品在欧盟增值税令
中整体上适用一样的标准税率，不适用低税率会导致巨大的差
异。例如，在荷兰，销售服务的增值税税率是 21%，而销售图书

适用 9% 的低税率。① ② 鉴于数字产品可以通过复制或反复播放向数量不限的消费者供应，生产成本低，电子书籍、在线电影的销售价格要比相关的传统产品低很多，消费者为此使用、享受的成本（即使加上税款）也会比相关传统产品的价格低，无需再给予税收优惠待遇以实现相关政策目的。③ 从降低增值税累退性的角度，虽然适用免税待遇（对满足居民基本需求的消费品）效果更佳，不过，考虑到粮食、自来水等其他基本消费品的税率还是 9%，同时，结合税收收入的考量，将相关数字产品的税率降低到 6% 已经可以满足降低累退性的要求。何况，对传统电影放映服务适用免税待遇主要还是出于扶持传统产业的需要。

3. 跨境销售数字产品的税率和减免税待遇

首先，境外经营者向我国境内销售数字产品，我国基于上述关于数字产品适用的税率和减免税待遇征税。根据消费地征税，因为确定了具体消费所在地，如果当地实施了地方性增值税优惠政策且覆盖数字产品消费，该跨境销售数字产品也可以享受这一政策。当然，境外纳税人在我国缴纳增值税，鉴于在我国未承担进项税税负，不享有进项税的抵扣权。

其次，我国经营者向境外销售数字产品，对这类销售在我国适用何种税收待遇，需要区分以下两种不同情况。① 若未来《增值税法》第 4 条删除来源地征税，我国对跨境销售数字产品就不能征税，纳税人在境外纳税。不过，为贯彻中性原则，由于消费

---

① See Netherlands Enterprise Agency，"VAT Rates and Exemptions"，in Business. gov. nl，on July 8 of 2021，available at the following link：https：//business. gov. nl/regulation/vat-rates-exemptions/.，最后访问日期：2024 年 8 月 30 日。

地国在征税的情况下不会允许该纳税人抵扣在我国境内承担的进项税，我国可以考虑给予退税（即承担的进项税），或者为避免财政收入压力过大，可以先选择部分数字产品给予退税。此时，由于不能及时在纳税时抵扣进项税，纳税人会损失现金流利益。②《增值税法》第 4 条保留来源地征税，我国对跨境销售数字产品有权征税，这样就需要消除重复征税。为此，最为理想的措施便是对跨境销售数字产品适用零税率，这是因为在我国产生零销项税的同时还可以及时抵扣进项税。不过，就像前文已经指出的，目前只有非常少数类型的数字产品能适用零税率，同时，享受免税待遇的数字产品也非常有限。① 此外，相比于零税率，免税虽然不产生销项税，但是不能抵扣进项税。事实上，对跨境销售服务很多国家增值税法在实施消费地征税的同时规定适用零税率。② 为此，为尽可能消除目前大部分数字产品跨境销售存在的重复征税问题，贯彻中性原则和消费地征税原则，根据《增值税法》第 10 条的规定，国务院在规定适用零税率的跨境销售服务时，应扩大可以享受零税率的数字产品的范围。需要说明的是，为避免财政收入压力过大，也为避免可能的国际双重不征税，我国当前不宜通过国内法单方面规定所有数字产品都适用零税率，部分数字产品销售也可以继续保留免税待遇。换言之，为消除其他数字产品跨境销售的双重征税问题，适宜通过签订增值税税收协定、双边互利合作的方式来解决，例如规定缔约国放弃来源地征税管辖。

---

① 此外，由于相关服务是以传统的服务命名，相关数字化的服务能否适用免税待遇甚至还存在不确定性，例如，广告投放地在境外的广告服务。

② 参见叶姗："增值税法的设计：基于税收负担的公平分配"，《环球法律评论》2017 年第 5 期，第 52 页。

（四）现代化征管系统的构建

关于数字经济交易，在增值税法完善有关纳税义务的实体规则之后，接下来就需要完善有关税收征管的程序规则。事实上，为落实对数字经济交易的消费地征税原则，并兼顾国库利益维护和纳税人权利保护，需要设计一套现代化的数字经济交易征管系统。这无疑有助于推进我国"智慧税务"现代征管体系的建设。[①]对此，首先需要明确的是，对于国内数字经济交易，鉴于纳税人在我国境内并注册登记，纳税人履行申报、缴纳税款的义务并不存在问题。为落实消费地征税原则，并减少中小数字产品企业的遵从成本，纳税人无须在各省都注册登记分公司或分支机构，作为当地的增值税纳税人对在当地的消费在当地申报、缴纳税款。正如前文已经提到的，纳税人可以在其所在地申报、缴纳税款，部分增值税税款通过中央分配给消费所在地政府。显然，构建现代化的税收征管系统主要旨在落实跨境数字经济交易在消费地的征税，即确保境外纳税人向我国消费者销售数字产品的增值税征收。对此，这一系统的构建可以遵循以下三个步骤。

1. 设立一站式的增值税征管系统

之所以对未在我国设立固定机构的境外纳税人存在征管的困难，主要原因在于境外纳税人在我国未注册登记。因此，正如上文已经提出的，像欧盟当初的 MOSS 机制，我国确实需要引入针对境外纳税人的简易登记制度，即一站式的增值税登记系统，由

---

① 参见许多奇："纳税营商环境优化与税收法治化变革——世界银行纳税营商环境指标不适用性反思"，《法学家》2022 年第 3 期，第 130 页。

国家税务总局设立并负责运营维护。具体而言，境外纳税人不管是向在我国一处还是在多处不同地区的消费者销售数字产品，仅需在上述的系统（在线）注册登记即可。然后，在该系统中进行统一的周期性纳税申报，并通过该系统进行税款缴纳，税收收入中属于中央部分的税款进入中央国库，属于地方部分的税款则由中央统一分配给相关省份。此外，其他的一些税收征管活动（例如发票开具、税收救济等）也可以在该系统中实施。因此，一站式的增值税登记系统也就是一站式的增值税征管系统。

2. 确保系统的有效运行

实现上述系统有效运行是接下来最为关键的问题。具体而言，首先，需要确保境外纳税人应登（征）尽登（征），以避免税款的流失。为此，单靠传统的两国征税部门间情报（涉税信息）交换是不够的，虽然在增值税税收协定中也可以规定征管互助，但他国提供有关境外纳税人涉税信息的情报是否完整、准确、及时本身还是不能确保，尤其是考虑到数字产品是在我国境内消费，国家税务总局还应主要依靠自身的征管措施来确保及时获取完整、准确的涉税信息。具体而言，既然数字经济交易利用互联网等现代信息网络，同时在远程交易下也必然需要通过金融机构或支付平台等第三方支付交易价款，国家税务总局应当利用最新的数字技术收集和记录境外纳税人在我国的网络交易数据。[①]此外，在税收征管法中引入第三方信息提供制度，国家税务总局还可以要求金融机构、在线支付平台等第三方机构提供境外纳税

---

① 参见李淼焱："数字经济给增值税征管带来的挑战及应对思路"，《国际税收》2017年第7期，第53页。

人交易信息。[①] 这样，在确保境外纳税人涉税信息完整性、准确性及其取得及时性的基础上，国家税务总局一方面可以掌握向我国销售数字产品的境外纳税人信息，有针对性地要求没有登记的境外纳税人在系统中登记。另一方面，国家税务总局基于掌握的大量数据，可利用人工智能对税收进行监管和稽查，[②] 对境外纳税人在系统中填报的交易信息进行高效审查或漏洞排查。不过，为促使境外纳税人及时注册登记系统，还有必要采取进一步措施。例如，考虑到境外纳税人（例如网络游戏、平台与软件下载平台等）通常需要依托在我国境内的支付平台（例如"中国银联"、"支付宝"等）进行交易结算，国家税务总局可以邀请这些支付平台加入系统的建设，使境外纳税人在支付平台注册的同时完成系统的注册登记，将两者结合起来。[③] 此外，对于通过银行转账来结算的部分境外纳税人，如果查实未缴税款数额巨大，可以请求相关部门对境外纳税人在我国境内的数字产品提供渠道（例如网站）予以限制。

---

①　事实上，《税收征收管理法》应当进一步明确银行等金融机构主动提供涉税信息的义务。参见全国人大常委会预算工作委员会编著：《税收征收管理法律制度比较研究》，中国财政经济出版社 2023 年版，第 80 页。需要特别一提的是，2018 年《中华人民共和国电子商务法》第 28 条已经规定电子商务平台涉税信息报送义务的原则性要求，2024 年 12 月国家税务总局发布《互联网平台企业涉税信息报送规定（征求意见稿）》，对互联网平台报送涉税信息作了细致规定，这无疑是落实第三方涉税信息提供制度的重要一步。

②　参见翁武耀、倪淑萍："人工智能促进税收征管现代化的方式与影响"，《税务研究》2018 年第 6 期，第 21 页。

③　参见王劲杨："构建跨境增值税数字化征管手段的思考——基于美国跨州销售税数字化征管机制的研究"，《税务研究》2019 年第 3 期，第 77 页。

其次，需要避免登记纳税人不合理的遵从成本。正如前文已经阐释的，所要降低的遵从成本在于纳税人在系统纳税申报时如何准确计算每一笔数字产品销售产生的税款。对此，难度在于纳税人需要查明每一笔交易购买方的身份（涉及是否适用逆向征收机制）和所在地（涉及可能的地区性差别课税和收入分配），而鉴于数字服务交易碎片化的特点，即使每一笔都能查明，税款计算也很繁琐。显然，对于数字产品境外纳税人而言，单靠自身是很难查明我国境内消费者的相关信息的，尤其是在匿名的情况下。因此，适宜由我国金融机构或支付平台来审核购买方的身份和所在地，并在系统中一并提供给国家税务总局和境外纳税人，因为购买方作为金融机构或支付平台的客户或用户，这些第三方机构本身就需要审查相关信息。① 例如，在通常情况下，如果购买方提供了税号及其固定机构所在地，在金融机构或支付平台核实的情况下，即可确定为企业及其消费所在地。相反，如果购买方没有提供税号，选择自然人身份并提供经常居住地，在金融机构或支付平台核实的情况下，即可确定为私人消费者及其消费所在地。当然，在购买方没有提供税号的情况下，不管是金融机构或支付平台，还是境外纳税人，如果有其他充分的证据证明其是增值税纳税人，也可以推翻私人消费者的认定。② 同理，如果购

---

① 在欧盟，为降低简易登记制度下纳税人在识别购买方身份和所在地方面的遵从成本，曾有学者提出，需要通过金融机构并利用其收集的"充分了解你的客户"（KYC）信息，来审核购买方身份和所在地。See Marie Lamensch，"Are 'Reverse Charging' and the 'One-Stop-Scheme' Efficient Ways to Collect VAT on Digital Supplies?"，World Journal of VAT/GST Law，n. 1，2012，pp. 15-17.

② Cfr. Maria Grazia Ortoleva，L'imposta sul valore aggiunto sul commercio elettronico diretto，in AA. VV.，La fiscalità dell'economia digitale tra Italia e Spagna，a cura di Adriano Di Pietro e Piera Santin，CEDAM，2021，pp. 130-131.

买方通过互联网或手机（移动设备）接收数字产品，有证据表明
IP 地址或手机信号归属地不同于购买方的经常居住地，应当以前
者确定为消费所在地。在上述确定购买方身份和消费所在地的基
础上，在系统中安装专门的软件来自动化地计算税款，即境外纳
税人再输入数字产品名称、交易价格后，该软件就根据上述交易
信息以及完善后的数字经济交易增值税实体规则计算出每一笔交
易的增值税税额。据此，境外纳税人可以在系统中支付税款，同
时，因为所需信息都已经具备，在系统中形成发票并开具给购买
方也变得便利。总之，为降低纳税人的遵从成本，系统将实现纳
税人通过云计算方式跨空间履行各项增值税征管相关义务。此
外，关于发票开具，正如意大利《增值税总统令》免除纳税人向
私人消费者销售数字产品的发票开具义务，[①] 我国增值税法或
《发票管理办法》可以规定在私人消费者没有要求开具发票的情
况下境外纳税人免除开具发票的义务。

3. 扩大系统的适用范围

首先，需要强调的是，上述一站式的增值税征管系统在有效
运行后，其适用范围无需限制于境外纳税人的 B2C 交易，纳税人
实施 B2B 交易也可以通过该系统申报、缴纳税款。这是因为境外
纳税人销售数字产品通常同时面向企业和私人消费者，纳税人本
身已经在系统中注册登记，无需额外承担登记成本。这样，一方
面，对纳税人也可以避免区分 B2B 交易还是 B2C 交易的困难，降
低遵从成本；另一方面，有助于消除逆向征收机制给增值税征收

---

①　Cfr. l'art. 22 del Decreto del Presidente della Repubblica 26 ottobre 1972,
n. 633.

带来的不利影响。为此，至少有必要限缩逆向征收机制的适用范围。据此，未来《增值税法》完善时，第 15 条应增加一款规定国家税务总局设立并负责管理一站式的增值税征管系统，境外单位和个人在境内销售数字产品等发生其他特定应税交易，通过该系统申报、缴纳税款，不适用第 1 款的规定。此外，对于 B2B 交易，境外纳税人通过在系统上纳税，同时购买方扣缴税款，也并不冲突，已经扣缴的税款可以在系统上纳税时扣除。其次，上述现代化的征管系统未来还可以扩大适用范围，同时用于国内数字经济交易的征管，有助于加强国内数字经济交易征管的有效性和降低纳税人的遵从成本，各地间的税收收入也可以集中起来统一分配，效率会更高。最终，以此为基础，进一步打造成未来全国统一的线上"税收征管平台"。

主要参考文献

一、中文文献

［1］［美］艾伦·申克、维克多·瑟仁伊、崔威：《增值税比较研究》，熊伟、任宛立译，商务印书馆 2018 年版。

［2］［英］安永（全球）公司：《全球增值税和销售税指引（2019 年）》，国家税务总局货物和劳务税司译，中国税务出版社 2020 年版。

［3］班天可："增值税中性原则与民事制度"，《法学研究》2020 年第 4 期。

［4］陈少英：《税收债法制度专题研究》，北京大学出版社 2013 年版。

［5］褚睿刚："增值税抵扣权之证成：一场内部与外部证成理论的辩论"，《江西财经大学学报》2022 年第 4 期。

［6］高一飞："时间的'形而下'之维：论现代法律中的时间要素"，《交大法学》2021 第 3 期。

［7］宫廷："跨境 B2C 数字化交易增值税课税的困境与出路——对 OECD《国际增值税指南》政策建议的检思"，《国际税收》2021 年第 3 期。

［8］郭昌盛："应对数字经济直接税挑战的国际实践与中国进路"，《法律科学（西北政法大学学报）》2022 年第 4 期。

［9］国家税务总局全面推开营改增督促落实领导小组办公室编：《全面推开营改增业务操作指南》，中国税务出版社 2016 年版。

［10］黄达、张杰编著：《金融学》，中国人民大学出版社 2020 年版。

［11］黄茂荣：《税法各论》，植根杂志社有限公司 2007 年版。

［12］黄天宇："欧盟一站式纳税申报制度及其对我国税收管理的借鉴"，《税务研究》2023 年第 6 期。

［13］孔庆凯："数字经济对跨境服务贸易增值税征管的挑战与应对"，《国际税收》2018 年第 9 期。

［14］李建军、杨帆、陈盈润："数字经济时代增值税地区间横向分配机制研究"，《税务研究》2022 年第 6 期。

［15］李淼焱："数字经济给增值税征管带来的挑战及应对思路"，《国际税收》2017 年第 7 期。

［16］梁慧星："《物权法》若干问题"，《浙江工商大学学报》2008 年第 1 期。

［17］林毅夫："推动数字经济健康发展"，《人民日报》，2022 年 3 月 28 日（11 版）。

［18］刘继虎、殷煌："金融商品转让的增值税法规制研究"，《中州大学学报》2021 年第 5 期。

［19］刘家安：《民法物权》，中国政法大学出版社 2023 年版。

［20］刘剑文、丁健鸽："《民法典》保理新规纳入增值税立法的思考"，《税务研究》2021 年第 1 期。

［21］刘剑文、熊伟：《税法基础理论》，北京大学出版社 2004 年版。

［22］刘剑文主编：《税法学》，北京大学出版社 2017 年版。

［23］刘剑文主编：《财税法学》，高等教育出版社 2021 年版。

［24］刘颖、郝晓慧："个人数据交易的法律基础"，《学术研究》2022 年第 11 期。

［25］欧阳天健："数字经济背景下电子书增值税制优化"，《编辑之友》2021 年第 1 期。

［26］潘攀："存款所有权属于谁？"，《金融法苑》1998 年第 3 期。

［27］全国人大常委会预算工作委员会编著：《税收征收管理法律制度比较研究》，中国财政经济出版社 2023 年版。

［28］施正文：＂'应税所得'的法律建构与所得税法现代化"，《中国法

学》2021 年第 6 期。

〔29〕施正文：《税法要论》，中国税务出版社 2007 年版。

〔30〕施正文：《税收债法论》，中国政法大学出版社 2008 年版。

〔31〕汤洁茵："资管产品增值税的纳税人之辨——兼论增值税的形式主义"，《法学》2018 年第 4 期。

〔32〕汤洁茵：《金融创新的税法规制》，法律出版社 2010 年版。

〔33〕王建平："论增值税抵扣机制的强化"，《税务研究》2022 年第 1 期。

〔34〕王劲杨："构建跨境增值税数字化征管手段的思考——基于美国跨州销售税数字化征管机制的研究"，《税务研究》2019 年第 3 期。

〔35〕王利明："数据的民法保护"，《数字法治》2023 年第 1 期。

〔36〕王婷婷：《中国离境退税法律制度完善研究》，厦门大学出版社 2022 年版。

〔37〕翁武耀、郭志东："论欧盟增值税小企业固定比例制度"，《国际税收》2013 年第 8 期。

〔38〕翁武耀、倪淑萍："人工智能促进税收征管现代化的方式与影响"，《税务研究》2018 年第 6 期。

〔39〕翁武耀："论我国纳税人权利保护法的制定"，《财经法学》2018 年第 3 期。

〔40〕翁武耀："论增值税抵扣权的产生"，《税务研究》2014 年第 12 期。

〔41〕翁武耀："论增值税抵扣权的范围"，《北京工商大学学报（社会科学版）》2015 年第 3 期。

〔42〕翁武耀："论增值税抵扣权的行使——基于中欧增值税法的比较研究"，《国际商务》2015 年第 5 期。

〔43〕翁武耀：《欧盟增值税反避税法律问题研究》，中国政法大学出版社 2015 年版。

〔44〕翁武耀：《税收犯罪立法研究——以意大利税收刑法为视角》，法律出版社 2022 年版。

〔45〕翁武耀：《意大利税法研究》，人民出版社 2024 年版。

［46］吴伟央："高频交易及其监管政策探析"，《证券法苑》2019 年第 3 期。

［47］邢会强："证券期货市场高频交易的法律监管框架研究"，《中国法学》2016 年第 5 期。

［48］许多奇："纳税营商环境优化与税收法治化变革——世界银行纳税营商环境指标不适用性反思"，《法学家》2022 年第 3 期。

［49］薛伟："数字经济下的增值税：征税机制、避税问题及征收例解"，《财会月刊》2021 年第 9 期。

［50］杨小强、廖璐、王森："论增值税法上的消费"，《税收经济研究》2024 年第 3 期。

［51］杨小强、杨佳立："论增值税立法中的金融商品界定"，《法治社会》2023 年第 1 期。

［52］杨小强：《中国增值税法：改革与正义》，中国税务出版社 2008 年版。

［53］叶金育："税收构成要件理论的反思与再造"，《法学研究》2018 年第 6 期。

［54］叶姗："金融服务增值税课征规则何以创制"，《法学》2018 年第 7 期。

［55］叶姗："增值税法的设计：基于税收负担的公平分配"，《环球法律评论》2017 年第 5 期。

［56］叶姗："增值税法设计中税收中性的偏离及复归"，《浙江工商大学学报》2023 年第 6 期。

［57］张守文："我国税收立法的'试点模式'——以增值税立法'试点'为例"，《法学》2013 年第 4 期。

［58］张守文：《税法原理》，北京大学出版社 2021 年版。

［59］张译心："经济法学服务数字经济发展"，《中国社会科学报》2023 年 11 月 20 日（A02 版）。

［60］赵树坤、张晗："法律规则逻辑结构理论的变迁及反思"，《法制与社会发展》2020 年第 1 期。

〔61〕赵洲、周洁:"'虚拟常设机构'的税收协定规则构建研究——公平分享'一带一路'倡议下跨境数字经济税收利益",《西安交通大学学报(社会科学版)》2020年第3期。

〔62〕中国大百科全书总委员会《财政税收金融价格》委员会、中国大百科全书出版社编辑部编:《中国大百科全书:财政税收金融价格》,中国大百科全书出版社1993年版。

〔63〕朱锦清:《证券法学》,北京大学出版社2022年版。

〔64〕邹海林:"所有权保留的制度结构与解释",《法治研究》第2022年第6期。

二、英文文献

〔1〕Adrian-Milutin Truichici，Luiza Neagu，"Current VAT Policy Regarding the Sale of Immovable Property by Individuals"，Law Review，n. 2，2015.

〔2〕Alan Schenk，Victor Thuronyi，Wei Cui，Value Added Tax：A Comparative Approach，Cambridge University Press，2015.

〔3〕Ben J. M. Terra，Peter J. Wattel，European Tax Law，Kluwer Law International，2008.

〔4〕Caroline Heber，"Issue of Shares and Partnership Interests，and the Look-through Approach Within the Scope of VAT and GST"，World Journal of VAT/GST Law，n. 2 (1)，2013.

〔5〕Christian Amand，"VAT Neutrality：A Principle of EU Law or a Principle of the VAT System?"，World Journal of VAT/GST Law，n. 2 (3)，2013.

〔6〕Marie Lamensch，"Are 'Reverse Charging' and the 'One-Stop-Scheme' Efficient Ways to Collect VAT on Digital Supplies?"，World Journal of VAT/GST Law，n. 1，2012.

〔7〕OECD，International VAT/GST Guidelines，OECD Publishing，2017.

〔8〕Oskar Henkow，Financial Activities in European VAT：A Theoretical and

Legal Research of the European VAT System and Preferred Treatment of Financial Activities, Kluwer Law International, 2008.

［9］ Peer Schulze, Erik van der Marel, "Taxing Digital Services-Compensating for the Loss of Competitiveness", Ecipe Policy Brief, n. 11, 2021.

［10］ Rita de la Feria, The EU VAT System and the Internal Market, Ibfd, 2009.

［11］ Thomas Ecker, A VAT/GST Model Convention, Ibfd, 2013.

［12］ Victor Thuronyi, Tax Law Design and Drafting (Volume 1), International Monetary Fund, 1996.

［13］ W. J. Blokland, "Taxing Employee Benefits in Kind under EU VAT", International VAT Monitor, n. 2, 2005.

三、意大利文文献

［1］ Benedetto Santacroce (a cura di), Imposta sul Valore Aggiunto, Il Sole 24 Ore, 2024.

［2］ Cristina Trenta, Barbara Pizzoni, La cessione di beni, in AA. VV. , Lo stato della fiscalità dell'Unione europea, a cura di Adriano Di Pietro, Ministero Delle Finanze, 2003, I.

［3］ Enzo Musco, Francesco Ardito, Diritto penale tributario, Zanichelli, 2016.

［4］ Francesca Stradini, Le prestazioni di servizi, in AA. VV. , Lo stato della fiscalità dell'Unione europea, a cura di Adriano Di Pietro, Roma, 2003.

［5］ Francesco Tesauro, Istituzioni di diritto tributario-parte generale, Utet, 2006.

［6］ Gaetano Petrelli, Regime fiscale dei conferimenti in società ed enti, in Rivista Studi e Materiali CNN, n. 2, 2003.

［7］ Franco Gallo, Profili di una teoria dell'imposta sul valore aggiunto, Cavour, 1974.

［8］ Gaspare Falsitta, *Corso istituzionale di diritto tributario*, Cedam, 2003.

［9］ Gaspare Falsitta, *Manuale diritto tributario-parte speciale*, Cedam, 2008.

［10］ Giuseppe Franco, *Giuda all'IVA*, Giuffre, 2004.

［11］ Giuseppe Melis, *Economia digitale e imposizione indiretta*, in *Innovazione e Diritto*, n. 1, 2015.

［12］ GuglielmoFransoni, *Il momento impositivo nell'imposta sul valore aggiunto*, Cedam, 2019.

［13］ Innocenzo Maria Genna, Carlo Geronimo Cardia, *Trust e presupposto soggettivo dell'IVA*, in *Rivista Tributi del Ministero delle Finanze*, 1998.

［14］ Maddalena Cecci, *Profili di rilevanza del trust in ambito IVA*, in *Trusts*, 2022.

［15］ Manca Domenico, Manca Fabrizio, *IVA: il presupposto della territorialità*, Ipsoa, 2013.

［16］ Marco Greggi, *Presupposto soggettivo e inesistenza nel sistema d'imposta sul valore aggiunto*, Cedam, 2013.

［17］ Maria Grazia Ortoleva, *L'imposta sul valore aggiunto sul commercio elettronico diretto*, in AA. VV. , *La fiscalità dell'economia digitale tra Italia e Spagna*, a cura di Adriano Di Pietro e Piera Santin, Cedam, 2021.

［18］ Maurizio Logozzo, *IVA e fatturazione per operazioni inesistenti*, in *Rivista di Diritto Tributario*, n. 3, 2011.

［19］ Piera Santin, *Il commercio elettronico e l'IVA, ovvero dell'(apparente) scomparsa delle cessioni di beni*, in AA. VV. , *La fiscalità dell'economia digitale tra Italia e Spagna*, a cura di Adriano Di Pietro e Piera Santin, Cedam, 2021.

［20］ Raffaele Perrone Capano, *L'imposta sul valore aggiunto*, Jovene, 1977.

［21］ Sebastiano Maurizio Messina, *La nuova disciplina delle vendite a distanza di beni*, in AA. VV. , *La fiscalità dell'economia digitale tra Italia e Spagna*, a cura di Adriano Di Pietro e Piera Santin, Cedam, 2021.

［22］ Silvia Mencarelli，Rosa Rita Scalesse，Giuseppe Tinelli，*Introduzione allo studio giuridico dell'imposta sul valore aggiunto*，G. Giappichelli，2018.

［23］ Valentino Amendola Provenzano etc.，*La tassazione degli strumenti finanziari*，Egea，2018.